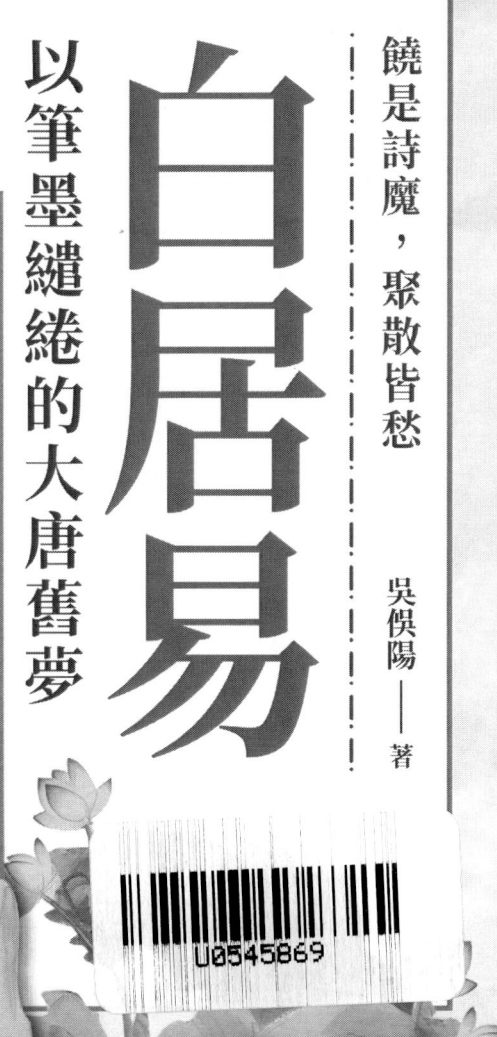

白居易

以筆墨繾綣的大唐舊夢

饒是詩魔，聚散皆愁

在天願作比翼鳥，在地願為連理枝
天長地久有時盡，此恨綿綿無絕期

吳俁陽 —— 著

▎一場邂逅，注定了千載離恨
▎多少詩箋，寫不盡人間蒼涼

拾一縷風華，聽一曲長恨
步入白居易詩句之外的愛戀與情愁

目錄

第 1 卷　長相思：淚眼凌寒凍不流

- 第 1 章　鄰女 …………………………………… 007
- 第 2 章　寄湘靈 ………………………………… 021
- 第 3 章　寒閨夜 ………………………………… 029
- 第 4 章　長相思 ………………………………… 037

第 2 卷　潛別離：利劍春斷連理枝

- 第 5 章　生離別 ………………………………… 051
- 第 6 章　潛別離 ………………………………… 059
- 第 7 章　離別難 ………………………………… 069

第 3 卷　桃花殤：唯我多情獨自來

- 第 8 章　下邽莊南桃花 ………………………… 081
- 第 9 章　冬至夜懷湘靈 ………………………… 093
- 第 10 章　感秋寄遠 ……………………………… 099
- 第 11 章　寄遠 …………………………………… 111

第 4 卷　長恨歌：在天願作比翼鳥

- 第 12 章　戲題新栽薔薇 ………………………… 123
- 第 13 章　長恨歌 ………………………………… 131

目錄

第 14 章　宿楊家	151
第 15 章　醉中歸盩厔	165
第 16 章　贈內	179
第 17 章　井底引銀瓶	195
第 18 章　秋霽	217
第 19 章　夜雨	229
第 20 章　感鏡	241

第 5 卷　斷腸人：就中腸斷是秋天

第 21 章　晝臥	253
第 22 章　暮立	261
第 23 章　夜坐	271
第 24 章　有感	279

第 6 卷　燕子樓：秋來只為一人長

第 25 章　答勸酒	289
第 26 章　白牡丹	299
第 27 章　燕子樓	309

第 7 卷　愛難聚：月明月暗總愁人

第 28 章　逢舊	325
第 29 章　舟夜贈內	343
第 30 章　江樓聞砧	359

第1卷

長相思：淚眼淩寒凍不流

第1卷　長相思：淚眼凌寒凍不流

　　窗外飛舞的前塵柳絮，糾纏了後世的白雪，不管幾分歸於泥土，幾分流入眼中，那半寸迷離，都痴痴凝結了那一年初戀的春色。初識她時，他十一歲，她七歲；戀上她時，他十九歲，她十五歲，正是情竇初開的季節。而寫下這首〈鄰女〉的時候，他和她卻已注定咫尺天涯，曾經讓他心醉的「我愛你」，曾經令人痛心的「對不起」，都留在了他往昔的記憶深處。

第1章　鄰女

娉婷十五勝天仙，

白日姮娥旱地蓮。

何處閒教鸚鵡語？

碧紗窗下繡床前。

——白居易〈鄰女〉

　　靜謐的夜晚，倚在芭蕉樹掩映的窗邊，藉著室內柔和朦朧的燈光，仔細誦讀白居易的〈鄰女〉，你會發現，這首詩的字字句句，皆若出水芙蓉般朵朵綻放在你望晴的眼裡，清麗而不冶豔、嬌嬈而不妖媚，瞬間便芬芳了你遙遠而又飄渺的心思。「何處閒教鸚鵡語？碧紗窗下繡床前。」低低唸一句，禁不住想要踩著歲月的纖塵，去他紅袖添香的書房問個究竟，那個時候，他到底用了怎樣的痴絕戀語，才演繹出了那如詩若畫般的傾世情緣？

　　一直希望能穿越時光的隧道，去大唐、去長安、去洛陽、去符離、去江州，去覓他詩句中的婉麗，讓那些在轉角處被尋見的清芬不留一點餘地地沁入我飢渴的心田，於眼波流轉的剎那，拾取滿地的清歡。正如夜暮時分，播放鄧麗君的〈在水一方〉，任那音真真切切地在耳邊繚繞，彷彿海邊吹來的一縷清新涼風，令人瞬間沉醉在夢幻的世界裡，不由自主地領略一齣不羈的驚豔。

　　「綠草蒼蒼，白霧茫茫，有位佳人，在水一方。」聽到這首旋律，腦海裡便開始浮現出白居易〈鄰女〉裡描繪的佳人模樣。佳人，或許只是文人

第1卷　長相思：淚眼凌寒凍不流

筆下亦真亦幻、朦朧迷離、可望而不可及的一個剪影，無法靠近，更無法觸控。但我知道，於他而言，她是真切暖心的存在，她的美麗不只停留在筆墨紙硯上，還徜徉在他的心底，即便歷經千年的變遷，依然還是他心海深處最激灩的那抹漣漪。

然而，此去經年，她終究還是模糊成了他眼中易冷的煙花。恰似一抹藍色的月光，穿越前世今生的依戀涉水而來，又在他憂傷的注目中足踏蓮花而去，只留下一縷飄香的清風日復一日地在他耳邊呢喃著她曾經的風情萬種。她彷彿點綴在玉樹上的瓊花，清新可人、柔情似水，每一次顧盼回眸之間漫溢的都是純真無邪的氣息；又好似一朵掛在天邊的彩雲，飄逸、輕盈、纏綿、婀娜，總是任飄渺的身影佇立在那些心儀她的俊男夢中。如此清麗出塵的她，又怎能不讓他為之心旌蕩漾？

「綠草萋萋，白霧迷離，有位佳人，靠水而居。」然，白居易筆下的佳人究竟有著何等的風情，能夠讓他始終牽掛留戀、至死不渝？她，會不會就是七夕月下長生殿裡，那「一騎紅塵妃子笑，無人知是荔枝來」的傾國傾城？她，會不會就是西子湖畔雷峰塔下，那白衣飄飄、尋尋覓覓，千年等一回的絕色佳人？她，會不會就是懷抱濃愁、無言獨上西樓，剪不斷、理還亂、望不斷天涯路，清清冷冷、悽悽慘慘，怎一個愁字了得的青衣女子？她，會不會就是那裙裾飛揚胭脂淡染，髮髻上斜插一支碧玉簪，伴在書生案邊研墨又焚香的嫵媚紅袖？

不。她不是。她彷彿唐詩宋詞中輕撥琴弦、淺唱哀曲、臨風飛舞的一剪梅；宛若畫師筆下嫣然含羞、臨水佇立的畫中女子；更是男人們感嘆、嚮往、追逐的麗影。無論何時何地，總能讓人回眸深凝，久久不能釋懷。是的，她就是她，超越所有想像而又未曾遠離紅塵，既不是後人神往的前朝任何一位國色天香；亦不是書本中虛構出的風華絕代，只是一個真實而又鮮活的存在。一句話、一個凝眸，便妖嬈了一整個世界，也甜醉了他遙

第 1 章　鄰女

望或是近距離探望的眼。

「我願逆流而上，依偎在她身旁，無奈前有險灘，道路又遠又長。我願順流而下，找尋她的方向，卻見依稀彷彿，她在水的中央。」她與他，擁有不盡的山盟海誓與海枯石爛；她與他，情比天長、意比地久；她與他，難捨難棄、如夢似幻。他總是把她的身影深深地刻在夢裡，又不停地在現實中找尋，甚至把她當作一種追求的理想、期待的希望，即使道路再艱難、再曲折，也不輕言放棄，依然固執地在所有的山高水長裡尋覓她的芳蹤。為此，他甘願化作河中的青荇，永遠都蕩漾在她清淺的柔波中；為此，他甘願化做一隻小羊，時刻跟在她的身邊，只盼她拿著細細的皮鞭不斷輕輕抽打在身上，始終都守候著一份美好的憧憬。只要愛還在，任憑歲月怎樣蹉跎、時光怎樣變遷，即使前方被山川河流阻隔，依然不改那份執著、那份依戀。哪怕尋找的路上布滿荊刺叢林；哪怕移動的步履疲憊不堪，依然對她一往情深。

「我願逆流而上，與她輕言細語，無奈前有險灘，道路曲折無已。我願順流而下，找尋她的足跡，卻見彷彿依稀，她在水中佇立。」或許正因為有了這樣的絕色佳人，才有了愛情的纏綿，才有了白頭偕老、情定三生的諾言，才有了千古絕唱的佳話。儘管佳人的身影太迷離、太遙不可及，然而那清新典雅、婆娑迷人的姿態卻仍像一塊巨大的磁石牢牢吸引著多情的少年，令他朝思暮想。無論尋找的結果如何，都願意堅守那塊陣地，躲在她的天空裡，魂牽夢繞，繼續嘗試寸斷柔腸的愛情。不悔、不改、不醉、不休，只願與她朝朝暮暮碎語呢喃，用滿懷的深愛走完那段傾心傾情而又刻骨銘心的人生旅途。

傾耳，鄧麗君的歌聲仍然瀰漫在我溫暖的蝸居裡。歌聲如涓涓細流，柔潤可親地觸動著我的每根神經，讓我在千年之後，仍願追逐白居易的腳步，跋涉在萬水千山中，將那豐姿迷人的鄰女苦苦地追尋。

第1卷　長相思：淚眼凌寒凍不流

到底，是怎樣一個女子，能讓「詩豪」白居易至死念念不忘？我一遍遍重複聽著〈在水一方〉動人悽婉的旋律，茫茫之中，卻看到她飄渺的倒影輕敲著古老的青石板，一路蜿蜒在朦朧雨巷裡。如梔子花一樣芳香；若丁香花一樣憂鬱，依稀徜徉在月色湖畔的亭臺樓閣中，牽引著唐時的小橋流水，淺淺地嵌在我的神魂中。於是，一切的一切都變得撲朔迷離了起來。

她究竟是誰？佳人？鄰女？瑰麗繁奢的大唐已不復存在，只餘寂寞的佳人躑躅在時空的隧道裡，依依守著那輪亙古的明月，任流年浸在悠長的笛聲中，與我翹首遙望。古典、淡雅、羞澀、婉約，她在水的一方，我看見，有雙紅袖添香的手，在靜謐的月色中輕輕剪下一段驚豔的時光，任其緩緩流進五彩斑斕的夢中，然後十指輕彈，一曲婉轉的琴音便悄然落在了與他相扣的思念裡。她採下前世未了的眷戀，在模糊了的青銅鏡前，勾素眉染鉛華，忙忙碌碌，碌碌忙忙，卻依然掩不住積澱在心底的那份難耐的惆悵與不盡的憂傷。春花已逝，秋月重來，嘆一聲寂寞清秋冷，卻有誰來暖她一顆漸趨悲涼的心？梧桐影素心，萬籟俱寂的深夜，她只能枯守一份落寞悵然，在搖曳的燈火下，以一紙娟秀的小字，獨品那幽寂難成語的味道，用滿腹的傷懷縈繞整個雨季的孤單流芳，繼續等他在水中央。

他走了，從此後，一個人的思念裡，即便燈紅酒綠、舞盡霓裳，又該如何回首尋覓流逝的情懷？愛已成斷章，舊墨研無聲，陪她點滴到天明的，除了漏聲，唯餘心慟。揮揮手，只能讓這滿懷的癡念都隨同那無法排遣的相思嵌入光陰深處。然後，在風聲的左右，裝出一副與己無關的冷漠表情，踏著愛的足跡，於春秋四季的交替中來來回回地追憶曾經的情深不悔、祭奠而今的刻骨銘心。

幾度輪迴，花落花又開，晨曦總是以歡喜的心情鎖上黑夜的帷幕，而她依然沉溺在滄海變桑田的憂傷裡。斜倚前人留下的雕花軒窗，小心翼翼

第1章　鄰女

地與他隔雨相望，卻不知此去經年，除了她，還有誰會為他在秋月難圓的日子裡添一件夢的衣裳？任他輕盈地走回她守候的世界。柔情繞指寫相思，然，寫來寫去，塗鴉的卻只是她一個人的低眉牽惆悵，還有那份看似無動於衷實則早已山崩地裂的守望。她無路可逃，亦無路可退，所以只能任那一抹孤單悽清的身影永遠孤寂地淌在找尋或是守候的路上，無怨無悔。

> 娉婷十五勝天仙，
> 白日姮娥旱地蓮。
> 何處閒教鸚鵡語？
> 碧紗窗下繡床前。
>
> ── 白居易〈鄰女〉

他不能給她名分，不能給她一生的幸福，兩袖煙雨便甩出注定了的結局，所以痛定思痛後，唯有選擇離別。然，他一生一世卻都枕著她那年的芳姿，徘徊不出心的夢魘，終身失魂落魄，一闋〈鄰女〉更是將對她的無限思念消磨在紙箋上，卻又無法覓到原諒自己的藉口。

這首〈鄰女〉看似信手塗鴉，卻美得宛若沉入水中的珍珠，周身流溢著無限傷感與惆悵，然又泛著誘惑的璀璨光芒。正如他句中所寫：「娉婷十五勝天仙，白日姮娥旱地蓮」，那些眷戀的歲月，那些眷戀的年華，在他筆下，自是美得不可方物。

窗外飛舞的前塵柳絮，糾纏了後世的白雪，不管幾分歸於泥土，幾分流入眼中，那半寸迷離，都痴痴凝結了那一年初戀的春色。初識她時，他十一歲，她七歲；戀上她時，他十九歲，她十五歲，正是情竇初開的季節；而寫下這首〈鄰女〉的時候，他和她卻已注定咫尺天涯，曾經讓他心醉的「我愛你」，曾經令人痛心的「對不起」，都留在了他往昔的記憶深處。

第1卷　長相思：淚眼淩寒凍不流

　　風中獨步，細數過往，他經歷了很多，也失去了很多。一朝決絕，千般情思一念休。驀然回首，水復東流，那驚鴻一瞥究是彼此前世修了多久的緣？他淚眼迷離，悵坐窗下，捧一紙素箋，輕輕淺淺地嘆，緣起緣滅天注定，紅塵中又有誰不期望身邊有個知心的人兒朝夕相伴？他白居易也不能例外，只是歲月匆匆、人生漫漫，生命的路太長、變數太多，有些人注定是生命裡的過客，或許有緣相識，但卻無緣相守，正如那一世裡他最眷戀的她——湘靈。

　　為了他所愛的人，為了自己深情的戀，他也曾努力過，可最後還是勞燕分飛，天涯海角，無從相思。那些年，他只想，花前月下，房前屋後，與她執手相望，聽小橋流水，讓痴心的歡笑招展在她嬌媚的眉眼間；他只想，亭臺樓閣，雕欄花榭，共她提筆雕畫西廂曉夢，讓她明媚的身姿永遠蕩漾在他守望的目光中；他只想，淮水之畔，萬花叢中，與她攜手共挽河床碧露，同聽一曲《春江花月夜》，讓所有的歡喜都釀成他們共守的清歡；他只想，喧囂柳巷，嘈雜鬧市，與她手牽手、肩並肩，逃得半世逍遙，笑唾滾滾紅塵裡的熙熙攘攘、名聞利養。殊不知，夢中的綺麗畫卷還尚未摹盡，卻在柳絲後輕輕一個轉身便換了離歌切切、煙消雲散，而那樣撩人的春色也只能繼續徜徉在心底罷了。

　　世間情愛，從古至今，皆如粉墨一場戲，該怎麼演？該何時承上啟下？該怎樣收場？半點也不由人，他深深淺淺地嘆。戲中有她、戲中有他許她一生的諾言，而她，卻甘心固守在那齣折子戲中坐等天明，直到三千青絲換白髮，依然要等他回來圓他當初承諾過的誓言。然，又是什麼時候，他撇下了深紅淺綠的花箋，騎著高頭駿馬，過隙梨園，留下幾筆「樂天」落款，卻任一件染上墨跡的青衫長袍，轉瞬間又拂起了她遠隔天涯的珠簾淚夢？告別了水墨丹青，看梨花一一凋零在愛的枝頭，他卻留給她一襲脫不下的戲裡霓裳，任她在夢裡穿越了五千年，時而仰望秦時的明月，

第1章　鄰女

時而駐足在漢時的關，時而感受著胡馬度不過陰山的安然，但自始至終，也未能帶她逃脫一場愛情釀成的災難。

回首，楓橋語斷，寒山孤寂，一泓並不清冽的運河水，攜著從遠古飄來的一懷深情，繼續在窗下和著〈在水一方〉，於我耳畔縈繞不去，恰似他在〈鄰女〉裡那番不經意的描摹，別有一種溼潤的聲息在時空的流年裡緩緩瀰漫。其實，她不該遭遇任何的災難，深情如斯，他該給她永恆的幸福與歡喜，不是嗎？為什麼給不了，是他難為還是不曾努力過？

我不知道，他離去的時候，湘靈是否會悲慟欲絕、痛不欲生，但我知道，失意與悲傷左右是逃不開的。恍惚中，我看到千年之前的她把思念的淚珠定格在柔潤的唇邊，枕著一宿的無眠，在昏黃的光線下，一個人，一襲青衣，孤單地行走在寂寂的天穹下，每一個步履都走得匆促卻又無力。夜晚的清新淡薄不了她憂鬱的愁絲，她緊蹙著眉頭繼續徘徊在他曾經走過的路上，究竟，要怎麼做，才能將沒有他的日子過得難忘而又歡喜？

她躑躅的腳步裡，又是一個繽紛的初秋。草綠花紅，刻意的繁盛裡卻黏滿寥落之意；波光蕩漾，翩躚的蝴蝶從不管她心裡的悽慘，依然成雙入對地出沒。她跣足披髮，蒙上面紗隨風搖曳，裙裾飄飄，思緒連連，總是佇足在瀲灩水邊望向他遠去的方向莞爾笑著，那心底深藏著的模糊而又清晰的身影，宛然在眼前，卻又遠在天邊。雖然等待中的她總是添了幾許單薄的味道，而遠在千年之後的我卻以為，唯有此時、此景，伊人才愈顯嬌柔，愈顯別樣的清新可人，可是她的清芬、她的隱忍、她的不捨、她的孤寂，他又懂得了幾分？

吹面不寒楊柳風。或許是蘆葦高逾百尺，水邊的她方才顯得撲朔迷離，且愈來愈恣意而纏綿；或許是煙水蒼茫，最終都在眼底羽化成一種奇異的色彩，轉瞬便描摹出一個空靈飄渺的意境，才增添了她神祕莫測的朦

第1卷　長相思：淚眼淩寒凍不流

朧。然而，吸引我的不止是朦朧，還有她追尋戀人如夢如幻、如痴如醉的情，和無著的惆悵失意與蕭瑟的秋，以及伊人高潔的尋索和唯美的追求。也許她指尖流轉的只是瞬間的心緒，然，那心緒卻可以寵壞所有敏感細緻的心。

深藍的夜幕下，星星在我守望的空間裡一顆一顆明亮起來。夜風中，天高雲淡，四野茫茫，夢中的葦叢起伏搖曳，水中的月亮悽婉幽邃，且染朦朧詩意，而湘靈便是那個隱在他文字背後的女子，只可遠觀，不可褻玩。夜軟，雲柔，燈影斜，靜伏案前，我輕輕吟誦著〈鄰女〉，一字一句，如慢慢品一杯醇厚的香茗，反覆、反覆地品，直至無言。那一刻，我的髮梢、眉尖，甚至唇齒之間都凝駐著薰衣草的幽香，我知道，那撩人的香氣來自遙遠的中唐，來自她顧盼的凝望。

「娉婷十五勝天仙，白日姮娥早地蓮。」那一年，她只有十五歲，卻出落得貌勝天仙，唯有嫦娥和蓮花才可以與之媲美。是啊，她美得是那樣的動人心魄，又怎能不讓剛剛年屆十九的他鍾情於心？十一歲那年因避家鄉戰亂，他隨母親陳氏將家遷至父親白季庚任官所在地徐州符離，並很快與比他小四歲的鄰家女子相識。她的名字叫湘靈，長得嬌俏可愛，且精通音律，於是，兩個稚年的孩童很快便成了朝夕不離、青梅竹馬的玩伴。

湘靈，他很喜歡她的名字。每次看到她，他總是未曾開言早已笑意盎然，而她卻是羞澀地看著他，輕輕喚他「樂天哥哥」。樂天和湘靈。他緊緊拽著她的手，和她一起去郊野嬉戲，去河邊捉魚，到樹上掏鳥窩，每次都能引得她情不自禁地放聲嬉笑。

在他眼裡，小湘靈是個沒心沒肺的女孩，似乎他喜歡的事她都喜歡，只要能讓她尾隨在他身後，無論叫她做什麼，她都心甘情願，且樂在其中。就這樣，他們一起度過了生命中最快樂的八年，無憂無慮的八年，直

第1章　鄰女

至她出落成一個大姑娘,他才倏忽發現,原來,曾經那個整天跟在自己身後的小女孩已在他心裡生了根發了芽,他終是無可救藥地愛上了她。

「何處閒教鸚鵡語?碧紗窗下繡床前。」愛情是奇妙而又不可理喻的。愛上她,他便是世間那個最幸福的男人。對她的戀,無聲而細膩,卻有一種溫暖,樸素而自然,就像心冷時的一杯熱茶、身寒時的一件棉衣,實實在在浸入他的血液、融入他的骨髓,令他時時被這種感情燃燒著、溫暖著。這溫暖的感覺猶如一杯茶的清香、一滴酒的甘醇、一闋詩歌的浪漫、一盞燭光的溫馨……。

他喜歡看她站在碧紗窗下繡床前逗弄鸚鵡時的神情,活潑、溫婉,卻又透著些許調皮與古靈精怪。從認識她的那天起,他就發現她是個極富愛心的女子,她總是喜歡收養那些無家可歸的小動物,小兔子、小山雞、小燕子,年復一年、日復一日,從不間斷。那一年,情竇初開的他從野外揀回一隻受傷的鸚鵡,她二話沒說,連忙抱著鸚鵡回房替它包紮傷口,幾個月的時間,就將它養成了一隻毛羽豐潤、人見人愛的鳥兒。她教它學說簡單的語言,每次望著從窗下路過的他都會淺淺淡淡地笑,然後伸手點著它的額頭,逗它對著他叫樂天哥哥。

「樂天哥哥,樂天哥哥。」那隻鸚鵡果然通了人性,只要他來,便會望著他沒完沒了地叫,引得左鄰右舍一聽到鳥語聲起便知他又和湘靈膩在一起了。母親陳氏為此大發雷霆,提醒他已是十九歲的成年男子,而湘靈也已屆及笄之年,自古男女有別,不能再像從前那樣無所顧忌地跟湘靈玩在一起了。是啊,他已是成年男子,再這樣跟湘靈纏在一起算什麼呢?他是母親的希望,更是白氏家族的希望,所有人都指望他能考中進士,光宗耀祖,這個時候又豈是他兒女情長之際?

痛定思痛後,他決定閉關苦讀詩書,不再踏足湘靈之門。然而閉門苦

第1卷　長相思：淚眼凌寒凍不流

讀了半個月的書後，他還是按捺不住對湘靈的思念，背著母親，偷偷跑去與湘靈見面。

「樂天哥哥……」她潸然淚下，目光迷離地望向神情染著些許落寞的他。

「湘靈！」他早已不由自主地緊緊拉住了她那雙纖若柔荑的手，眼中盡是離別之後的悽楚。

「我以為你再也不會來了。」她望著他，輕輕哽咽著。痴痴地懷抱著那心底瞬間落淚的記憶和那臉龐間一道微涼，許久、許久，嘴角上揚，憔悴的臉龐才露出了一抹酸澀的微笑。

「樂天哥哥，樂天哥哥！」碧窗下的鸚鵡也昂起頭，望著他興奮地叫喚起來。

「妳看，它又來了。」他伸手指著鸚鵡，望向她扮著鬼臉。

「白夫人知道你又來了，肯定會生氣的。」她忽地又鎖起愁眉，「樂天哥哥，我……」

「湘靈，我……」他瞪大眼睛，怔怔盯著她，鼓足勇氣，努著嘴唇，一字一句地說：「我想過了，我會向母親稟明我們的關係，讓她同意我們的婚事。」

「什麼？」湘靈吃驚地瞪著他，面龐陡地紅了起來，慌忙低下頭，囁嚅著嘴唇，憂喜參半地說：「樂天哥哥，你……」

「我是認真的。」

「可是……」

「怎麼，妳不喜歡我，不想嫁給我嗎？」

「我……」她抬起頭，羞澀地盯他一眼，又迅疾低下頭去，「我……」

第1章　鄰女

「妳等著，我這就回去跟母親大人說去！」他不顧她的阻攔，拔開腿就跑了回去。然而等待著他的卻是母親陳氏的怒不可遏。陳氏說什麼也不會讓兒子娶一個平民女子為妻的，以前兒子還小，所以才任由著他的性子讓他跟湘靈整天膩在一起，現如今他已長大成人，她又如何能眼睜睜看著他繼續與湘靈廝守在一處？

「荒唐！可笑！」陳氏瞪著他咆哮著，「湘靈？你想娶湘靈？你知道自己是什麼身分，她是什麼身分嗎？」

「是的，我想娶湘靈。」他認真地說。

「我們白家可是世代官宦，她湘靈家是什麼？一個布衣家庭出身的女子，她有什麼資格當我白家的兒媳？」

「可我們是真心相愛的。」

「真心相愛？你才多大？剛剛十九歲，你懂得什麼叫愛？還有湘靈，只不過是個十五歲的孩子，她又懂什麼叫愛？你以為這還是小時候扮家家酒時扮夫妻玩的遊戲嗎？」

「母親大人！」

「你給我閉嘴！」陳氏氣得渾身發抖，「告訴你，要娶湘靈為妻，除非等我死了！不，就算我死了，做鬼也不會同意讓那個女人進白家來的！」

他不知道，母親對自己要娶湘靈的態度為什麼那麼決絕。她明知道自己從小就喜歡湘靈，可是為什麼偏偏要以門第的觀念來阻止他們結合？是的，湘靈沒有顯赫的身世，可是她美麗溫柔，還很善解人意，難道這些都不能讓她有資格成為白家的兒媳嗎？

驀然回首，他看到躲在窗下偷聽他們談話的湘靈。她淚如雨下，望見他時幾乎是落荒而逃。慌亂中，她的銀釵掉在了地上，一襲烏黑的秀髮隨風飄舞，瞬間零亂在他悲傷的淚滴中。

第1卷　長相思：淚眼凌寒凍不流

　　湘靈！他大聲地喚她，卻被陳氏狠心地攔住。「你今天要走出這個門，以後就別再回來！也別再認我這個母親！」

　　他沒有辦法，唯有和著淚，看著嬌小玲瓏的湘靈從他眼前遠去，心碎成了一片一片。「娉婷十五勝天仙，白日姮娥旱地蓮。何處閒教鸚鵡語？碧紗窗下繡床前。」千年後，我繼續唸著〈鄰女〉詩，悲傷著他的悲傷；絕望著她的絕望，卻恨他的文字惹得原本處於溫暖中的我感到一種刺骨的痛，怕自己承受不住這種絕美，也怕這種無奈的孤寂將自己包裹，那實在是太灰、太暗、太冷，我甚至聽得見他隱藏在文字後的哽咽聲。

　　燈影斜，攔不住人生多少時光；月光冷，遮不住人間多少離別。白居易的詩句如同暗夜裡冶豔盛放的花一樣妖嬈、神祕、迷人，宛如明淨的天空，彷彿一陣輕風掠過，便把我帶到「半畝方塘一鑑開，天光雲影共徘徊」的世外桃源。那裡的天空明淨得如同平靜的湖面，雲朵清澈得恰似湘靈的淚滴；那裡的水透明得像詩，可以用眼睛感受它的清新脫俗，卻看不到任何的粗鄙與蠻荒。品味著這樣散淡的文字，與其說是才華，不如說是情懷，白居易天生的淡泊雋永，在後人細細的品味中，被過濾得更清澈，積澱得更醇厚。

　　其實，生活有時就是千轉百迴，也許只是一次邂逅，卻總有一個飄渺的影子在眼前閃爍，弱水三千，在夢裡縈繞。也許是空間距離或心理距離的緣故，若隱若現，才會牽引出惆悵的情愫，令人輾轉反側。

　　萬籟俱寂，合上窗幔，繼續輕聽一曲〈在水一方〉，悠哉遊哉。所謂伊人，不在遠方，就在彼岸。恍惚中，卻又聽得天邊水畔有人在輕輕地反覆吟唱：「蒹葭蒼蒼，白露為霜。所謂伊人，在水之湄，在水之涘，在水一方。」

　　是她，是他的湘靈，正穿越千年的時光，在我窗前飄渺朦朧，可望不

可即。而我的心，卻隨著他為她寫下的詩句起起伏伏著，彷彿這些文字便是一個守望者，正等待著懂它的人出現，充滿了神奇，令人神往。

Tips

〈鄰女〉是白居易早期的情詩，詩中描繪了作者十九歲那年在徐州符離（今安徽宿縣）與十五歲的鄰家女孩湘靈互生愛慕、墜入情網的經過，由衷地讚美了湘靈的美麗與悅耳的嗓音。從詩作的內容來看，應是二人分手後的回憶之作，具體創作年分待考。

湘靈，姓氏不可考，有資料稱其父親是湖南人，母親是河南靈璧人，亦不可考。是白居易的初戀，也是他一生念念不忘的摯愛。白居易十一歲時，因避家鄉戰亂，隨母親陳氏從洛陽舉家遷至父親白季庚的任官所在地——徐州符離，之後沒多久便在那裡與比他小四歲的湘靈相識。幼時的湘靈活潑可愛，且精通音律，於是二人很快成了朝夕不離、青梅竹馬的玩伴。到白居易十九歲、湘靈十五歲時，情竇初開的二人在不知不覺中相戀了，但這段情從一開始就不被白母陳氏看好，無論白居易怎麼哀求、湘靈如何努力，終其一生，他們也未能成為彼此的伴侶，唯餘千古遺恨。

第1卷　長相思：淚眼淩寒凍不流

第 2 章　寄湘靈

淚眼淩寒凍不流，

每經高處即回頭。

遙知別後西樓上，

應憑欄干獨自愁。

── 白居易〈寄湘靈〉

唐德宗貞元十年，即西元 794 年，已官居檢校大理少卿兼襄州別駕的白季庚病逝於襄陽官舍，終年六十六歲。四年後，即貞元十四年，年屆二十七歲的白居易在母親陳氏殷殷期盼的目光中，為了生計和前程著想，不得不離開符離，隻身前往江西浮梁，投靠身為浮梁主簿的長兄白幼文。

八年了，與她相戀，至今已歷經整整八個年頭。她已不是十五歲的妙齡女子，為了那份纖手相凝的痴愛，二十三歲的她依然靜立窗下，默默守候著他迎親花轎的來臨。然而，她等來的卻是一次又一次的失望、一次又一次的別離。

他已不是第一次離開符離。八年間，他去過長安、回過洛陽、到過襄陽，可是這一次，聽說他要前往浮梁，她的心卻有著與往日不同的驚慌。也許，這一去，便是她和他最後的離別，當他緊緊握住她的手，要她安心等他回來之際，她近乎失措地望向他，早已是涕淚四流。

樂天。她輕輕唸著他的字，心，莫名的，疼痛。他真的還會回來嗎？抬頭，望著空中飄拂而過的點點白雲，任憂傷侵襲著她周身每一個細胞，她感到天地間累積的所有無助都不約而同地向她奔赴而來，片刻的工夫，

第1卷　長相思：淚眼淩寒凍不流

便將她一個曾經完整的她剝離得支離破碎，慘不忍睹。浸染著芳菲的微微細雨中，一轉眼，春紅凋零，片片花瓣隨風而落，而她就在那漫天紛飛的花瓣中翩翩起舞，用〈踏搖娘〉演繹出的不捨為他送行。

　　白色紗衣，以玳瑁瓔珞配之，雲鬢上斜簪的銀釵步搖緊隨舞姿搖曳，而那遠黛眉山，是適才他在閨房之中才為她細細描上去的。那一瞬，指鉤琴弦，微風拂面，淡雅的塵香縈繞在思念獨白的口齒間，他抬首，努力擠出一個微笑，千憐萬愛地看著她，卻不知道該用什麼方式去溫暖她那顆愈來愈悲涼的心。

　　「湘靈。」

　　她輕輕回首，卻看到他如墨般深邃的眼眸。

　　四目相對，款款深情，在暗中流轉。望著她，他突然有種想哭的感覺。曾以為，以高傲的姿態仰望藍天，就可以讓自己逃避掉憂鬱和失敗，沒曾想，在她面前，瀟灑和癲狂迷惑了自我後，竟無法找到淚腺的突破口，唯有緊握她的雙手，要將體內所有的溫暖都傳遍她冰了的身體。

　　她的手變得冰涼。他知道，失去了他的輕撫，這雙纖手從此便會變得不再溫暖，可是她仍然用心底僅存的那一點微薄的希望，努力著想從他身上攫取所有的溫存。他知道，她愛得辛苦、愛得痴迷、愛得卑微、愛得失去了尊嚴，而他卻不能給她一絲一毫的安慰，卻還在不斷傷著她的心，讓她在每一次與他相聚後都陷入深深的痛苦之中，無法自拔。他恨自己，可是他無能為力，在母親陳氏面前，他顯得比她更加卑微。母親的意思自是不能違背的，但他仍然堅信，假以時日，母親一定會被他們的真情感動，同意他把湘靈娶進門來的。

　　這麼好的姑娘，除了門第懸殊外，母親還能有什麼理由拒絕她成為白家的兒媳？於是他等，等過了二十歲、二十五歲，一直蹉跎至二十七歲仍

第 2 章　寄湘靈

然未婚。兒子的心思，陳氏一一看在眼裡，她知道，一切的指責威逼都是毫無用處的，於是她避重就輕，許諾等他考中進士後再來談論與湘靈的婚事。

「相信我，我不會讓妳等得太久的。」他舉起湘靈的手，放在嘴邊深情一吻，「等我考中進士，母親就沒有理由拒絕我們的婚事了。」

「可是……」湘靈不無惆悵地望向他哽咽著問，「你真的非走不可嗎？」

他點點頭，「去浮梁投靠大哥是母親的意思。更何況我已經二十七歲了，總這樣待在家裡坐吃山空也不是辦法，是時候出外替自己謀一份差事了。」

她沒有說話。她明白，這次的離別是無可挽回的，唯有和著兩行熱淚，緊緊偎在他的肩頭，為他唱起一曲哀傷婉轉的〈長相思〉。

「我會等你回來的。」一曲唱罷，她淚眼婆娑地望向他，「無論是一年、兩年、三年，還是五年、十年，我都會在這裡等著你回來。」

「湘靈……」他痛徹心腑地唸著她的名，往日裡耳鬢廝磨的一幕幕纏綿頓時湧入眼簾，任流年的憂傷、斑駁的碎影，再度襲擾他惆悵的心頭。

窗外，一輪冷月和著激灩的波影，夾雜著幽咽的簫聲，輕輕蕩漾在靜謐的夜晚，彷彿嫋娜飄渺著的炊煙，由遠及近，在他們眼前緩緩游移。風過處，那些牽扯著枝枝蔓蔓的柔軟嬌嫩的花朵，漫隨雨飛，輕若軟絮，綿綿的、淡淡的、悠悠的，總有清香沁入心扉，倏忽間，卻又隨著她的淚語掙脫了束縛，飛向深邃的夜空。仰望蒼穹，對月悵然，他沉浸在經年的夢裡，深深迷惘，無數熟悉的畫面，都在眼前一一重現，轉眼，又被風吹散無蹤。伸手，想要抓住些什麼，然，抓來抓去，唯餘寂寞在指間滋長。

他走了，背上行囊，孤身一人，踏上遙遠的旅途，捲走她全部的思念，卻載不動她兩行清淚。「生為你人，死為你鬼。」臨行前，她送他到村口的

第1卷　長相思：淚眼淩寒凍不流

風車前，在他耳畔許下鄭重的諾言。她已做好了的最壞的打算，如果他不回來，她仍然會靜守窗下等他。五年、十年，哪怕是一生一世，此愛永相隨，縱使呼喚不見故人來，年年二月桃花水只守著她一個人的悲歡離合，歲歲空等待，年華老去，依然無怨也無悔。

湘靈。他淚雨磅礴，等真正經歷曲終人散的離別時，才明白失去的疼痛是如此的錐心刺骨。湘靈，那一路上，他將她如花的笑靨憶了又憶、將她香豔的名字唸了又唸、將她溫婉的眼神想了又想，心裡卻漫溢開一種難以避開的孤獨與寂寞。湘靈，他日，若我遇見奼紫嫣紅的春暖花開，我一定會站在妳看不見的角落，為妳拈花微笑；湘靈，他日，若我聽見妳喜歡的歌謠，我一定會在夢裡為妳低低吟唱；湘靈，他日，若我看見妳幸福的模樣，我一定會守在遙遙的彼岸，為妳綻放由衷的笑靨……。

途中，他走累了，帶著一身的疲憊慢慢坐下，一邊仔細欣賞沿途伶人演繹著催人淚下的皮影戲，一邊用心中糾葛牽絆了無數個日日夜夜的淚語，和著墨筆揮染宣紙的沙沙嘈雜，為她在朗朗的天地間賦詩一闋〈寄湘靈〉，只願變作她手裡一枚雕梁畫棟的印章，將對她的思念瀰散在這寂寂而又冰涼的清風裡。

　　淚眼淩寒凍不流，
　　每經高處即回頭。
　　遙知別後西樓上，
　　應憑欄干獨自愁。

　　——白居易〈寄湘靈〉

湘靈，妳知不知道，皮影戲外的我也隨著那些傀儡投入了真切的情緒，任妳成為我心中永久的美麗童話？只是不知，如果世間失去這多彩的面具，是否還會有人去留戀、去惋惜？亦不知，是不是多了一種殘缺不全

的魅力,紅塵裡才不會衍生出那麼多的含恨和不如意?更不知,如果世間失去了脂粉的豔麗與鮮妍,有妳的彼岸會不會依然執著在風中將我翹首回望?

「淚眼凌寒凍不流,每經高處即回頭。」世界上最遙遠的距離,其實就是那麼一點點而已。他知道,他和她已經努力了,只是命運使然,任誰都無力改變,要怪也只能怪天意弄人。舉頭,雲和月相偎相依,彼此的盈缺,是他們的醉美,亦是他們的互慰。他知道,此生等他、待他是她的心甘情願,此生想她、夢她是他最大的幸福,哪怕世事一場夢,人生幾度春秋,亦無法更改他們最初的心意。只是,想她時,每經高處便即回首,舉步不前,念她時,更是淚如雨下,縱淚眼遭逢凜冽的寒夜,任漣漣的淚水凍成兩行冰柱,也無法阻絕他對她那份濃濃的思念。

總是在漫漫長夜,於寂寂的黑暗裡靜靜期盼著黎明的曙光;總是在深不見底的幽暗裡,心如死灰地沉沉睡去;總是在沒有她的孤燈下,做著一些春光爛漫、花色傾城的夢;總是在甜蜜的夢裡,任斑斕的情思浸在纏綿悱惻的幻境裡描摹她倩麗的身影……一直以來,他都想告訴她,她在他的夢裡深深淺淺地來過,閒倚窗下的她,長長的烏黑的青絲鋪散在古老的雕花案几上,黏膩著青春的韶華,宛若初升的太陽,熠熠生輝,可是這份璀璨的明媚,卻為何一個轉身便徹底遠去了他的世界?

不知道,夢中會有誰守在窗下柔情脈脈地撫摸她鬆散的髮絲,只知道,有一粒幸福的種子在她清秀的面頰上開出了一朵相思,清香幽韻,宛如輕羽飄落在愛的天涯。俱往矣,一切的一切都過去了,而今的他,耳畔漸漸遠了塵世的喧囂與煩憂,那遠方的她,會不會依然守候在曾經等待的水湄,遠遠痴望著更遠的遠方,將他盼了又思、想了又念?而他心緒不寧的思慕又會不會在她蹙起的眉間靜靜地流淌?

第1卷　長相思：淚眼淩寒凍不流

「遙知別後西樓上，應憑欄干獨自愁。」會的，他不在的日子裡，她一定會悵立西樓，憑欄獨自品味那份孤寂的愁苦，輕輕裊裊，跨越時空，任初心若蓮，只為曾經於風車下許下的那句刻骨銘心的諾言。

恍惚裡，他彷彿看到，前世的她在三生石上鐫刻下的醒目誓言，剎那間便忘了這一路走過的崎嶇，把曾經的惶恐一一驅離。安守著心儀的宿醉，他明白，這份情，不再是躲閃的畏懼，不再是退避的膽怯，只要勇敢去追求，即使是望梅止渴，風的氣息也會把距離的遙遠分解在思念的海洋串聯成一個枕間的同呼吸，永遠徜徉在他的眉間、流連在她的心頭，哪怕漂泊起一生的坎坷，他和她都不會輕言放棄。

是的，她不會放棄，他更不會放手。是她秀手轉他乾坤，是她慧眼識他英雄。她不是佛，卻是菩提，是起伏恆久的歲月，是漫漫長夜孕育成的他的一卦良貞。若有來世，他願化為飛鳥，棲於她日日修行的禪院青瓦簷，做一羽只有她懂春來也盼歸的梁下燕。他日，若緣聚緣散，與她咫尺天涯，他定會用一箋輕淺文字，訴說一生不變的祝福，遙念君安，然後用一顆安然樸素的心，包裹住昔日的溫暖，微笑，向前，在她遠去的身影後輕輕傾訴一曲雲與月的絮語，將離去的她輕輕喚回⋯⋯。

是的，他一直在內心深處喚著她的名字，情深難禁。在這寂寂的夜裡，品味這一闋哀傷悽婉的〈寄湘靈〉，與他遠隔了千年之遙的我仍能感受到他的疼、他的痛、他的悵、他的無可奈何⋯⋯丟開詩集，只想隱在他的天空、藏在他的夢中、潛伏在他的文字裡，握住他的溫柔，好讓我也找到屬於自己的一點點夢。或許它是蒼白的，可是我也願意在這裡等候，等候一段燃點靈性的文字，在一聲嘆息或一抹欣喜中尋找他靈魂以外的世界。

也許這首詩並非他最傑出的詩作，但妙就妙在雖直抒胸臆，卻又透著

第 2 章　寄湘靈

含蓄之美，給予人無限的想像空間，宛如午後淡淡的陽光，和煦不燥，意境淡雅，讓一切都簡單而本質地呈現，不染纖毫。字裡行間，抖落點滴就醉了整個寰宇，若繁星閃爍，璀璨無比；又如陽春白雪、煙雨迷離，每一滴入口都沁人心脾，心情浮躁時品讀，猶如品嘗到一泓甘醴的山泉，再次品賞，仍是餘味不盡。

我靜靜佇立窗下，彷彿千年之前在符離守候他歸期的湘靈，眉頭緊緊蹙起，卻不知，我所憂傷的究是他的悲慟，還是她的絕望，抑或是自己的無奈。抬頭，望向窗外漆黑的天空，穿越她與他三生三世的誓言，靜靜地在雨中看那雲卷雲舒，默默思忖著他和她的過往。那個悽美而傷感的故事，心裡裹著無盡的失落，彷彿他的文字，惆悵、深邃，滲著憂傷，撩人情懷，才明瞭那三生石上所謂的不老傳說亦早已隨著她那滴碧海雲天的淚水一起沉淪。

Tips

　　唐德宗貞元十四年，年屆二十七歲的白居易在母親陳氏殷殷期盼的目光中，為了生計和前程著想，不得不離開符離，離開與自己相戀八年的湘靈，隻身前往江西浮梁，投靠身為浮梁主簿的長兄白幼文。其間，白居易因無法遏制對湘靈的思念，在路上創作出〈寄湘靈〉等三首感人肺腑的情詩。

　　白幼文，白居易同父異母的長兄，曾在浮梁縣為官，故白居易經常在家書中稱其為浮梁大兄。由於父親白季庚去世較早，白居易是在白幼文的培養和幫助下成長起來的，因此他對大哥始終懷著深深的情意和敬重，浮梁這個縣名也在他的腦海裡留下了不可磨滅的烙印。白居易被貶江州時，白幼文還健在，江州與浮梁相隔百餘公里，白居易曾去浮梁縣看望過長

第 1 卷　長相思：淚眼淩寒凍不流

兄，到他謫居江州的第三年，即元和十三年（西元 818 年），白幼文病逝，為此他寫下滿含深情的《祭浮梁大兄文》，抒發了失去兄長的哀痛，並頌揚了大兄的高尚品德情操。

第 3 章　寒閨夜

夜半衾裯冷，孤眠懶未能。

籠香銷盡火，巾淚滴成冰。

為惜影相伴，通宵不滅燈。

──白居易〈寒閨夜〉

曾經為誰在空曠的天地間恣意哭泣？又為誰在芳草萋萋的原野上灑下多情的淚水？

為何總是如此多情，又為誰如此多情？情愛世界裡究竟誰是誰非，問蒼茫大地，誰予解答？

自遇見的那天起，到背道而馳的剎那，誰為誰痛徹心腑，誰的思念總是渲染著夜的星空點點滴滴到天明？

靜謐的夜、幽暗的夜，為誰自甘寂寞？又為誰自甘墮落？夜夜無眠，思念直至拂曉，那一徑總也走不完的牽腸掛肚究竟又該如何才能以了無罣礙取代？

窗外，漆黑一片，幾株古松孤獨地站在幾顆寒星閃閃的天際之下；心間，悽楚滿懷，清瘦的身影寂寞地映在幾盞寒燈爍爍的冰牆之上。可惜那晚沒有瑩潔的月光，不然想她的思緒定會如同錢塘的潮水洶湧不已，但即便如此，沒有月亮相伴，想她的思緒依舊綿延不絕。嘆，天涯咫尺，咫尺天涯，追尋的腳步從始至終都染著幾分徬徨，為什麼，兜兜轉轉之後，還是找不到屬於他們二人的永恆幸福？放眼望去，路邊的青草早已枯萎，寂寞又於想念中不斷滋長直至繁茂，卻為何依然等不來他和她的洞房花燭夜？

第1卷　長相思：淚眼淩寒凍不流

　　曾經囑咐自己,要愛得輕鬆,但年少無知不予苟同,而今只能換得熱淚盈眶,然,輕鬆二字又豈是他想要就能要到的?記憶,清晰而明亮;轉身,往事都成回憶。他再次落入深深的沉思裡,任一切曾經的聚首都在相思的眉宇間變得支離破碎,即便費盡周章也看不見一幕完整的故事,於是,只能任由往事灑滿一地,徒然傷了他所有的想念。然而,他還是捨不得,捨不得遠離那些個遙遠而又近在咫尺的故事,所以拼盡最後的努力彎腰去揀拾記憶的碎片,卻不意,手指剛剛觸碰到它們,便被刺破了肌膚,轉眼換得鮮血迸流。

　　他還能做些什麼?只能後退,任心痛擱淺在無助的角落;只能躲開,不敢再去碰觸那些撕心裂肺的疼。依稀,又看見她那張依舊溫婉明媚的笑臉,在他望眼欲穿的眼裡明明滅滅,然而一伸手,被牢牢攬在掌心的卻是冰冷的空氣與失落的心情,根本就觸碰不到任何真實的面孔,更無法抵達他想要的心花怒放。於是,只好傻傻地站著,背貼牆根,目光呆滯地望著遠方,任空氣中瀰漫著一股悲傷的味道,幾度哽咽,卻搜尋不出半句可以形容的詞。眼一酸,濡溼的雙眸迅速被思念的淚水淹沒,抬手,掏出臨行前她送他的潔白的絹帕,任其輕輕擦拭滑過眼角的淚痕,手指卻不由自主地在素絹上寫下這痛的記憶,而這點點滴滴的傷,卻只因曾經有一個如花美眷的她。

　　好久沒有她的音訊,茶不思,飯不想,坐立不安,早成了他歲月的痛痕。雖然痛著,卻又幸福著,每每想起她,心中還是充滿疼痛的歡喜。喜歡想她,想她的桃花笑靨、想她的鶯歌燕語、想她的溫柔舉止、更想她的深情眼眸,可是想念再繁盛,又哪裡及得上與她終日流連花下,直至青絲換了白髮?而今,夢醒心碎,人去樓空,自是無心梳洗,更無心為她染墨寫詩書,孤單的他陷入了深深的泥沼,而遠方的她知不知道,只因她那擱淺在他心海的淺淺一笑,他便再也沒了力氣與相思過招?

第 3 章　寒閨夜

　　她不在的日子裡，徒留一個人的世界給他。一個人趕路、一個人風餐露宿、一個人難過、一個人喃喃自語、一個人低吟淺唱、一個人坐在路邊的草地上看星星、一個人站在船頭等待月落晨起、一個人走過無數的風風雨雨，唯任寂寞與孤單伴隨他整個旅途。這些都不是他想要的，可是他又能改變些什麼？她不在他身邊，即便途經天堂，也是他永遠無法逃出的地獄，月下的曼珠沙華再妖冶，也不是他能摘下的那朵鮮妍，而所有的風花雪月亦都與他無關，他的世界將是一成不變的荒蕪與蒼茫，甚至是凜冽的冰霜與燎原的火海，所以他唯一可以做的，就是帶上記憶上路，在風沙還未侵蝕他那雙回望的眼時，盡一切可能地去彌補去挽留。

　　其實，他一直更想要把心埋葬，卻又找不到能夠把記憶一同深埋的地方，所以只好在思念中痛並歡喜著。抬頭，一場促不及防的雨不期而至，淅瀝淅瀝地下著，忽然，沒來由地便覺得一個人的心有些倦了，更有些迷茫，卻又找不到可以破解的方法。於是，只好不斷努力地告訴自己，一定要堅持下去，就像自己當初為了一份承諾而馬不停蹄地回到她面前，沒有任何折中的辦法，也絲毫不能退縮不前。這是一份諾言，也是一份誓言。只是，不知道他一個人到底還能堅持多久？還要守候多久？更不知道那份相思的記憶何時才能繼續明天的故事？

　　一個人的夜晚，一個人的等待。不記得這是第幾個夜晚了，也不記得這是多少次的等待了，只知道一個人依然困守在孤單中堅持，依然擱淺在煎熬中等待。夜，相思的夜。無盡的長夜漫漫，遭遇纏綿的情思悠悠，誰人知，深藏在心中的那份痛楚；誰人解，深埋在記憶的那份往事？無數次地想要遺忘記憶、無數次地徘徊在感情的谷底、無數次地掙扎在情感的深淵，卻又未曾改變過任何既定的事實，怎不教人悲痛，怎不教人惆悵？

　　該如何繼續與湘靈那段刻骨銘心的感情？他不知道。當母親犀利的目光射向他無奈而又悲傷的面龐時，他便知道，這份愛恐怕最後仍會收穫無

第1卷　長相思：淚眼凌寒凍不流

疾而終的種子，但他仍然心存僥倖，仍然堅持著那份渺茫的希望。不是說只要自己考中進士，就可以跟母親面對面地商談與湘靈的婚事嗎？可是，母親真會履行她的諾言嗎？其實母親並沒作出任何實質性的承諾，只是說考中進士後才有資格跟她商談與湘靈的婚事，那商談的結果呢？他不敢深思，唯恐看到再次別離後湘靈無助的淚眼。八年了，他們相愛了八年，她已為他蹉跎至二十三歲卻尚未婚配，他又怎能棄她於不顧呢？

夜，靜謐的夜。已經很晚了，他依然沒有一絲睡意。一個人的孤單，未曾有過的寂寞心情被這深不見底的暗夜層層包裹。掙扎、哭嚎、悲憤、咆哮，一切都無濟於事，所有幼稚的舉止都被暗夜冷冷地嘲笑著，就像在嘲弄著情感的小丑那樣鄙薄。為什麼，為什麼將他拋棄在情感的深淵？為什麼，為什麼將他遺忘在錯位的空間？昨天的夢已不能再續，唯有選擇繼續在夢的邊緣遊走，他就像塵世的飄零，隨風而逝，找不到愛的歸宿，就像漂泊的孤舟，隨波飄蕩，找不到停靠的港灣。

如果母親仍然執意不肯接納湘靈，他又該如何面對？是帶著湘靈私奔，還是屈從母親的意願，娶一個門當戶對的女子為妻？私奔，他沒這個勇氣；娶一個自己不愛的女人，他更沒有任何心理準備。該如何？該如何？躺在驛館床上的他輾轉反側，無法入睡，睜眼、閉眼，看到的不是湘靈悽楚哀怨的眼神，就是母親斬釘截鐵的目光。莫非，自己便要在歲月的變遷、時空的變幻中，於默默的等待中老去？湘靈啊湘靈，我到底該拿妳怎麼辦？妳知道，縱是千年一夢、萬世蒼涼，我也願意為妳在守望中死去，可是母親大人，我又怎能拋下母親大人與妳雙宿雙飛呢？

夜那麼靜，靜得讓他想大聲吶喊、放聲痛哭；生活那麼蒼白，蒼白得讓他乏力，提不起一點精神；現實那麼殘酷，殘酷得讓他覺得周身都充斥著無法排遣的悲哀；感覺那麼清晰，清晰得讓他在她的幻影裡變得虛偽；疼痛那麼真實，真實得讓他渾身麻木……。或許，選擇孤單、選擇寂寞、

第3章　寒閨夜

選擇沉淪、選擇等待，等待一個沒有結局的天長地久，在一個人的世界上演與愛無關的獨角戲，把夢想和希望摺疊了寄給明天，把悲傷和痛苦陳舊了在記憶裡埋葬，用沉默和淡然來掩飾所有的不安與無措，還有絕望，才是他來這世間走上一遭的真諦吧？

披上衣裳，斜倚床畔，他低低地抽泣。前程未卜的他看不到任何天明的希望，更無法洞悉自己與湘靈的結局究竟會如何演變。或許是好的、或許是壞的；或許是幸福的、或許是殘酷的；或許是快樂的、或許是悲慟的……然，這一切的一切都不是由他可以主宰得了的。他沒有辦法，沒辦法在短暫的時間裡給湘靈想要的溫暖，更沒辦法讓早就在她耳畔許下的諾言變成現實。到底，還需要多久的等待，他才能如願以償地將湘靈迎進白家大院，成為他明媒正娶的新娘？

前往浮梁的道路充滿了荊棘與坎坷，亦如他和湘靈的戀情。道路上的坎坷他都能咬咬牙堅持下來，無論經歷多少顛簸與流離。而與湘靈堅守的那份愛裡叢生的荊棘，他又該如何將它們完全清除掉呢？湘靈，湘靈，他一遍遍地呼喚著她的名字，想像著她悵坐鸚鵡籠下，和淚看他前不久為她寄去的那闋〈寄湘靈〉詩，心裡裹著無盡的惆悵與痛苦。他還能為她做些什麼？在這一個人的世界裡、一個人的征途上，他只能枕著對她無盡的思念，在每一個冰涼的夜晚靜靜地想她，任每一個夢、每一秒鐘、每一次欣喜、每一次失落，都在她蹙起的眉間緩緩縈繞，化作她案邊的一縷香灰、一首小詩。

夜半衾裯冷，孤眠懶未能。

籠香銷盡火，巾淚滴成冰。

為惜影相伴，通宵不滅燈。

—— 白居易〈寒閨夜〉

第1卷　長相思：淚眼淩寒凍不流

「夜半衾裯冷,孤眠懶未能。」夜越來越深,心慢慢地沉澱,想著她溫婉的眼神,他覺得自己變得越來越孤單,就像站在長江的源頭朝下游眺望,面對那長長的、沒有盡頭的寂寞時一樣無助而又無能為力。

窗外,雨後的星星明明滅滅地閃爍著,似乎決定了一種原始的生命軌跡。屋內的溫度越來越低,衾被也失去了往昔的溫暖,一種從未有過的孤獨感侵襲得未能入眠的他仿若成了一個冰人,等淚滴落了,才發現眼淚裡的身影仍然沒有失卻體溫。

寂寞是一片黑色的睡蓮,在無盡的漆黑裡,盡情地瘋長,肆意地蔓延。那一瞬,他宛若站在無人的山巔,撕心裂肺地喊,卻聽不到任何聲音。整個人,由裡到外,都被內心的惶恐慢慢吞噬,變得越來越孤單、越來越徬徨,而那空曠的蒼穹下,卻只留下一條小小的、長長的身影,在孤單的燈影下隨風搖曳,彷彿一眨眼,便已在指間漏去了千年萬年的繁盛。

「籠香銷盡火,巾淚滴成冰。」薰籠裡的香火已經消盡,消不盡他對她的思念;滴落在絹帕上的淚珠在嚴寒的季節裡轉瞬成冰,冰不了他對她的永恆記憶。

一個人的思念,抬頭低頭間,是孤單嗎?一個人的淚眼,想她念她時,是心傷嗎?相思無邊,寂寞無涯。支離破碎的天空,總是擁有支離破碎的思緒,唸著她的芳名。記憶,漸行漸遠;心,越來越孤悵。

曾經,和她相遇,相識、相知,有誰會預知甜蜜後的仳離?相遇是邂逅;相識是緣分;相知是快樂,那麼轉身之後在這寒寂的深夜裡究竟還剩下了什麼?或許除了煎熬,還是煎熬吧,一種等待中的煎熬。遠處,緩緩傳來裊裊的琴音,斷斷續續的,像極了她曾經彈奏的哀怨而又悽美的曲調。在這靜謐的夜晚,他收攏起流逝的記憶,品味著孤單,為曾經的擁有鋪起一座思念的橋,守候與她的再次重逢;在這思念的夜晚,他揀拾起青

第 3 章　寒閨夜

春的碎片，打包著情感，為往事編織起歲月的輓歌，卻仍不明瞭，明明刻骨銘心地去愛了，為何兩個相愛的人卻不能長相廝守？

「為惜影相伴，通宵不滅燈。」不敢將燈吹滅，因為燈影裡有她倩麗的身影；不敢奢望在夢裡與她纏綿，只得藉助這星星燈火，和著淚水，用文字，在詩箋上將她憶了又憶，思了又思。

也許，寂寂的夜裡，最該做的便是忘情，讓記憶自動消融在昨天，讓思念悄然淹沒在往事裡，讓一切的明媚與幽暗都在來路不明的風沙中消逝得無影無蹤。然，一個人的他還在幻想、還在等待，於是，想念過後，依舊一如既往地喜歡著一個人於燈下裹著疲憊，用文字記錄稀薄的憂傷，用詩句謄寫淡淡的哀愁，在靜默中將她的好唸了千遍萬遍。

時光流轉，人來人往。一個人的相思、一個人的災難，通通浸在了一個人的揮毫疾書裡。於是，一切的一切，便都在他的字裡行間染上了時間的淡漠，沾惹了歲月的遺忘，彷彿那曇花一現的記憶，如同他滾滾的思念，也像那一抹夕陽的餘暉，亦如他惆悵的心緒。一個人、一份寂寞、一種心情，無法排遣的傷心裡，他終是開啟了情感的閘門，點燃了堆在身後的所有寂寞，任潸然的淚水泡在想念的嘴邊，將剛剛寫好的〈寒閨夜〉詩唸了又唸──為她的痴絕、為他冰了的心、為他和她隔了咫尺天涯的戀。

湘靈，請相信我，不管歲月如何變遷，容顏如何轉變，人生的路上，至少還有我，一個從來不會變心的愛人，會永遠陪在妳的身邊。任歲月蹉跎、緣聚緣散，只要妳還需要我，只要妳還願意開口告訴我妳所有的索求，我都願意守著妳，寸步不離，哪怕這相守的時間是用永恆來計算，我也無怨無悔。只求妳不要轉身而去，留我在這孤寂的荒原，讓我擁著一個人的寂寞、一個人的精采，上演一齣沒有華麗舞臺的獨角戲，因為我無法忘記時間，無法忘記妳我的存在，更無法忘記從來都沒有忘記的過去。沒

有了妳，縱是多了煽情的觀眾，我也難以用心湊成一句完美的對白，更彌補不了一切殘缺的愛……。

Tips

〈寒閨夜〉同為白居易於貞元十四年，由符離前往浮梁途中思念湘靈所作的情詩。每一字、每一句，點點滴滴，都寫出了白居易對戀人湘靈的刻骨懷念，繼〈寄湘靈〉詩後，進一步闡述了他的相思之苦，用一片柔腸，寄一片風月，更將那一份兒女情長寫到了極致。

第4章　長相思

九月西風興，月冷霜華凝。
思君秋夜長，一夜魂九升。
二月東風來，草坼花心開。
思君春日遲，一日腸九回。
妾住洛橋北，君住洛橋南。
十五即相識，今年二十三。
有如女蘿草，生在松之側。
蔓短枝苦高，縈迴上不得。
人言人有願，願至天必成。
願作遠方獸，步步比肩行。
願作深山木，枝枝連理生。

—— 白居易〈長相思〉

夜已沉默，心事向誰說？

曾經的萍水相逢，她卻給了他那麼多的歡喜與滿足，然，他又給予過她些什麼？

用思念的眸擋住窗外凜冽的寒風，他一心只想把溫暖為她保留。風霜寂寞，凋落入懷，人生風景在潸然的淚眼裡遊走，每當寂寞回首時，總會發現，她的愛依然在不遠的地方等著他；冷月孤清，寫滿悽楚，時光如流在緊蹙的眉間穿梭，所有的喜怒哀樂都被他深鎖在伸手不見五指的幽暗

裡，而這一切只因為他知道，即便有她在天涯盡頭等著他，他也難以赴回她的睛朗。

　　仰望蒼穹，但見幾顆疲憊的星子在黑夜裡乏力地眨著眼睛，有一搭沒一搭地私語著紅塵的俗事，卻不知他和她的故事是否也成了它們茶餘飯後閒話的藍本。深深淺淺的嘆息中，不知何時，風兒也跑來湊起了熱鬧，放肆地拍打著老朽的窗櫺，深一下、淺一下，每一聲都驚心動魄，在他心底翻江倒海。站在驛館的窗下，他的心被這微冷的夜風吹得微微有些迷醉，那些呼之欲出的思念也隨之被迅速牽扯了出來，彷彿插上了隱形的翅膀，以千軍萬馬都不可阻擋的勢頭跳躍在這個寂靜的冷風之夜。

　　記憶中，在那個落葉繽紛的季節，他的世界一如那滿地飄飛的落葉，雜亂無章。他試圖在自己還清醒的時候理出些許頭緒來，打掃紛亂的心緒，卻不意抬頭的瞬間，又看到她在他的世界裡駐足、回望，目光中掛滿他無法拒絕的真誠，一下子便又亂了他的主張。他顫巍巍地接過她遞來的真誠，小心翼翼地揣入懷中，平靜的心湖裡再一次泛起片片無法恢復平靜的漣漪。

　　曾經，因為有她，他不再望著西沉的落日感嘆人生如白駒過隙，不再懼怕漫漫長夜被孤獨吞噬，只因她說過會在最近的地方將他永遠守望。然而，轉身之後，那些相遇的美麗即使再耀眼，也無法閃亮他漸漸黯淡的笑容，倒是讓思念的疼痛常常涇了期盼的眼眸。心事如蓮，縱繁華萬千，也不過只能在他相思的時光裡剪裁下一縷明月光等她來歸，卻如何點亮一盞心燈，為她熬煮日日夜夜的清歡？還記得，她曾說，他們的相識本是一場無意的邂逅，一個偶然的回眸，便有了彼此的相遇與糾葛，但沒曾想，那驚鴻一瞥竟讓他們魂牽夢繞了整整十六個年頭；她還說過，絕不允許他再兀自悲傷，她要讓他的世界變得明朗、豔麗，亦曾說過，她是他眼中的一滴清淚，要陪他走過人生四季，若她不再憂傷哭泣，他又怎麼捨得將她溢位眼眶？

第4章　長相思

　　他捨不得，所以總是強忍著不肯哭泣，可是她的溫情就像一張密織的網，早早緊緊將他包裹，日復一日，年復一年，他又怎能忍得住不去悲傷、不去疼痛？那些個年月，他常常驚嘆於彼此間的心有靈犀，折服於那種無語勝千言的默契，心也在不知不覺中與她漸行漸近。然而，有她相伴的日子，歲月蹉跎一閃而過，而今，孤燈之下，寂寂中細數與她一路走過的點點滴滴，那顆憂鬱的心仍然如花綻放，卻怎麼也無法再為她描眉施粉寫清歡。

　　淡月遠去了江湖的紛爭，疏煙拋卻了紅塵的喧囂，在無人喝采的水湄，他把歲月的流光輕捻，卻發現，即便付出再多的努力，亦依然不能任由他們了無罣礙地走出世俗的種種牽絆。風乍起，思緒被惆悵轉瞬揪痛，無處可藏，低眉的柔情好似一曲婉約的琴音，在清寂的廊簷間蔓延。而那如煙的紅塵便彷彿一張飄落於眼簾的素箋，將如蓮的心事徹底散落成一幅氤氳的水墨畫，悠悠幽幽地瀰漫在他眼底怎麼也望不穿的一紙模糊的水雲間。

　　凝眸，風荷吹晚，素弦繞指，聲聲寂寞聲聲哀，所有的思緒都跟著詩意的音符在瘦了的指尖飛舞。而那一份古典的情懷、一份清寂的守望，便於迂迴曲折的驛道上一路穿越浮華塵煙，在肥了相思、瘦了燈芯的未央夜裡，從迷離的心境，把那半舊的記憶如畫屏般一一舒展在眼前。或許，今生遭遇的所有緣分，前世早已注定；或許，這世間從來沒有什麼永遠，唯有一顆永保青春的真心。光陰荏苒，縷縷情愫不滅，都在流年裡輕攏慢捻，然，又有誰能隔著一泓不能踰越的深淵解她前世種下的花語？

　　她的影子，總是在風拂過髮絲的瞬間跌落在他守望的眼中，那抹悠悠的情思更是他怎麼也剪不斷的迷惘；搖落的思念，亦總是在灑滿銀白的月光裡唱著熟稔的情歌緩緩游移，卻還是不能讓他擁著她的明媚歡喜入夢。願只願，纖指落墨的時候，再為她淺唱低吟訴纏綿，把那三生三世的情緣刻劃在皮影戲的舞臺上，不容忘卻，然，每到相思成災時，卻是借那三千

第1卷　長相思：淚眼淩寒凍不流

煙水做琴弦，也彈不盡芳心繾綣與留戀，更無法把滿腔的痴念唱成他們共有的愉悅。他知道，再多的執著，也只能任他把離愁與明月共觴，卻不能抵近她的清芬，亦知道，努力過後掙扎過後，他唯一能做到的便是將一個人的獨白唸到行雲流水般極致，但再多的熱鬧，鑼鼓喧天奏起的繁華終歸也只是他一個人的獨角戲罷了。

雲暮低垂夜偏長，越是想要抵達黎明，越是難以揮手與黑暗說再見。他不知道，當月滿西樓之時，她是不是也會和他一樣，即便明知無法相守，還要把滿腔的柔情寄於嬋娟，還要把滿心的牽掛融入月色，一任回憶在一池墨香裡沉澱，一任相思在平平仄仄的清詞裡婉轉？簾捲西風，捲不走峰迴路轉的相思；花飛煙冷，冷不了洶湧澎湃的痴情。回首，滿袂離愁被深深浸在了朦朧的醉眼中，那一紙清歌蘭心夢若琉璃，卻道是亂紅飛過影無蹤，再也找不到舊日相依相偎的痕跡，然而他心裡卻很明白，即便世界徹底抹去所有關於他們的故事，他也能依著明明滅滅的蛛絲馬跡找到她的歸途。

愛入骨髓，才發現，也許前世的他便是佛前的那一朵青蓮，是他在佛祖面前苦苦祈求，才有了降落於紫陌紅塵的機緣。那一世，他嬉戲於清波碧漪間，為她偶然的一回眸，便注定此後的千年都要因她而花舞翩躚，所以才有了今生的遇見與重逢。相遇的那一刻，似曾相似的緣分迅速讓兩顆童稚的心彼此靠近，他驚訝於她的美貌與空靈；她也震驚於他的瀟灑與俊逸。就這樣，他們越走越近，由相知變相惜，由相惜變相愛，短短的幾年時間便已如膝似膠，再也禁不起分離的折騰。是的，他離不開她，她也離不開他，為什麼老天爺非要硬生生把他們拆離，卻不顧他們撕心裂肺的疼？遠去了她的世界，他走成了荒野裡一株無人問津的柳樹，再多的鶯啼、再美的燕舞、再輕的柳煙、再飄逸的姿態，也無法娟秀她在遠方因驚恐而瞪大的一雙疑惑不解的眼。

第 4 章　長相思

　　他和她，終是走失在奼紫嫣紅開遍的陌上，即便柳浪堆成俗世的炊煙，他也不能在轉瞬吹綠堤岸的東風中找見她往日的無憂與安然。嘆，聚聚散散人間事，寂寞總是在繁華後拉開盛大的序幕，那些遠去的清波裡，依舊蕩漾著人世的種種艱辛與祕密，誰又能望著一川秋水，堅持說這一生過得無憾又無慮？或許，遺憾便是追求的動力，憂慮更是堅強的理由，在這孤寂的夜裡，一個人獨守一份惆悵，又怎不是另一種形式的擁有與懷念？夜空下相守，文字裡相依，他依然故我地把她珍藏在心尖上，而一幕幕她給的溫暖又總會不失時機地惹他依戀，讓他不捨，總會在瞬間疼痛了他思念的心扉，於是，故事便又在他的筆下幾度生花。

　　即便隔了山高水長的距離，他依然相信，遠方的她自始至終都和他染了一樣的相思，只是這份難捨的緣分又該如何才能變成他們永恆的幸福與歡喜？如果可以，他願意折壽十年，換與她此生幸福相隨；如果可以，他願意以前程未卜，換與她花前月下共讀《楚辭》、《詩經》，卻為何，這一份本不算奢求的期盼卻變成了遙遙的無期？靜謐的子夜，輕挽記憶的青絲，他折下滿眼的思念，伴著一縷傾城的月光，採來一闋古樂府〈長相思〉別插於髮間，一方古硯，依舊在濤起的風聲中為她研磨心結千千。那讓他百聽不厭的旋律，在寂寞的屋宇裡低迴婉轉，散落的音符一次又一次觸碰著心底那份過往的柔軟，卻遺憾沒有她盛情的參與，只能由他一個人把往事在花香中輕輕地傾訴。

　　也許，此時此刻，光陰的彼岸正煙波流轉，今生今世裡他亦依舊是她眼中那抹醉人的溫顏，然，光陰的此岸她又如何能夠知曉他依舊慕她如風？難抑的孤寂，還在長夜裡氤氳綿延，哽咽間，倉促舉起一個「情」字，他如若一位風燭殘年的老人，顫抖著屹立在風中，不停地追逐、遙望，一夢千年，卻發現與她的遭遇依然還是那一份天涯相望的讖。點點清愁，眉間心上，如果此生不曾相遇，人生何來美麗？如果相遇只是一種錯誤，他

第1卷　長相思：淚眼淩寒凍不流

　　情願沒有來生的來生。在夢中飛翔，影子終是踩痛了經年的心事，再回首，溶溶的月色溶不掉滿腹的思念，更溶不去他眼中疼痛的淚水，到底，他要怎麼做，才能遠離這份心傷？

　　細細思量，未卜的前程、多舛的人生、紛亂的心緒，卻原來都被嵌在了這一彎朦朧的月色中，總是在他心底斷斷續續地糾葛著、掙扎著。孤枕無眠的夜裡，還能做些什麼？終不如對著窗櫺半扇低斜的月光，輕輕展開過往的心事，任所有的開心與不開心都鋪灑在那一紙濃濃的墨跡上，然後慢慢看那一點點、一行行的情到深處，是怎樣在素箋上將悽婉痴絕演繹成覆水難收的境地。

　　他知道，他逃不出去，自遇見她的那一天起，便注定他永遠也逃不開她那一雙深情凝望的眼，所以他只能不停地為她鋪箋疾書，寫盡曲曲折折、深邃幽寂的心思。瞪大眼睛，望著他剛剛寫好的詩句，他終於明白，自己已走進了一個死胡同，無法前進，亦無可退避，或許唯有把這些沾染著墨香的玲瓏小字熬煮成一鍋粥，再和著一碗忘情水喝下去，才能重新走出一片豔陽天吧？

　　西窗依舊影著舊去的往事，在眼中明明滅滅。輕拈一紙情箋，卻徒然換來一枕拭不淨的相思雨，轉瞬便又浸得悠悠雲夢寒。該怎樣才能將她深深淺淺地憶起，卻不惹徬徨不沾悲傷？舉頭望月，經年累積的滄桑依舊影映著當年初見時的純真，然而也就在這一瞬，他徹底失去了方向感，不知道接下來究竟該何去何從，是要向命運低頭，還是要向世俗的眼光奮起反抗？此時此刻，怎麼也不忍聽那窗外悽切的鴉鳴，只怕一兩聲悲悽便驚了他所有的期盼與依然還沒做醒的美夢。憶往昔，與她兩相意濃情稠，哪知如今卻是相見時難別亦難。那剪不斷的心結，恰是雙重絲網裹纏，怎麼也拆解不開，所以唯有再鋪開淺淡的詩箋，用她的口吻，為她，亦為他，寫一闋〈長相思〉，以寄對她的濃情蜜意：

第4章　長相思

九月西風興，月冷霜華凝。
思君秋夜長，一夜魂九升。
二月東風來，草坼花心開。
思君春日遲，一日腸九回。
妾住洛橋北，君住洛橋南。
十五即相識，今年二十三。
有如女蘿草，生在松之側。
蔓短枝苦高，縈迴上不得。
人言人有願，願至天必成。
願作遠方獸，步步比肩行。
願作深山木，枝枝連理生。

——白居易〈長相思〉

「九月西風興，月冷霜華凝。」九月，未央，西風起。月色淒冷，霜華凝結，推開窗戶，望一眼空曠的天空，便有依依情愫在無語中化為淚湧。那時種下的情，到今日已是枝繁葉茂，遮住了萬丈紅塵，卻遮不住彼此眺望的眼，怎不惹人傷懷？人間煙火，終在眉間飄遠，那些超凡脫俗的想念，亦只在深不見底的心海裡起舞，到底，什麼時候才能擁著彼此的暖走向一份永恆的明媚？

「思君秋夜長，一夜魂九升。」他夢中的她，在遙遠的地方想著他，總是於夜深人靜時倒一杯清酒，邀月同醉，輕抿一口，酣暢淋漓。念他時，秋夜變得更長，魂魄無數次飛回夢鄉伴他起醉，卻又無法擁著他的思念入睡。都說太多的想念會衍生為病，思念的滋味也會在難以縮短的距離之後變成一種淡淡的酸味，但每每想到他，一種如蜜的甘飴便會在她心底裡緩緩蔓延開來，嘴角也會在不經意間微微掛上甜蜜的笑容。

第 1 卷　長相思：淚眼凌寒凍不流

想著她的心思，他微微地笑，那笑裡卻又多了一份無奈與不得已。一路的追隨，只是徒然踩痛了時光；拾起的寂寞，也不過是灑落一地的憂傷。想她念她，雜亂無章的心緒令他總也無法下筆，那滿腹的殘句也只能在紙間凌亂飛舞。總在萬籟俱寂時不停地告訴自己，擁有時需要珍惜，不要等到灰飛煙滅時空悲切，可是即便擁有，他又何曾敢把一個「娶」字說出口來？

「二月東風來，草坼花心開。」當來年二月的春風輕輕吹起時，他還會不會像往年一樣，採擷來一縷暗香，親手簪於她的髮間？他不在，她只能守著一懷寂寞，低低地嘆，輕輕地怨，回眸處，沒有一處不是蘊雨藏雲的凌亂與糾結。翰墨清風下，再回首，奼紫嫣紅早已換作花飛煙冷，一點相思扣心門，那些凝結的愛與哀愁，只怕早已隨同滿心的惆悵漫滿紅塵。

「思君春日遲，一日腸九回。」很想他，很想穿越時空，與他執手相望在這個靜謐的夜晚。如果可以，她多想卸掉厚重的枷鎖，在春天裡任他環繞在身畔，只為他做個平凡的女人。遙想他在曖昧的燈火下輕輕托起她的臉頰，隨後在她額頭印下深情的一吻，那又將是怎樣的幸福與歡樂？

愛在她心，今生只為他執著，無論歲月如何變遷，她都會在彼岸為他等候。而此時的他，就算跋山涉水也終難抵達她的臂彎，她亦只能把對他的深情化作寂寞的琴音，讓相思在風中蔓延，任愁腸在淚眼千迴百轉。

「妾住洛橋北，君住洛橋南。」曾經，她是他的鄰女，他是她的樂天哥哥。她和他，亦如那彼此分住於洛陽橋南北的戀人，在刻骨的相思中將心靜靜修成一朵盛開的白蓮，只為前世的一面之緣，只為今生的再度重逢。而今，歲月更迭，她與他咫尺天涯，縱是無語勝有聲，又憑誰來解那相思花語？

亂紅飛過，影蹤難覓，相戀的人兒卻在何處相守？翹首眺望，盈盈一

第 4 章　長 相 思

水間，終是與他隔了遙遠的天涯，脈脈不得語，心事，亦被無聊悄然折疊。一身閒愁自是再也尋不著一個可以託付的處所，而那飄飛的衣袂，又在溫婉的月光下盪開了她一縷不滅的情思，憑窗空對一襲冷月，終是灑了一地的不捨與無奈。

「十五即相識，今年二十三。」十五歲那年，她便與他相戀，而今，她已為他蹉跎至二十三歲，卻終是未曾出嫁。還記得，那個風清月朗的夜裡，她曾深情凝視著他的眼睛說過，縱是九死一生，也要等到他抬著花轎將她迎娶過門，否則即便老死閨中，也絕不他適，而那時，他亦曾說過，新婚之夜定要給她一個深情的擁抱，那清爽純潔的眸子一度讓她的心頻頻悸動。

「有如女蘿草，生在松之側。」她就像蘿草一樣生在松樹般高大的他身旁。她知道，蘿草離開了松柏就不能生存，亦如她，沒了他的牽念，她自會萎靡枯萎。樂天啊樂天，失去了你，叫我如之奈何？千年相約一朝凝，誰人不盼蝶雙飛？秋意涼涼，戀情依依，然，在他們面前的困難還有很多很多，他又該怎樣才能排除萬難，才能說服陳氏接納她成為白家的兒媳？

「蔓短枝苦高，縈迴上不得。」如今，她恰似那苦命的短蔓，他亦彷彿那高不可攀的松枝，一個在上，一個在下，終是苦苦相望，深情相伴，卻又縈迴難依。問世間情為何物，無人能解，也無人懂得。紅塵男女，你來我往，淚哭乾了，心也跟著碎了，但依然嚮往幸福的相依，無可救藥，即便千年萬年也未曾有過絲毫的更改。或許，愛情就是世間最劇烈的毒藥，是人便會染上再也戒不掉，也不想戒，可是這世間若無情無愛，紅塵深處又該留戀何處？

「人言人有願，願至天必成。」只要有願望，就一定能夠感動上蒼。她堅信，和樂天哥哥的痴愛終會得到上天的眷顧，獲得所有人的理解與成全。現

在，或者將來，她唯一要做的便是珍惜每一刻相處的時光，拋卻塵世的憂與愁，與他親憐蜜愛。然，他什麼時候才能回到她的世界，將那一份隱忍的愛繼續下去？

「願作遠方獸，步步比肩行。」靜謐的夜早已在泛濫的思念中沉默，那些長長短短的心事又該向誰說起？秋季正濃，此去經年，他們曾彼此錯失在霜紅的楓葉中，那麼日後的邂逅，她又該如何才能抓得住留得住那些情深不悔的熱烈？她知道，愛一天，光陰就會少一天，只怕與他的相戀終會以斷腸人在天涯的悲劇收場，所以即便老天要讓她以和他一起化作遠方的野獸為代價才能成全他們的聚首，她也願意。

變成野獸又如何呢？只要有他相伴在側，步步比肩而行，比在人世彼此遙望卻無法抵近強了許多許多？不過，即使化作了野獸，她也要拚盡全力替他擋住寒冬，把溫暖只保留給他，讓世間所有的風霜寂寞都凋落在她一人懷中，因為這就是愛，是她心心念念了經年的愛情。

「願作深山木，枝枝連理生。」夜，依然沉寂在遠古吹來的風中，那滿腹的思念究竟該從何說起？明月有光人有情，時光再老也不能沖淡真愛釀造的酒，距離再遠亦無法拉開真愛牽起的手，她知道，縱使和他遠隔萬水千山，相思之情依然會來到她身邊，讓最遠的他成為她最近的愛，那麼，又有什麼是值得埋怨、值得悲傷的？

最初的最初，愛在迢遙的距離中遺忘了一成不變的日子。靜默中，他用文字化作她的相思，一如既往地隱忍著自己的不捨，故作瀟灑的背後是對她深深的眷戀。一曲〈鳳求凰〉，是他高山流水覓知音的青衫淚，一支〈陽春〉，有她紅袖添香的身影明媚了黑夜的守望。總是珍惜著每一次回眸的瞬間她目光中洩漏的深情，願只願，與她共作深山木，枝枝連理生，把愛在捨不得忘不掉中折成相依相守的經卷。從此，月圓是畫，月缺是詩，

第 4 章　長相思

終日裡只數著微笑，在心裡暖暖地愛慕著彼此。

　　夜，無眠。他將思念一點一點地揉搓成了墨香四溢的文字，又輕輕灑落在了沒有她相伴的靜謐中。只因她說過喜歡他寫的文字，他便發誓，從此筆耕不輟，字字為她雕琢、為她飛舞。很想她，是的，這一路上，他無時無刻不在想她，雖然明白暫時無法踰越的門第溝壑最終能不能被他們的真情打動、讓他們此生有緣牽手相伴，依然還是個未知數，但是能與她相識、相知，他已無憾。

　　湘靈。他捧著墨跡未乾的詩箋，任淚水磅礴在英俊剛毅的面頰。為她寫詩，為她捎去相思的信箋，只因他的夢裡總有她深情注視的目光。他知道，天亮後，他即將踏上前往浮梁最後的旅程，從此，他將在同父異母的長兄白幼文的庇護下開啟全新的人生。可是，二十七歲的他什麼時候才能回歸符離，將那思慕他的人兒深擁入懷？

　　她遠去的風采總讓他流連忘返，而他也深深明白，也許在她的世界裡，自己只是一個落魄的拾荒者，但即便如此，哪怕傾注一生的努力，他也要進入她心靈的最深處，掬一縷相思，任其凝成殷殷紅豆，託風捎入她思慕的夢中，然後，風雨兼程地走近她，希望她再也不要一退而遠之。

Tips

　　〈長相思〉是白居易前往浮梁途中寫給湘靈的最後一首情詩。最後一句「願作深山木，枝枝連理生」與其後來所作敘事長詩〈長恨歌〉中的「在天願作比翼鳥，在地願為連理枝」不謀而合，由此亦可看出白居易創作〈長恨歌〉時是有著豐富的感情基礎的。從這首詩中，我們還可以清楚地看出白居易與湘靈經過十七年的相處和八年的相戀，感情已經非常深厚，離別後不但苦苦相思，而且已考慮過婚姻問題，但是湘靈擔心自己出身寒

第1卷　長相思：淚眼凌寒凍不流

門，高攀不上三代小吏後代的白居易，最後表示了「願至天必成」和「步步比肩行」的懇切願望。

第 2 卷

潛別離：利劍春斷連理枝

第 2 卷　潛別離：利劍春斷連理枝

　　輕輕的,她走了;輕輕的,他來了。他徘徊在她的門前,希望她能給他最後一次機會,然而等來的卻是他所不曾熟悉的冷漠與決絕。難道,與她十八年的情份便這樣隨風殞落,終成一空?他憂鬱、他沉思,他在問情中痛不欲生,含淚在她門上題詩一闋〈潛別離〉,幻作風、化為雨,和著一曲相思,固執地要為那心中的凝望做一次長長久久的停留。

第 5 章　生離別

食檗不易食梅難，檗能苦兮梅能酸。
未如生別之為難，苦在心兮酸在肝。
晨雞再鳴殘月沒，征馬連嘶行人出。
回看骨肉哭一聲，梅酸檗苦甘如蜜。
黃河水白黃雲秋，行人河邊相對愁。
天寒野曠何處宿？棠梨葉戰風颼颼。
生離別，生離別，憂從中來無斷絕。
憂極心勞血氣衰，未年三十生白髮。

—— 白居易〈生離別〉

次年，貞元十五年秋。白居易在大哥白幼文的極力推舉，以及在宣州任溧水縣令的叔父白季康的引薦下，在宣州參加了州試，並以〈射中正鵠賦〉、〈窗下列遠岫詩〉二文，一舉高中舉人，為宣歙觀察使、宣州刺史崔衍所貢，給予了他來年前往長安參加進士考試的資格。

其時，白居易的母親陳氏已由徐州符離遷居白氏家族在洛陽的祖宅。不久，中舉後的白居易便從浮梁縣負米還鄉，歷經二千五百里旅程，自鄱陽回歸洛陽省母。已中舉人的白居易與母親久別重逢，自是喜極而泣，然，他心中深深惦念著的還是遠在符離的湘靈，於是很快便舊事重提，請求陳氏允許他娶湘靈為妻。

「你真的那麼喜歡湘靈？」陳氏一邊喝著他奉上來的新茶，一邊冷冷

第 2 卷　潛別離：利劍春斷連理枝

盯著他淡淡地問。

「母親大人難道還不明白孩兒的心意嗎？」

「為娘的不明白。」陳氏搖搖頭，「娘不認為我兒是真心喜歡那個從小就沒人管教的野丫頭的。」

「湘靈不是野丫頭！」他瞪大眼睛盯著母親，「湘靈自幼精通詩賦音律，她有著極好的修養，母親大人怎麼可以這麼說她？」

「修養？」陳氏冷笑一聲，「一個十五歲就跟男人眉來眼去的女子，她有什麼修養？若不是她存心勾引你，你又怎麼會鬼迷心竅，喜歡上她那樣粗俗不堪的女子？」

「母親大人！」

「好了，別再說了，就算你說到天崩地裂，為娘也不會同意這門婚事！」

「可是您，您曾經答應過我的，您……您總不能出爾反爾吧？」

「我答應過什麼？」陳氏放下茶盞，「為娘只記得曾經說過，等你考中科舉，才會跟你議及與湘靈的婚事，怎麼，這些你都忘了嗎？」

「可是孩兒如今已經考中了舉人，母親大人您……」

「舉人？娘說的是高中進士，一個舉人算得上什麼？」陳氏不屑一顧地瞪著他，「要想娶湘靈，等你高中進士後再來說吧！」

「可是……孩兒已經二十八歲了，湘靈也已經二十四歲了，她不能再為孩兒繼續蹉跎下去了！」

「蹉跎？有誰拿刀逼著不讓她嫁人的嗎？那麼多好男人去她家門上求親，她卻心比天高，非想飛上枝頭做鳳凰，這不是痴心妄想嗎？」

「我跟湘靈是真心相愛的！」

「別跟我說什麼真心相愛。」陳氏冷冷睨著他，「真的，湘靈不適合

第 5 章　生離別

你。白家的兒子應該娶一個門當戶對的女子回來，要不然親戚宗族們也會看我們笑話的。」

「我不怕別人笑話。」

「可是為娘的怕。為娘的不想讓宗族裡的親眷指著鼻子說我千挑萬選，就替兒子選了個什麼也不會的山野村姑，那樣，我會對不起白家的列祖列宗，還有你爹的在天之靈。」

「難道您真的視兒子的幸福於不顧嗎？」

「娘不讓你娶湘靈，才是真正替你的幸福著想。你是官宦人家的子弟，如今又高中舉人，娶一個什麼也不是的村姑回來，豈不丟盡祖宗顏面？為娘在白家這幾十年忍受了多少白眼和委屈，你不是不知道，好不容易才盼著你和你弟弟知退都長大成人了，難不成，你還要往為娘的傷口再撒上一把鹽嗎？」

「娘也知道這幾十年您在白家過得並不幸福嗎？既然如此，您又怎麼忍心看著孩兒和湘靈和您一樣忍受這萬般痛苦？您和爹的不幸正是這看似門當戶對的婚姻造成的，難道您還想讓你們的悲劇再在我們這一代身上重現嗎？」

「住口！」白居易的這番話戳痛了陳氏心底的傷疤。是啊，自從十四歲嫁給年長自己二十七歲的表兄白季庚的那年起，她就沒過過一天快樂的日子，夫妻感情更因為二人巨大的年齡差異始終處於極不和諧的境地，久而久之，漸成心疾，性情也變得莫測。「你竟然為了一個村姑頂撞你的母親？！」

「不，孩兒不敢。」他連忙跪倒在陳氏面前，匍匐於地，不停地向她磕著頭，「孩兒無意頂撞母親大人，唯求母親大人能夠體恤孩兒對湘靈的一片心意，成全我們⋯⋯」

第 2 卷　潛別離：利劍春斷連理枝

「成全你們？那又有誰來成全我這個母親望子成龍的心？」陳氏使勁拍打著案几，怒不可遏地瞪著他，咆哮著，「我看你就是著魔了！湘靈就是魔鬼，你的心、你的魂，恐怕就要被她勾了去，永世都不得超生了！」

「母親！」

「別叫我！你要一天不打消娶湘靈的心事，在我心裡，你便不再是為娘的兒子！」

陳氏對他和湘靈婚事的態度決絕而冷漠。他不明白，為什麼門第觀念在母親的心裡就那麼重要，湘靈除了沒有豪門大戶的家世，千金小姐的品性她又缺了哪樣？她知書達理、她溫柔善良、她舉止端莊、她才情四溢、她容貌清麗，又是那樣的善解人意，為什麼母親始終都固執地不肯接受她呢？

他悲痛莫名，唯有把內心的傷怨與不得已，和淚寫在一張張素箋上，寄給那在水一方將他遙遙守候的湘靈：

食蘗不易食梅難，蘗能苦兮梅能酸。
未如生別之為難，苦在心兮酸在肝。
晨雞再鳴殘月沒，征馬連嘶行人出。
回看骨肉哭一聲，梅酸蘗苦甘如蜜。
黃河水白黃雲秋，行人河邊相對愁。
天寒野曠何處宿，棠梨葉戰風颼颼。
生離別，生離別，憂從中來無斷絕。
憂極心勞血氣衰，未年三十生白髮。

―― 白居易〈生離別〉

「食蘗不易食梅難，蘗能苦兮梅能酸。」梧桐葉落雨繽紛，香殘風冷人

第 5 章　生離別

寂寞。深閨幽暗無燕語，朱粉只是亂腮紅。想她、念她，即便想她所想，也是一種難耐的折磨。母親決絕的態度似乎已注定了他們的生離別。窗下，他一遍又一遍地想著她的容顏，卻始終不敢面對那雙惆悵失神的眼。淡淡的月光下，她一直追問他何時才會騎著高頭大馬，將她迎娶過門，彷彿一遍一遍地確認，便可以留住那即將離別的人兒。

雖然早已料到會是這樣的結果，可是，當母親以不可壓倒的氣勢在他和湘靈面前劃上一道鴻溝的時候，他還是久久地希望一切都只是個夢，一個馬上就要被喚醒的夢。

從小到大，他經歷了太多的戰亂，目睹了太多的死亡，更承受了太多的離別，可唯獨與湘靈的每次別離，才讓他感受到一種真正撕心裂肺的痛，就像吃到黃蘗和梅子一樣，令他苦不堪言。黃蘗，是一種植物的果實，皮和根皆可入藥，但味道苦澀，自是難以進食；而梅子味酸，也是難以下嚥。與湘靈的離別，彷彿囫圇吞下黃蘗與梅子，是那樣的艱澀、那樣的綿長，無盡的苦痛自是揮之不去。

「未如生別之為難，苦在心兮酸在肝。」然而，黃蘗再苦、梅子再酸，也比不得自己和湘靈的生別，那苦在心，那酸在肝，無法言述。

他披衣走到門外，站在冰冷的院內，一如湘靈送他離開符離時一樣，眼神悽楚而迷離。深秋的雨水打溼他憔悴的面龐，他深深地嘆息，才發現青春年華早已不再。雖然從浮梁回歸洛陽並未經過符離，也未曾與湘靈相見，但母親的話卻字字句句刻在他的腦海中，讓他無法排遣心中的鬱悶，唯恐這一次對話將注定他和湘靈永遠的離別。

秋，深了，或許秋天本注定屬於離別，當朔風將院內的一切都塗抹成蕭瑟的顏色，愁便注定被拆成「秋」、「心」二字，只令他神魂顛倒。徘徊，復徘徊，舉手，他試圖叩開院中緊閉的柴門。那扇柴門像極了湘靈在

第2卷　潛別離：利劍春斷連理枝

符離的舍門，可是當他推開門扉時，門內究竟會走出誰來呢？是與他生離別的湘靈嗎？

「晨雞再鳴殘月沒，征馬連嘶行人出。」一切，都已經過去；一切，卻都還要繼續。雞叫了，月落了，又是一個嶄新的日子。遠處的征馬發出連連嘶鳴，行人已經沐浴著晨光三三兩兩地走上了大街。可是，他的湘靈呢？他瞪大眼睛盯著緊閉的柴扉，已然明白自己不會在這裡覓到她的芳蹤，可還是輕輕推開柴門，義無反顧地走了進去，彷彿那裡面的一切陳設都與遠在千里之外的湘靈有著密不可分的關聯，甚至每一個細節都透著湘靈溫婉的氣息。

「回看骨肉哭一聲，梅酸檗苦甘如蜜。」憶往昔，跟隨母親從洛陽舉家搬遷至徐州的路上，以及為了躲避戰亂，被父親從符離送往越中定居的途中，他曾看到多少骨肉至親哭成一片的悽慘景象，那一幕幕生離死別的人間圖卷，又怎是黃檗之苦、梅之酸可以與之比擬的？在生離別面前，檗苦梅酸的苦澀卻是甘之若飴的！

「黃河水白黃雲秋，行人河邊相對愁。」黃河水白、黃雲密布，在那寂寂的深秋裡，行人悵立河邊相對愁，究竟是什麼讓他們變得愁眉緊鎖、悲痛欲絕？生離別！還是生離別！湘靈啊湘靈，我該如何是好？妳已是二十四歲的未嫁娘，我怎能一而再、再而三地蹉跎妳的婚期？若妳是那綿綿無盡的藤蘿該有多好，即便無語，也可以與我永遠相伴，想念的時候，哪怕一個側目，便可以嗅到妳的清香，可是，母親大人還是無法接納妳成為白家的兒媳，離別似乎已經注定，然，我又是多麼地心不甘情不願啊！

「天寒野曠何處宿？棠梨葉戰風颼颼。」天寒了，海棠與梨樹的葉子都在蕭蕭風中發出颼颼的聲響，眼看著又一個飄雪的隆冬轉眼即至，那些因戰亂背井離鄉的人們在曠野中究竟要宿往何處才好？還有他的湘靈，寒冬

第 5 章　　生離別

臘月裡，她又會枕著怎樣的相思將他念了又念、憶了又憶？

若是她現在就出現在自己眼前，又會對他說些什麼？是重逢的喜悅，還是即將再度面臨離別的愁苦？沐浴著他們的，是她多情的笑靨，還是他無情的決絕？是她的埋怨，還是他的寬慰？若她在，他又會對她說些什麼？高中舉人的興奮，還是久別的歡欣？抑或告訴她，他並不想棄她而去，然而母親的堅決卻逼得他不得不繼續讓她為之心傷？

一切彷彿都無從開口。所以，他只能縱馬馳騁在秋日的原上，盡量不使一切都變得蒼白而無力。或許，摧毀所有的承諾，將她拋棄在茫茫的原野間，跨上馬，逃離，絕望的她便會將他忘記，然，這樣的決絕，他又能做到嗎？

不。他不能。他愛她，勝過愛自己的名譽與性命。淚眼迷離間，她那抹寬慰的笑，總讓人心疼，疼到無力。也許，對她的思念只是建築在空中的閣樓，但是能用文字盡情釋放自己的喜怒哀樂，也是種寄託與宣洩。然，生離死別的隔閡仍是無法漠視，正如心頭抹不去的寂寞空虛，在天與水交融、情與恨編織的漫長歲月裡緩緩游移，沒個頭緒。

「生離別，生離別，憂從中來無斷絕。」生離別，生離別。秋的荒草，淹沒了他和她的故事。愛的烙印，在他的情感旅程中，引領他進入她的風景外圍，極目遠望，卻又無所適從。扶著柴門，他用顫抖的手握住它，彷彿握住她纖長的手指，心裡卻染了深重的惆悵。

「憂極心勞血氣衰，未年三十生白髮。」對她的相思令他產生了深深的憂慮，年未三十，白髮，卻早已悄悄攀上他的雙鬢。涼風，颸起，他將剛寫好的〈生離別〉唸了又唸，想著她溫潤的眸子，卻只能深深淺淺地悵嘆，老天爺啊，如果可以，就請將我的憂愁永遠留在這個季節，任我去符離找尋湘靈吧！

第 2 卷　潛別離：利劍春斷連理枝

　　是的，是時候去找她了。他決定，等天明時，便要繼續前行，只希望到那時，他的眼中不再有淚水，她的眸中也不再有悽迷。他只要看她閒倚窗下逗弄鸚鵡的可愛神情；只要看她坐在他對面繡一朵待嫁牡丹時不住地抬頭望向他凝眸一笑的嬌羞；只要看她靜靜守在自己畫地為牢的夢裡細數花期時的堅強，便已足夠。然而，才一轉眼，眼前卻只餘那山高水長、雲煙茫茫的蒼白與空洞，他亦開始明白，他與她，即使站在彼此的對面，亦是咫尺天涯的遙遠。

Tips

　　貞元十五年秋，白居易在大哥白幼文和在宣州任溧水縣令的叔父白季康的引薦下，在宣州參加了州試，並以〈射中正鵠賦〉、〈窗下列遠岫詩〉二文，一舉高中舉人。中舉後，白居易前往洛陽省母，並向母親陳氏表達了欲娶湘靈為妻的願望，遭到陳氏竭力反對。面對母親的專制，全孝的白居易只好暫時放棄了娶湘靈的念頭，但心裡卻始終放不下那個在遠方等他的佳人，在這期間，充滿惆悵的他寫下了一系列感傷詩，表達了自己心中的強烈不滿。〈生離別〉的具體創作時間待考，但從其詩意分析，應該就是這個時期所作感傷詩中的一首。

第 6 章　潛別離

不得哭，潛別離。

不得語，暗相思。

兩心之外無人知。

深籠夜鎖獨棲鳥，利劍春斷連理枝。

河水雖濁有清日，烏頭雖黑有白時。

唯有潛離與暗別，彼此甘心無後期。

—— 白居易〈潛別離〉

「山川載不動太多悲哀，歲月禁不起太長的等待。春花最愛向風中搖擺，黃沙偏要將痴和怨掩埋。一世的聰明情願糊塗，一生的遭遇向誰訴？愛到不能愛，聚到總須散，繁華過後成一夢啊！海水永不乾，天也望不穿，紅塵一笑，和你共徘徊。」歌手蔡幸娟二十餘年前唱響大江南北的一曲〈問情〉，似乎正是白居易與湘靈愛而不能的寫照，思不盡，情牽絆，轉身之後，卻是人難寐。

草長鶯飛，杏花微雨，一回瞬，輪迴的四季便拉開了又一個春天的序幕，溫暖的情愫亦在燈火通明的夜晚綻成了迷人的笑靨。貞元十六年，即西元 800 年春。白居易在長安參加了由中書舍人領禮部貢舉高郢主試的進士試，作〈性習相近遠賦〉、〈玉水記方流詩〉及策五道，以第四名的成績中進士第，在當年同中第的十七名舉人中最是年少，時年二十九歲。

及第後，白居易東歸洛陽，於毓財里祖宅省母，睹物思父，不由得悲從心來，寫下〈重到毓財宅有感〉詩：

第2卷　潛別離：利劍春斷連理枝

> 欲到中門淚滿巾，
> 庭花無主兩回春。
> 軒春簾幕皆依舊，
> 只是堂前欠一人。
>
> ──白居易〈重到毓財宅有感〉

然，他心中最為掛念的人仍是遠在符離翹首以盼的湘靈。去年，在他寫下〈生離別〉詩後，本打算立即趕赴符離與湘靈聚首，卻因為母親陳氏的堅決抵制不得成行。而今，他已高中進士，母親似乎也沒有更充足的理由阻止他前往符離。於是，在陳氏萬般阻撓下，他還是以省親的理由，毅然踏上了遠去符離的旅程。

陳氏雖然早已返回洛陽祖宅，但白氏家族尚有眾多從兄弟姐妹留在符離未歸。陳氏自是明白兒子此次出行醉翁之意不在酒，但在兒子一再的堅持下，卻也無可奈何，只得在他面前一再說下重話，希望他能明白自己心意已決，無論他怎樣乞求，採取怎樣的迂迴「戰術」，她都不會同意這門親事。

「你就死了這份心吧！」

「母親大人，您答應過孩兒的，等孩兒高中進士，您就會和我正式商談與湘靈的婚娶之事，您怎麼能一再出爾反爾？」

「娘只是答應你可以跟你商談，又何曾承諾同意你將那個窮措大的村姑娶進白家來？」

「母親大人！」他痛不欲生地望向陳氏，「難道您真的打算棒打鴛鴦，非要拆散我和湘靈這段好姻緣嗎？」

「好姻緣？虧你說得出口！堂堂官宦子弟、新科進士，居然要娶一個什麼都不是的村姑野婦，傳出去，連九泉之下的祖宗都要跟著你一起丟臉，你還說是什麼好姻緣？！」

第 6 章　潛別離

「從古至今，並不是所有的婚姻都講究門第之念，難道母親就不能看在湘靈苦等孩兒這些年的份上網開一面嗎？」

「你要為娘的如何網開一面？」

「湘靈今年已經二十五歲了，眼看著就是奔三十歲的人了，莫非母親真的願意看到她老死閨中，終身不嫁？」

「那是她的事情，沒有人逼她不嫁人的。」陳氏盯著他冷冷地說。

「可是……」

「我說過，別再跟我提和湘靈的婚事。如果你非要娶她，除非從為娘的屍體上踏過去！」

「母親大人……」

「別以為我不知道你那點小心思。」陳氏望著他淡然地說，「去符離探視從兄弟？你當為娘的是傻子嗎？符離最讓你牽腸掛肚的人就是那個一無是處的村姑，難道在這世上，那個女人真的比娘還要重要嗎？」

「既然您知道，她是我牽腸掛肚的人，又為什麼不能成全我們？」白居易顫抖著聲音乞求著，「母親大人，湘靈是百裡挑一的好姑娘，她一定會成為一個好兒媳、好妻子、好母親的。」

「夠了！」陳氏目光犀利地瞪著他，「你還想不想去符離了？如果不想我繼續攔著你，就別再我面前提到湘靈兩個字！湘靈，湘靈，我的耳朵已經聽出老繭來了！」

雖然已高中進士，但陳氏對兒子與湘靈婚事的態度依然決絕得毫無商量的餘地。問世間情為何物，直教生死相許。白居易此時唯一能做的便是閉上嘴巴，默默返回寢室，無精打采地收拾起行囊，準備隨時趕往符離與那日思夜想的湘靈相聚。

第 2 卷　潛別離：利劍春斷連理枝

現實中的一切，都讓他感到無比的空虛，而時常徘徊於寂寞邊緣、沉溺於對往事追憶的那顆凌亂的心，卻恰似春日的菲菲細雨，其間夾雜的苦澀居然是如此的令人牽腸掛肚。一次次地吞下世情的哀傷，咀嚼出的卻是冗長悠遠的滋味，人世間，多情有天來嫉，多怨卻無天來憐，而情是何物，從古至今，究竟又有多少人能夠看得明白？千萬個人生，便是千萬個故事、千萬個答案。問世間情為何物？卻道是如夢似幻。

情天動，隱隱的青山中，這似久遠而曠古未聞的一種聲音，卻是他用一生的夢換來的一句痴纏，只一個回眸，便有洶湧的淚水更替了門外已是千年的風雨。葉子又開始在亙古的空曠裡續讀藍天，一眨眼，落入眉間的飄絮，早已輾轉成經年累月的古剎苔深，寫滿落寞與孤寂。嘆，情之一字，是霸王別姬的不得已，唱盡人間的離愁別恨；是梁山伯與祝英台的難捨難分，唱盡人間的痴情怨語；是孟姜女千里尋夫哭倒長城的撕心裂肺，唱盡人間的纏綿悱惻；更是他與湘靈愛不能聚的悽迷……然，古往今來，又有幾人能夠超脫於情海之外，歡喜一生、快活一生？

歡樂趣，離別苦，就中更有痴兒女。溫婉柔和的月光下，天地在他眼前被罩上了一層薄薄的煙霧，一切的景象都讓他恍入夢中，只是不知，那住在遠方的她，此時此刻，又將如何用心演繹這愛的美麗與哀愁？她不在，所有的美都是幻覺，亦是一成不變的幻想，到底，何年何月，他才能枕著滿腹的無憂無慮，輕輕劃至她的心海？

感嘆這千年之前的情憾，千年之後的我，忍不住打開電腦裡的音樂，任耳邊的風聲，緩緩化成一曲甜美略帶哀傷的〈問情〉，心，莫名地悸動著。紅塵多少清夢，即使愛到不能愛，聚著又何須散？莫非，繁華過後，終只有彼此相忘於江湖的結局嗎？為什麼不能是相濡以沫、白首偕老？其實，我並不是太理解白居易對湘靈的態度，既然早已愛到深入骨髓，為何偏偏不能成全她一份終身廝守永相隨？或許，那些個年月裡，於他而言，

第 6 章　潛別離

　　醒著就是夢，夢著亦是醒，他終日度日如年、醉生夢死，終不知心處何境，可是只要再努力一點點便可以給她永恆的幸福了，不是嗎？

　　萬丈紅塵裡，不知道她的港灣，是否是他最終的停泊？風逝水無痕，幽幽青蓮化不成心香一縷，人生裡那些一瞬間山川也載不動的悲哀，難道只是因了那個歲月禁不起的「等」字嗎？為什麼不說話，是他也覺得一直都愧對於她嗎？是的，他愧對她，愧對了千年，即便默無一言，他也該在她的疼痛裡努力著掙扎，帶她翱翔於天際，渺萬里層雲，看千山暮雪，只管把悲歡離合一一丟棄在深海裡，不是嗎？

　　他在風雨飄搖中徘徊，孤單的身影去不到任何痴纏的方向。他徘徊了千里，徘徊了千年，還是沒能找到停下的理由。悽清的燭光裡，我看見他千年之前有些蒼白的臉，蹙起的眉頭刻著深深的悔意、不盡的遺憾。春夜，難以成眠，他依然以一副千年前的姿勢立在不眠的窗前，在她的世界裡，詮釋著一種生命的靈韻，而感傷纏綿的音樂則繼續在我的書房內瀰漫、縈迴。聽著那「海水永不乾，天也望不穿，紅塵一笑，和你共徘徊」的歌詞時，禁不住想要問他一句，是否，時過境遷，他那日悲慟欲絕的心事亦早已隨風埋葬於無人還會憶起的荒塚之下？

　　「春花最愛向風中搖擺，黃沙偏要將痴和怨掩埋。」情為何物？看淡淡雲煙飄過，此去經年，恐怕最後留下的也只是幽思淡淡、憂思淡淡吧？無論想與不想，風花雪月的傳奇，總是喧囂了背後的輕言細語，在今生錯亂的步履中留下刻骨的痕跡，因為用力過猛，到最後，剩下的便只有演繹的傷。想像著那些前朝的爛漫花事，我輕輕淺淺地嘆，卻不意眼角早已和著他兩行離苦的濁淚。或許，那一世裡，轉身過後，他的世界裡唯餘南柯一夢，亦終隨清風飄逝於再也望不到的煙雲中。他和她，終是此岸是他、彼岸是她；或許，從頭到尾，她只是他眼裡的一道彩虹，而他與她，始終相距一程之遙，卻怎麼也無法彼此抵近。這是他們的命，他無能為力，她

第 2 卷　潛別離：利劍春斷連理枝

也無能為力，而我也只有在回望的時候暗自嗟嘆的份，再多的努力也是枉然。

那一年，他終在符離見到了苦苦守候他的湘靈。儘管花容依舊，卻無法掩蓋歲月烙在她眉宇間的滄桑印跡。她已是二十五歲的未嫁閨婦，若不是自己一再將她辜負，此時的她早已該是幾個孩童的母親了。再相逢，她沒有一句的埋怨，更沒有絲毫的責備，唯有淚水與笑靨，將滿心疲憊的他歡喜地迎候，怎不惹他悲傷難過？

飲一杯她親手烘焙的香茗，他彷彿把世間的溫暖都握在了手裡。聆聽她輕緩抒情、或悲或喜的琵琶調，翻閱他往昔寄給她的那一闋闋舊詩，他唯一能做的就是和著她的淚水，輕聲慢語地讀出那些字裡行間的悽苦。關乎風月的句句珠璣，任他讀出了行行遣詞中的用情至深，品出了其中的辛酸浪漫，此時此刻，似乎做什麼都是畫蛇添足，所以只好望著她悲傷地微笑，在她淚如雨下的身前，伴她在交錯的時空裡回味一次次的痛徹心腑。

「湘靈……」

「樂天……」

他緊緊握住她的手，在她額頭印上深情一吻：「跟我走吧！」

「走？」她神色一凜，「去哪？」

她已經從他留在符離的從兄弟那裡知道了陳氏夫人對她的態度，「夫人她……」

「如果妳願意，我寧可放棄一切的榮華富貴，只與妳做一對逍遙自在的山野村民。」他目光如炬地盯著她，容不得她有絲毫的懷疑。

可是她不能。她輕輕搖著頭：「不，我不能。」

「可是我們……」

第6章　潛別離

「就沒有別的辦法了嗎？」她潸然淚下，話剛出口便已明白自己問了一句永遠都不可能得到答案的傻話。

「我願意為妳受盡世間一切的苦楚與白眼。」他緊緊攥著她的手指，「湘靈，跟我走吧！離開符離，離開洛陽，離開長安，我們到越中去！那裡有青山綠水，妳一定會喜歡的。」

「去越中？」

「妳忘了，我十一歲隨母親來到符離後，沒過多久就因為躲避戰禍被父親送到越中生活的經歷嗎？等我再次回到符離時，妳已是十五歲的大姑娘了，可是我初見妳時，妳還是七歲的稚童模樣。」

「不，我不能。」她仍然搖著頭，「妾身生是你人，死是你鬼，但也絕不能和你私奔，亡命天涯。」

「可是……」

「如果夫人還是沒辦法接納我，那麼妾身願意隨你前往洛陽，做你的妾、做你的婢，哪怕是一個沒有名分的丫鬟，只要能夠每天都守在你身邊，也是無怨無悔。」

「什麼？」他沒想到湘靈會為他自甘墮落成一個卑賤的婢女，可是他不能，他絕不能讓自己最愛的女人一輩子都抬不起頭來做人，那樣豈不是比要了她的命還要痛苦莫名嗎？

「我說，我願意做你的婢女。」

「不。我不能。」他擁她入懷，「這輩子如果不能娶妳為妻，我白居易發誓，終身都不會另娶她人。」

「樂天……」她伸手捂住他的嘴，「別說這種傻話。你是陳氏夫人寄予最大希望的愛子，如果為了我終身不娶，妾身便要成為白家的千古罪人了。」

第 2 卷　潛別離：利劍春斷連理枝

「可是，除了妳，誰也不配做我白樂天的妻子。」

「你會找到比我更合適的女子的。」

他想不到，她說出的話居然會和母親如出一轍。他震驚、他訝異，他無法揣摩得明白這個曾說出生為你人、死為你鬼那樣情深不悔的話語來的湘靈竟然會勸他別娶她人。難道，這真是她心裡所思所想嗎？

是的。她就是這麼想的。樂天眼看著就要步入而立之年，她又怎能繼續拖累他，蹉跎這大好的年華？前方還有如花似錦的前程在等著他，在他們那段不為陳氏夫人所接受的情愛裡，總需要一個人走出來為對方犧牲，那麼就讓她再為他做一件力所能及的事吧！

她終是不再與他見面，把自己鎖在了寂寞的柴扉之後。她明白，她與他，即使無緣結成夫妻，遠的也只是距離，而他們的心卻一直貼得很近很近。既如此，她又何必非要奢求朝朝暮暮、天長地久？樂天哥哥，你還是忘了湘靈吧。這段無法得到祝福的愛情注定了最終的別離，儘管暫時會讓人痛徹心腑，也總好過一生的悲慟吧？

輕輕的，她走了；輕輕的，他來了。他徘徊在她的門前，希望她能給他最後一次機會，然而等來的卻是他所不曾熟悉的冷漠與決絕。難道，與她十八年的情份便這樣隨風殞落，終成一空？他憂鬱、他沉思，他在問情中痛不欲生，含淚在她門上題詩一闋〈潛別離〉，幻作風、化為雨，和著一曲相思，固執地要為那心中的凝望做一次長長久久的停留：

不得哭，潛別離。

不得語，暗相思。

兩心之外無人知。

深籠夜鎖獨棲鳥，利劍春斷連理枝。

河水雖濁有清日，烏頭雖黑有白時。

第 6 章　潛別離

唯有潛離與暗別，彼此甘心無後期。

—— 白居易〈潛別離〉

「不得哭，潛別離。」淚眼可以綿延，與她的別離卻是遙遙無期。在他眼裡，情是波浪、情是春光、情是靜默、情是憂思、情是那深不可測的神祕，然，她究竟明不明白，他的心裡只裝得下一個輕輕倩倩的她？

「不得語，暗相思。」相思相念可蔓延，她將他拒之門外的日子裡，他找不到可與之訴說衷腸的對象，只能將這成災的相思留給自己默默咀嚼。難道真的就此放手不成？他不甘心。輪迴轉，問世間情為何物？茫然徘徊在人世間，何處才是他要找的答案？苦苦尋覓，千萬人裡都是和他一樣的愚笨，誰能解答這千古的呼喚？終是秋日雨、曠野風，年深月久。

「兩心之外無人知。」曾經的年少無知、純粹無瑕；曾經的兩小無猜、情真意切，莫非就這樣隨著時光的流逝煙消雲散？別離後，兩顆無人能懂卻又相知相偎的心是否依舊能夠相愛如初？

「深籠夜鎖獨棲鳥，利劍春斷連理枝。」暗夜渾如魔影，轉瞬便吞噬了一整個天日。這萬籟俱寂的夜，偏偏鎖住了枝頭獨自棲居的飛鳥，也鎖住了他探望的腳步，生生將那情愛一點一點地毒殺。凝眸，連理枝雙雙纏繞，怎麼也分不出彼此，它們延續了愛情、延續了美好，卻躲不開利劍鋒利的刃口，而他只能眼睜睜看著那美好的事物被狠心的人一劍斬斷。其實，死去的何止是那相親相愛的連理枝，還有他一顆至死不渝的心，為什麼，為什麼那世俗的眼光偏偏要活活將那痴情從他胸腔裡剝離，讓他再也不能自由地去愛？回首情天如夢，他早已淚如雨下，終於拚盡全力，聲嘶力竭地喊出了一句：「卻是不如歸去，不如歸去！」

「河水雖濁有清日，烏頭雖黑有白時。」河水再渾濁，也有清冽之日；烏黑的鬢髮再油光可鑑，終究也有白頭之時。蒼天若有眼，是否能看清那

第 2 卷　潛別離：利劍春斷連理枝

從少年到白頭之人的依依情懷，和他那刻骨銘心的愛戀從未更改？

「唯有潛離與暗別，彼此甘心無後期。」再多的話語，再多的乞求，都不能讓她開啟緊閉的門扉。日復一日，月復一月，終是相思無果，於是，只好默然轉身，裹著一身的惆悵悄然離開。情至心底，傷的是魂，冥冥之中，情濃思必多，憂鬱與惆悵終難排遣，只是湘靈啊湘靈，潛離也好，暗別也罷，妳可知一轉身便是天隔一方，又是否真甘心永不再見？

Tips

貞元十六年，即西元 800 年春。白居易在長安參加了由中書舍人領禮部貢舉高郢主試的進士試，作〈性習相近遠賦〉、〈玉水記方流詩〉及策五道，以第四名中進士第，在同中第的十七名舉人中最是年少，時年二十九歲。中進士後，歸省洛陽毓財裡宅的他再次向母親陳氏提出要娶湘靈為妻，但又遭到陳氏以門第之見斷然拒絕。〈潛別離〉這首詩應即是這段時期所作，但具體創作時間已不可考。

白居易的感傷詩柔婉感懷，非有銳利的感觸和豐沛的情意而不能成，又因其語意淺白，常以世上平常之事析人間深刻之情，能夠一指就點中觀者的內心，所以總能緊緊扣住讀者的心弦。這首〈潛別離〉亦是如此，品讀之下，讓人徒然生出一種無法用言語形容的空落惆悵，平白的語句不說恨、不言愁，卻字字深重、尖銳如鋒。

第 7 章　離別難

綠楊陌上送行人，

馬去車回一望塵。

不覺別時紅淚盡，

歸來無淚可沾巾。

—— 白居易〈離別難〉

　　四月，帶著花香的氣息，悄然凝結在微涼的指尖。春天放緩了雀躍的腳步，遲遲不肯靠近這包羅永珍的人間，抑或是不願靠近，莫非，她也因為走不出一段情傷而憂鬱煩惱嗎？

　　他呆呆站在她的門前尋覓夕陽落山時留下的碎痕，不經意間看見自己的倒影，輕輕踩了一下，才發現原來影子也會痛得撕心裂肺。終於明白，轉身之後的脆弱是那麼不堪一擊，也終於知道，過去的從來沒有真正過去，沉浸在心底的憂傷，仍舊保持著夜色由淺至深的距離。於是，開始期待，期待著有一天陽光可以照進心底；於是，在一次又一次的等待中，他習慣了淚水不由自主的侵襲。

　　想她的時候，他把陽光修剪再修剪，以流光的姿態握於掌心，當作希望收藏起來；念她的時候，他把相思折疊再折疊，以倒影的形狀裝進夜的底部，阻斷傷痛的延續。然而即便如此，又能改變即定的事實嗎？

　　曾經想要忘記一些東西，比如白晝、比如黑夜，還有貌美嬋娟的她。但是，思念的畫面總是固執地跳躍於眼前，記憶，也終是帶著歲月的傷痛，漫過流年的旅途，在他心底，刻下一道又道難以磨滅的印跡。凝眸，

第 2 卷　潛別離：利劍春斷連理枝

　　時空的縫隙透出刺眼的光芒，轉瞬便點亮了烙印在心尖的沉重，他知道，那是一段不敢忘卻的相遇，那是一季人生最美麗的邂逅，那是盤桓在內心深處堅韌不拔的執迷。於是，開始期待，期待著蟄伏在下一次輪迴開始的地方等她；於是，在一次又一次的等待中，他習慣了呼吸帶著哽咽的味道。

　　流星劃過夜空，點綴著墨色的濃烈與蒼茫，那稍縱即逝的光亮，掩飾著厚重的喘息，壓抑了慾望的覺醒。幾度風雨，幾度春秋，淚水再次糾結著空氣裡的溼度，自心的底部翻湧而來，迅即傾覆了一整個關於愛的世界。

　　是誰復甦了目光裡那道無人勇於觸碰的傷感，任他一個人站在春天的渡口，靜默著吞噬著悲傷的沉重？是誰發動了一場聲勢浩大的想念，任他一個人躲在心事的背後，輕舞離殤的哀怨？今夜，他只想用一顆淚水滴落的時間，握緊一行憂鬱，折疊一襲淒涼，全身心地沐於古樂府詩賦之中，一任斑駁的碎影，劃過歲月的紋理，以夢囈的姿態呈現記憶裡的天荒地老。於是，開始期待，期待著傳說中的黎明可以洗盡塵埃的冰冷；於是，在一次又一次的等待中，他習慣了佇望的孤寂。

　　相思總是惹人寂寞，總是瘦了一個又一個癡情的背影，而這紅塵世間，每一個背影都或多或少地隱藏著一段不可告人的情感，或快樂、或傷悲、或歡喜、或痛苦、或摯烈、或凜冽。因為愛，他固執地停留在被風打碎的影子裡，始終不願離去，於歲月的沙中品味著一道又一道傷，無怨無悔。

　　在他還沒有學會忘記以前，老天爺可否給思念一個諒解，當陽光落下之後，讓他孤獨的心靈有一個可以憩息的方寸？在他還沒有學會快樂以前，老天爺可否給憂傷一個諒解，當黑夜來臨之時，能以宿醉的方式擱置

第 7 章　離別難

他所有失意？會的，一定會的，老天爺最仁慈了不是嗎？於是，開始期待，期待著靈魂可以得到徹底的釋放；於是，在一次又一次的等待中，他習慣了落寞的回音。

寂寂的夜，行走在無奈邊緣的那一抹憂傷，終是和著他疲憊的眼神，隨風散落，漸漸揉進看不見的夜色，化作塵泥。然，他的心仍然停留在那緊閉柴扉之後的麗人身上，一刻都未曾遠去。湘靈，妳真的那麼決絕、那麼無情嗎？我們等了那麼久，我們共同經歷了那麼多艱難困苦，可是為什麼，為什麼在我決定帶妳遠去之際，妳卻選擇了退縮？難道，當我從妳的世界永遠消失，妳走在籬笆牆之後的時候再也不會念起我來嗎？

不，妳不是那絕情的女子。想我的時候，妳會在半夜突然醒來，泣不成聲；妳會在村口覓我蹤影的時候心痛到蹲在地上痛哭；妳會跟緊與我相似的背影，只為確認那到底是不是我；妳會走遍我們曾去過的角落，只為拾起那曾經屬於我們的記憶；妳會一遍遍翻看我寫給妳的信箋，念我留下的痕跡；妳會鋪開詩箋，為我寫詩、為我寫信，只為我，然後才明白當初我有多珍惜妳，才明白失去我，妳需要承受多大的痛苦。

湘靈，別再傻了。妳知道，哪怕耗盡今生所有的心力，妳我也無法將彼此從心中驅走，每一次離別都會讓我們將對方惦念得更久更深，與其這樣痛苦，又為何非要製造一再的別離？

其實，妳一直都是在乎我的，一直都是深愛我的。為了這份愛，我願意背叛母親的意願，願意帶著妳奔赴天涯海角，可是妳為什麼，為什麼還要把一心一意只想著妳、念著妳的人拒之門外？

難道，妳在心裡怨恨我了嗎？難道，妳不再像從前那樣眷戀我了嗎？是不是我真的消失了，妳才會發現身邊曾經有個我？是不是我真的消失了，妳才會感覺到當初我是多麼的在乎妳？是不是我真的消失了，妳才會捨得給

第2卷　潛別離：利劍春斷連理枝

我一絲理解寬慰？是不是我真的消失了，妳才會知道該怎樣來珍惜我？是不是我真的消失了，妳才會明白真的失去了我？是不是我真的消失了，妳才會想要挽留？

不，湘靈！別走！別放棄我！別離開我！妳不能就此消失在我的世界之外，我也不能就此從妳的世界消失。我們是相愛的，我們情比金堅，難道這一切的一切都抵不過母親大人的三言兩語嗎？既然相愛，那就不要去管世俗的眼光，不要去理會別人的想法，我們只要在情愛裡做好我們自己不就可以了嗎？

佛說，幾千百世的修煉，才換來今生的重逢。我想這是真的，我們的相識沒有什麼浪漫，也沒有什麼技倆，就是那麼順其自然，似乎冥冥之中，早已注定妳就是那個應該在我人生驛站某個路口等我的人。沒有陌生、沒有拘束，我原本柔軟的心為妳而感動，為妳而變得更加風韻，可是妳為什麼，為什麼還要傷我的心？為什麼不能再給我一點點時間？為什麼不能再給我一次實現承諾的機會？

妳不在了，我會一直一直等著妳，會一直一直記著妳，一年、兩年、五年、十年、二十年、三十年、一輩子、生生世世。妳又如何捨得我為妳痛到悲傷欲絕呢？

門前，落花孤獨地飄舞，晶瑩的雨滴敲打在她的窗櫺上，沉悶的雷聲緊接著滾滾而來。他的心變得更加沉重，難道上天也在為他們的再次別離而悲慟嗎？往事幕幕浮上眼前，開心的、難過的、刻骨的、銘心的，慢慢呈現在腦海中，心亦隨著雨滴灑落在窗格上的聲音繼續傷感著。

幽靜深邃的雨夜，他在她的門前，一杯接一杯地將盞中苦澀的酒水灌入口中，然後仰天大笑，笑得淒厲、笑得忘情、笑得斷腸。這樣的生活其實他也很陶醉，只不過這樣的陶醉卻是布滿了憂傷。

第 7 章　離別難

　　他已在符離待了整整十個月。十個月，為等她一句攜手江湖的承諾。可是她沒有，她什麼也不說，甚至不給他再次見面的機會。她知道，太放縱的愛，會讓天空劃滿傷痕，就像夜空中偶爾劃過的閃電一般，將天空劃破。她不能愛得那樣自私，那樣毫不在意別人的感受。樂天是白陳氏堅強活下去的希望，不幸的婚姻已對她造成了終身的傷痛，難道，她湘靈還要往那個婦人的傷口上撒鹽不成？不，她不能。她愛他，所以決定放手，給他自由呼吸的機會，也給白陳氏一個幸福的理由。可是他不能理解，他不相信她會甘心與自己訣別，從此天隔一方，相見亦無語，他要的只是和她雙宿雙飛、白頭偕頭，太多的禁忌、太多的阻礙，對他來說已經視若罔聞。

　　他扔下手中空了的酒盞，奮力拍打著她緊閉的柴門。「湘靈！妳究竟還要我怎麼做才肯出來見我？我已在這裡等了妳十個月，從秋天等到春天，難道，妳要看著我老死符離才甘心才肯作罷嗎？別傻了，妳以為妳的忍讓和放棄就會讓我和母親大人心裡好過嗎？不！不會的！今生今世，除妳之外，我不會再愛上任何女子，就算被母親強逼著另娶她人，我心裡想的、念的也都是妳，那樣的婚姻又有什麼幸福快樂可言？」

　　她整個身子緊緊貼在門後，早已是淚如雨下。她很想打開柴門，與他相擁在暴風驟雨中，泣訴這數月以來的心傷悲痛，可是她知道絕不能這麼做。一旦打開這道柴門，情感的洪流勢必洶湧襲來，到那時，她又拿什麼勇氣來拒絕他、阻擋他與之私奔的決心？

　　「湘靈，求求妳，求求妳，把門打開好不好？」他使出渾身的氣力，繼續拍打著門扉，似乎再稍微用一點點力，就會將兩扇門在瞬間摧毀。

　　看來再沉默以應，是不可能讓醉了的他放棄破門而入的想法的。她緊蹙著眉頭，盡量平復紊亂的心緒，和著兩行清淚大聲嚷著：「別敲了！求

第 2 卷　潛別離：利劍春斷連理枝

求你，如果你是真心愛我的，就別來折磨我、別來傷我的心了，好嗎？」

「湘靈！」他舉起來的手迅速僵在了半空中，立即堅起耳朵、瞪大眼睛睃著門扉，「是妳嗎，湘靈？是妳在跟我說話嗎？」

「你走！我叫你走，你聽到了沒有？」

「不！我不走！在妳還沒答應我與我遠走高飛之際，我是絕不會離開門前半步的！」

「就算你在門前待一輩子，我也不會答應跟你走的！」她哽咽著，「我們本就是兩個世界的人，請你別再枉費心力了好不好？」

「不，這不是妳的真心話！」他淚眼迷離，「湘靈，再給我一次機會，也給妳自己一次機會，行嗎？別等到錯過以後才去後悔，也別等到失去後才去挽回，只要我們的心緊緊貼在一起，我就有辦法牽著妳的手逃出這暴風驟雨，給妳一輩子的幸福！」

「我不會跟你走的！你就死了這份心吧！」

「妳就真的不能再為我重新考慮一下嗎？」

「這麼做，對你對我，對陳夫人都是再好不過的結局，難道你非要讓我成為白氏家族的罪人才甘心嗎？」

「湘靈，我……」他囁嚅著嘴唇，「妳變了，妳曾經說過，不管前面會經歷多大的風雨，妳都會和我一起面對；也曾說過，這輩子，無論我走到哪，妳都會隨我到哪，可是現在妳卻退縮了、放棄了，妳怎麼忍心讓我一人獨自去面對沒有妳的世界？」

湘靈愕然，咬著牙，狠了狠心說：「人都會變的，愛情亦然。與其等到我人老珠黃被你拋棄的一天，還不如現在就放棄的好。」

「什麼？妳說什麼？」

第 7 章　離別難

「我的意思你會不明白嗎？樂天，你我都不是小孩子了，如果你真的為我好，就請不要再來打擾我和我的家人，好嗎？我爹年紀大了，他禁不起你一次又一次的折騰，你這樣沒完沒了，遲早會要了我爹的命的。」

「難道你爹就不希望看著妳穿著嫁衣嫁到白家來嗎？」

「可是那不是私奔。」湘靈嗚咽著說，「是的，湘靈出身寒酸，不是千金小姐，更不是什麼名門貴冑，可是也絕不會做出淫奔這種有辱門楣的恥事來。陳夫人本就輕賤於湘靈，湘靈又如何能做出更加讓她不齒的事來？」

「這只是權宜之計。等生米煮成了熟飯，母親大人自然會接受我們已然成親的事實，到那時我們的婚姻也就不會受人詬病了。」他猶不甘心地勸她。

「那只是你一廂情願的想法。」湘靈痛不欲生地回過頭，對著門縫望著他的身影撕心裂肺地嚷著，「你如果還不肯走，湘靈就只好以死一明心志了！」

他知道，她是個烈性女子。話已至此，他只能蹣跚在泥濘不堪的小徑上，一步一回首，艱難地離去。從前的她，對他是那麼無微不至的關心，從來不肯用過激的言語傷害他那顆敏感的心，可是現在，她卻對他說出如此絕情冷酷的話語，難道，真是自己徹底傷了她的心，讓她蛻變成另外一個人了嗎？

她變了，可自己何嘗不是？在她面前，他一再地許諾，從十五歲，到她二十六歲，整整十一個年頭過去，如今他已是而立之年，卻仍然無法給她一份正大光明的婚姻，又有什麼理由指責她的決絕忍情？

沒有盡頭的想念，染指了他寂寞的心靈，於是只能用傻笑，偽裝掉下的淚水，掩飾內心的徬徨與害怕；亦只能用裝傻，掩蓋他和她經歷的所有悲痛與憂傷。如果可以，他只想做她的太陽，可是她再也不給他這樣的機會。該如何才能挽回這段千瘡百孔的戀情？他無語，亦無助，只能在柳絲

第 2 卷　潛別離：利劍春斷連理枝

　　翻飛的季節，帶著一身的情非得已，默默離開了這帶給他無限歡樂，亦帶給他無盡悲傷的地方。

　　別了，符離；別了，湘靈。留居在符離的從兄弟姐妹都到陌上來送他，託他轉告他們對遠在洛陽的親戚們的思慕與想念，可是他的目光卻在楊柳叢中尋尋覓覓，把那個隱藏在柳條後，將自己用無情偽裝起來的傷心女子望了又望。

　　湘靈，他坐在馬車上一遍遍唸她的名字，淚如雨下。她還是愛他的，從她隱匿在柳條後那雙憂傷的眼睛裡，他很快就讀懂了她的內心世界。她只是不想讓他為難，不想讓母親大人傷心，不想因為她而讓他和母親的關係處於決裂的邊緣。多麼善解人意的女人，可是他卻注定要辜負於她，難道這就是老天爺給他們既定的安排？

　　馬車緩緩前行，他一再回頭將那個心中惦念了千千萬萬遍的她望了又望，卻只能和著兩行濁淚，為她寫下一首別離的悵詩：

綠楊陌上送行人，

馬去車回一望塵。

不覺別時紅淚盡，

歸來無淚可沾巾。

—— 白居易〈離別難〉

　　「綠楊陌上送行人，馬去車回一望塵。」她依然美麗，愛依然存在，然而綠楊陌上的她卻注定與他漸行漸遠，以後的以後，就連這短暫的回望也不可再得，想到這些，不由得他更加悲傷難禁。

　　「不覺別時紅淚盡，歸來無淚可沾巾。」其實只要踮起腳尖，他們就可以離太陽更近些，可是她最終卻選擇了與他背道而馳。在這段未曾得到祝福的情愛裡，她已經累得精疲力竭，於是她只能放手，只能忍痛對他說出

冷酷的話語。歸去的路上，行行濁淚打溼她往昔贈他的香帕；歸來之際，淚已盡，然，一切都因漫長的思念而變得格外刺眼。

Tips

　　唐德宗貞元十六年冬，白居易由洛陽返回符離省親，再次見到日思夜想的戀人湘靈。因母親陳氏阻撓的緣故，湘靈深切感受到與白居易的結合已然無望，為了讓心愛之人不受自己牽累，湘靈毅然決定與白居易分手。貞元十七年夏秋之交，滿心惆悵的白居易帶著一身無奈，離開符離，前往宣州，同年秋返回洛陽老宅，一直住到冬天。這首〈離別難〉具體創作時間已不可考，亦不知究為何人所作，但從詩意判斷，本文將其劃歸寫給湘靈的感傷詩。

第2卷　潛別離：利劍春斷連理枝

第3卷

桃花殤：唯我多情獨自來

第 3 卷　桃花殤：唯我多情獨自來

　　或許桃花本與愛情無關，卻無端地因了崔護那闋〈人面桃花〉的詩句沾染了塵俗的煙火，從此，愛也罷，恨也罷，桃花下的淚便多了起來。只不知道桃花是否嘲笑過人的痴人的傻，是否願意承受這花下的許多清淚？

第8章　下邽莊南桃花

村南無限桃花發，

唯我多情獨自來。

日暮風吹紅滿地，

無人解惜為誰開。

──白居易〈下邽莊南桃花〉

西元802年，唐德宗貞元十八年。進士出身的白居易為個人前途著想，在母親陳氏的催促下再次趕赴長安，參加制舉考試，與文友元稹同登書判拔萃科；次年，即貞元十九年春，又與元稹同時被授祕書省校書郎之職，同年秋告假回洛陽省親，並到叔父許昌縣令白季軫處小住。

時間在躑躅中悄悄前行，沒留下一點痕跡。晨夕更替，驀然回首之間，冬季早就白雪皚皚地來到這美麗的世界，大雪亦早已重重封鎖了這美麗的深院。悵望遠方的符離，雙目冰涼，卻不知是痛、是淚，還是失落獨自盤旋上心頭。

他知道，不久以後，春終將冬天的冰稜敲碎，嬌嫩的綠葉又將在枝頭搖曳，一個復甦的季節即將到來，又會將新的生命孕育、新的希望播撒。只是，他和湘靈究竟什麼時候才會再度聚首？他們的希望又在哪裡？

姪兒的心思，叔父白季軫一一看在眼裡。樂天與湘靈愛而不能的故事早已從遠在符離的子姪輩口中傳到白季軫耳裡，眼看著姪兒年紀一天天大了，他不得不勸其為陳氏、為白氏家族著想，要他及早娶親完婚，延續兄長白季庚的香火。

不。白居易輕輕搖著頭。如果母親不答應讓他把湘靈娶過門來，哪怕孤寡終生，這輩子他都不會娶任何別的女子為妻。

「可是你終歸要娶妻生子的啊！」白季軫緊蹙著眉頭盯著他，語重心長地說：「你是我們白氏家族的希望，更是你母親終身的指望，難道你就為了一個女人要讓她斷子絕孫不成？」

「叔父大人……」

「不孝有三，無後為大！」

「可是姪兒心裡珍愛的女子只有湘靈一人，如果母親大人能夠答應我和湘靈的婚事，又何至斷了白家的香火？」

「你！」白季軫伸手指著他的鼻子，氣不打一處來地說：「難道天底下的好女子都死絕了，只剩下一個湘靈嗎？」

「在我眼裡，除了湘靈，這世上沒有任何女子配得上做我白居易的妻子！」

「可是你已經三十二歲了，不小了啊！你數數看，兄弟輩中，有幾個到你這個歲數不是兒女成群，難不成你真要為那個湘靈打一輩子光棍？」

「姪兒心意已決，請叔父大人不要再往姪兒的傷口上撒鹽了。」他目光迷離，眼眶中儼然有淚。湘靈是他今生今世最深的痛，她為他，苦守十三年未曾出嫁，他又何嘗不能為她終身不娶？

「唉！」白季軫心知他是個痴情種，只得默然轉過身去，跛著步悄然離開，留下他一人孤單地站在寂寂的窗台邊，隔著窗櫺望著窗外大雪紛揚的世界，任惆悵裹滿全身，毫無歸宿之感。

夜，起風了，黑黑的，遠方只有幾抹昏黃的燈火在風中搖曳。獨居一隅，遠離塵世的喧囂，他悵坐案下，撥弄一支心愛的曲子，任雪花落滿窗臺，任心事隨烈酒蕩漾。此時此刻，幻想與真實在寂寞的眸中熠熠閃動，

第 8 章　下邳莊南桃花

膨脹著生命原始的力量，演繹著思慕中最為癲狂的樂章。

　　失去湘靈的日子裡，唯與寂寞相伴，心才會慢慢平靜下來。她一身隨意的碎紫淡雅，不由地便在臆想中闖入他的眼簾，痴絕、迷醉、清芬、溫婉，在雪花中嫵媚，在耳畔低噥，在風中輕嘆，在燈光微弱的鏡子前，有微微一笑傾城而過，笑得詭祕而又悽切。

　　寂寞的手，在深不見底的幽靜中不知不覺地滑落胸前，又不停地在冷寂的空氣中來來回回地撫摸，依然光滑如脂。無法排遣的徬徨與困惑中，感覺著生命的真實與雜亂無章，有兩滴清淚在他指尖遊走，似有似無，等到淚落時，心口隱隱作痛，才相信了一切都不是夢，而是真的有寂寞時刻相伴左右。

　　胸口的陣痛牽動著他的思緒，那婉約悽美的回憶彷彿刀割一般凌厲。她的影子宛若一片飛舞的葉子，輕輕地飄進他的心頭，竟是那樣美麗那樣柔軟。然，回憶雖然很美好，離別的事實卻壓得他無法呼吸，而葉子的邊緣亦劃過他的心扉，留下些許淡淡的痕跡。

　　夜，寂寂的，有一點想她，想她不捨的牽念，想她別離後的笑容夾雜著些許無奈和苦澀。伴著一燈孤影，望著窗外漆黑的夜空，周圍的空氣也似乎漂浮著隱隱約約的悽楚與憂傷。就是這樣的夜晚，又讓他深深把她想起。想知道她在做什麼，想知道她是否和他一樣地在想著他，想知道在她的夢境裡是否能看到他在她夢的路口深情地等待。

　　伴著柔和的雪花，靜謐的夜把一切世間的聲音都隱匿在不知所以然中，屋外除了一兩聲孤獨的鴉鳴外，便什麼也聽不到了。孤獨的一盞小燈就那樣靜靜地伴著他，心緒竟是前所未有的沉重。或許，就這樣靜靜地想她、靜靜地在心底呼喚她，便是生命中的最美，又何必非要天長地久？儘管知道漆黑的夜無法將他的心聲傳得很遠，但他相信她一定能夠感覺到。

第 3 卷　桃花殤：唯我多情獨自來

　　他曾託付星辰、託付清風在她窗前聆聽，希望聽到她發自心底的回音，此時此刻，他又能心想事成嗎？

　　歲月如梭，轉眼間青春已逝，那些曾經擁有的夢，皆若夢裡盛開的曇花，一夜間就凋落得無影無蹤。夢境裡的絕對唯美，在清晨甦醒時卻顯得格外殘酷，不經意間就刺痛了心、傷透了情懷，讓他在一瞬間便無可抵擋地蒼老了許多。

　　總想用力抓住些什麼，總在痴心妄想得到些什麼，以此來證明自己這一生的存在。一直以來，他都不願意看到自己曾經走過的世界，到最後只餘下一個孤獨的背影，再也無人記起、無人知曉，也沒人為他哭泣。然而，一次次的期待卻讓他一次次的失望，所以只能一次次地讓自己在夢裡囈語，又一次次地從夢中驚醒。或許，這樣靜靜地想她，終不過也只是一個遙不可及的夢……。

　　他不知道，他是不是她命中的緣，會不會和她長相廝守？他不知道，他這樣痴痴地想她，到頭來會不會無怨無悔？他已不敢叩問自己脆弱的心靈，也許就這樣靜靜地想著一個人，便是一種幸福、一種希冀吧？

　　從噩夢裡醒來，窗外的雪花已然停了，薄薄的雲霧中露出淡藍色的月光。他裹著一身的冷汗，起身到屋外吹風，深吸一口氣，似乎很難從夢境中完全擺脫出來。看月兒如鉤、看枝椏零亂、看星星燈火、看地上積雪，感覺心隨風動的憂傷，才發現，卻原來，偌大的一個世界，到而今，唯餘漫天遍野的寂寞與惆悵相伴在他左右。

　　心霧繚繞，他輕啟心窗，凝望院內枝椏落滿積雪的樹，在心的悸動與思念中，依舊塗鴉著她的名字，卻無法再對遠方的她說些什麼。一切的渴慕，都在指間霎時融化在無語的沉寂中，他閉目沉思，與夜空的黑色融為一體，再次陷入深深的思緒中，精神的飛舞與迴旋，就像孤獨的風鈴，在

深灰色的風中，默默飄蕩。

心已亂，亂得雜念如浮萍，可是，他的湘靈真能感受到他的孤獨與痛苦嗎？寂寞是說不出的痛、是迷茫的眼神、是孤獨的背影、是落寞的身影、是採菊東籬下的徘徊、是把酒問青天的重複……回首，月下花自落，流水不曾歸，夜黑惆悵著白天的溫柔，心裡纏綿的情愫，卻是欲訴無人問津。然，他的寂寞，她真的懂嗎？

她離開了，只留下那滿窗斑駁的月跡與落雪。冰冷的笑容在一瞬間凝固，從此，沉默便蔓延成一種永久的傷痛；從此，一些鮮活的字句，將從他的詩賦中消失；從此，他的愛人的名字便叫做孤單，寂寞的時候會準時出現在他的眼前與他作伴……。

又是一個春來早。在許昌滯留了數月，他又於貞元二十年春，再次回到洛陽省母，並依依不捨地把家遷至渭南下邽故里。這一年，已是西元804年，他已經三十三歲了。為了娶親的事，他和母親陳氏再度發生了激烈的爭執。

「你這個忤逆不孝的東西，難道真要讓我和你爹斷子絕孫了嗎？」

「母親還有大哥，還有弟弟退之，怎麼可以說斷子絕孫呢？」白居易不甘示弱地盯著母親，這一切的一切都是她一手造成的，她又如何能夠怪怨得了自己？

「白居易！」陳氏氣得渾身不住地打顫，「你是想氣死為娘的不成？為了那個卑賤的女人，你居然敢用這種口氣跟娘說話？！」

「孩兒不敢。」

「你有什麼不敢的？讀了幾十年的書，中過進士，中過書類拔萃科，現在又吃著朝廷的俸祿，滿嘴仁義道德，難道就不知道不孝有三、無後為大的道理？」

第 3 卷　桃花殤：唯我多情獨自來

「孩兒豈能不知，又豈敢不知？」他眸中含淚，「母親大人，孩兒自小到大，事事都遵從母親的意願，從不敢有一絲一毫的拂逆，可是……」

「可是什麼？」陳氏瞪著他暴跳如雷地罵著，「你還敢說對我沒有一絲一毫的拂逆？三十三歲了，卻依然不肯娶妻生子，難道這就是你的為孝之道？」

「孩兒不敢。孩兒只求母親能夠體恤孩兒的心思，成全孩兒和湘靈……」他撲通一聲跪倒在陳氏面前，哽咽著求道，「湘靈是個好女人，除了沒能出生在高貴的門第，她哪點比那些千金小姐差？」

「為娘的早就說過，要娶湘靈，除非你從我的屍體上踏過去不可！只要我尚有一口氣息在，你就休想動歪主意！」

「既然如此，母親也就不要再逼孩兒另娶她人為妻！」他抬起頭，目光炯炯地盯著陳氏。

「你！你！」

「孩兒這麼做都是情非得已。如果母親能夠體恤孩兒，孩兒與湘靈膝下恐怕早已是兒女成群，可是……」

「湘靈！湘靈！你心裡除了那個卑賤的女人，就再也放不下別人了嗎？難道，那個村姑真的比娘、比你死去的爹、比你大哥、比你弟弟在你心裡都更加重要嗎？」

陳氏心意已決，她是無論如何也不會允許兒子把那個門不當、戶不對的女人娶進門來的。可是兒子三十三歲尚未婚配的事實又壓得她喘不過氣來，到底該如何才能讓他徹底忘記湘靈，歡歡喜喜地娶進一個門當戶對的女子做她心滿意足的兒媳呢？

兒子的痴情令她心悸。本以為隨著歲月的流逝，他終會把湘靈忘得一乾二淨，沒想到，隨著時間的推移，他對湘靈的思念與愛慕卻變得日益濃

第 8 章　下邽莊南桃花

烈，難不成他真是鐵了心要終身不娶？該如何？該如何？陳氏急得如同熱鍋上的螞蟻團團轉，遷居下邽後，她把所有的心力都花在了替兒子張羅婚事中，不斷地瞞著白居易寫信給他遠在洛陽、符離、許昌、宣州、浮梁的親族，請求他們勸說兒子及早考慮自己的婚姻大事，可是無論是叔父白季康、白季軫語重心長的勸慰，還是長兄白幼文、弟弟白行簡苦口婆心的勸說，他都一概充耳不聞。

　　斜風細雨不須歸的煙花三月，莊南的桃花開了。開在陳氏忙碌著為他張羅婚事的季節，開在他守在村口的水畔將湘靈的身影望了又望的日子裡。向晚時分，他又獨自一人沿著石階漫步，一些青藤漫過籬笆，順著牆，努力地往上攀升，於是那紅色的牆上便有了叢叢堆碧、簇簇流翠，有了一些生命躍動的氣息。放眼望去，月，還未上柳之梢頭，在淡薄的光影中卻自有一番風流體態，風過處，忍不住輕輕搖曳，自是婀娜多姿，美不勝收。只有遠處，莊南那幾樹桃花，藏在不被人注意的角落，淺淺而笑，笑得燦爛，笑得妖嬈，不曾想憂傷的思緒卻又獨自染上他的心頭，總是在眼裡凌亂不堪地上演著一齣齣獨角戲。

　　借十里春風，立荳蔻梢頭，悵望莊南幾樹桃花，他秉筆為篙、撐紙作渡，踏訪舊時霓裳，尋覓符離舊夢，眼中已然有淚。恍惚間，又見她漫卷珠簾、獨上蘭舟，從徐州的繁華中款款走來，在波光瀲灩的湖畔臨水而居。芳草凝碧、柳浪含煙，眼前的桃花宛若娉婷嫵媚的清雅女子，又彷彿一闋曼妙婉約的詞，而她鍾靈毓秀的風骨、風華絕代的韻味，又都被千載的風、萬年的雨，釀造成一罈醉人的女兒紅，在他身前微醺了歲月、暈染了紅塵、迷濛了雙眼。

　　自在飛花輕似夢，無邊絲雨細如愁。相思濤起處，煙雨濛濛的符離，如嵐似霧、如幻似夢，帶著淡淡的愁，含著微微的憂，輕輕盈盈地便織就繞指的三分溫柔，纏纏綿綿地便編成他心底的一簾幽夢。幾度溫柔的夢鄉

第 3 卷　桃花殤：唯我多情獨自來

裡，她總是伸出纖纖素手，漫撫心弦，任衣衫翩躚處，端的是柔情似水、眷戀如詩。瞧，風過符離就變成纏綿的情愫，牢牢地黏住他過客的思念；看，雨到符離就串連成難分難解的銀線，依依地牽絆著他們流連於紅塵世間。那濃濃的古意，淡淡的哀愁，還有符離的她，下邳莊南的桃花，都在這瀟瀟煙雨中，佇立成一種古典的憂鬱。只是，這山山水水的光怪陸離中，又有多少的珍重緣自他不捨的淚水？

沾衣欲溼的杏花雨，吹面不寒的楊柳風，都將桃花的細膩委婉在他望晴的眼中發揮到了極致。梧桐更兼細雨，到黃昏，一任階前，點滴到天明，卻有誰記得那些曲曲折折的聲響與幽深撩人的清芬，都曾是他的惆悵熬煮成的心殤？那絲絲縷縷的細雨，分明就是離人的眼淚；那雨中紛飛的嫣紅，分明就是她打翻的胭脂。輕舞飛揚的裊裊雨絲，丁香般結著清愁，淅淅瀝瀝地在他耳畔奏響一曲曲纏綿悱惻而又遼闊幽遠的古相思曲，那如泣如訴的旋律，冷不防地，便將那些剪不斷、理還亂的茫茫思緒都從記憶的殘夢中一一喚醒，頓時，就看到一川煙草、滿城飛絮，徒然擾亂了春愁、搖落了心事，讓寂寥的行人再也不忍獨自倚欄空等待。

抬起氤氳的淚眼，他踮起腳尖遙望著長安城南那一扇似關非關的門扉，彷彿聽到一襲白衣勝雪的盛唐詩人崔護依然守在一樹桃花下悠悠地吟唱：「去年今日此門中，人面桃花相映紅。人面不知何處去，桃花依舊笑春風。」這淡淡嘆息的人兒定是無法忘卻當日微風細雨中乍然相逢的旖旎風光吧？春日如繡的時光裡，那一樹桃花下曾演繹了多少浪漫、蘊含了多少深情？長安城南的山水還依舊，只是，他的桃花女還會再回來嗎？當日那柔柔的風、密密的雨、綿綿的情，卻都成了今天驀然回首時萬分悲涼的辛酸往事，崔護與桃花女如是，他與湘靈又何曾不是？

或許桃花本與愛情無關，卻無端地因為崔護那闋〈人面桃花〉的詩句沾染了塵俗的煙火，從此，愛也罷，恨也罷，桃花下的淚便多了起來。只

第8章 下邽莊南桃花

是，不知道這桃花是否嘲笑過人的痴人的傻，是否也願意承受這花下的許多清淚，如果願意，相愛的人又該如何珍而重之？

側耳聆聽遠處傳來的悠悠鐘聲，低頭思量凋零在濛濛煙雨中的一瓣心香，不由得隨口吟出一闋〈下邽莊南桃花〉詩，為他的湘靈，也為思念成災的他自己：

村南無限桃花發，
唯我多情獨自來。
日暮風吹紅滿地，
無人解惜為誰開。

—— 白居易〈下邽莊南桃花〉

「村南無限桃花發，唯我多情獨自來。」村南的桃花開了，開得肆意、開得浪漫。它只依著自己的性情，熱烈地開、熱烈地謝，似乎從不曾有人關注它，唯有多情的他，踩著一地多情的芬芳，把愛情藏在一朵桃花裡，在春風裡默默等待她的歸來，只是不知，明日再來，這花是否還能躲在春風裡調皮地望向他莞爾一笑？

崔護的詩句仍然響徹在他耳畔，愛情裡的話，總是聽過千遍萬遍都不覺得多，於是那些撩人心扉的詩詞歌賦便有了穿越時空、自在演繹的舞臺。或許，桃花本來沒有故事，人們總是習慣把自己的心事寫進桃花裡，才讓花也變得沉甸甸的。其實，不管是瑣瑣碎碎的心事，還是支離破碎的情感，都在人們指尖微涼的瞬間，化成了汩汩清流，在文字的溪水中潺潺，然，又有幾人解得其中滋味？

「日暮風吹紅滿地，無人解惜為誰開。」日暮時分，風捲著一些稀稀落落的花瓣落滿小徑，卻不知道什麼時候落在他的襟前、滑入他的手心，於是便乘著它的一尾幽香，在往事中默然穿行。這是沒人打擾的時刻，所以

第３卷　桃花殤：唯我多情獨自來

那些花花草草都保持了緘默的姿態，偌大的天地裡只有他的嘆息在春紅開謝的深淺裡起落飛舞。

這些桃花究竟為誰而開？為崔護，為默默守候崔護的桃花女，還是為他，為他等候的湘靈？人們總是感嘆，春天來也匆匆去也匆匆，遺憾這桃花不曾為誰多開些時日，卻不去想那些夏、那些秋、還有那些冬，也都是一忽來又一忽走的，而這屬於春天的桃花又何曾屬於過愛情？四季不因喜歡而停留得更多，也不因討厭而走得更快，就如那些轉身而逝的愛情，任誰也挽留不住，然，又有誰明白，離別之後，望著那漸行漸遠的影子，在視線裡緩緩消失成一道風景，痛的從來都只是看風景的那一個人？

桃花知道，如何的嬌豔美麗、奼紫嫣紅，到最後終要落入塵埃，所以它總是盈盈而笑，就算明知短暫的美麗過後將是脫離枝頭的蕭瑟與永久的落寂，也從來沒有一絲的眷念與遺憾，依舊絕然而去，以歡喜的姿態親吻泥土，追逐流水去向未知的遠方，即便落敗都有那份超然的灑脫與飄逸相隨。然，失去湘靈後的他又如何能做到這份淡然、這份灑脫？

守著幾樹下邽莊南的桃花，想著那個在符離溪畔浣紗的她、那個化蝶比翼的她、那個涉水採蓮的她、那個吟風弄月的她、那個舞文弄墨的她、那個懷抱琵琶輕歌一曲的她、那個簪一朵桃花在襟上的她、那個唸著他的名字尋尋覓覓的她，心，莫名地疼痛。

在他眼裡，她是水做的女兒，她是花般的女兒，符離的煙雨因她的存在而變得格外纏綿悱惻，符離的山水更讓她的生命變得豐盈潤澤，她的愛情之花，亦在符離的懷抱裡清清燦燦地盛放，同時也綻開了他窗外幾樹下邽桃花的清夢。

濛濛的煙雨是她的清淚；淡淡的薄霧是她的憂愁。她的巧笑嫣然、她的沉鬱悲傷、她的歡喜明媚、她的溫婉柔潤，都是他心中亙古永恆的不老

第 8 章　下邽莊南桃花

傳說。倏忽之間，她的嘆息、她的幽怨、她的落寞，便都在桃花下變得更加迷離、悽美。只是，曉風殘月中，何處再去尋覓那個曾經只為他淺吟低唱的身影？那漫天遍野的濛濛煙雨，還能不能幫他洗去那曾經活潑聰穎的女子滿心的淒涼徬徨？

走在芳草萋萋、曲水深巷的下邽，相思成災的他卻在杏花微雨、草長鶯飛的符離，於滿城的朦朧中，固執地追尋著她彷彿煙雨樓臺般迷濛飄渺、如同桃花般清新妖嬈的夢。看繁星點點，劃破夜空的沉寂，聽煙雨濛濛，扯不斷情絲如線，他心底只響起一個更加悲愴的聲音，然，尋來覓去，卻又不知道自己究竟想要說些什麼。

或許，他最終想要的只是一個有她的夢吧？夢如湘靈，如詩如畫；夢如湘靈，亦真亦幻；夢如湘靈，如影隨形；夢如湘靈，沉醉一生……花落了，雨斷了，卻原來，他的心，只是一片夢裡湘靈醉紅塵！

Tips

西元 802 年，唐德宗貞元十八年。進士出身的白居易再次趕赴長安，參加制舉考試，與文友元稹同登書判拔萃科；次年，即貞元十九年春，又與元稹同時被授祕書省校書郎之職，同年秋告假回洛陽省親，並到叔父許昌縣令白季軫處小住。貞元二十年春，三十三歲的白居易回洛陽省母，並舉家遷往渭南下邽故里，這一年，他舊事重提，又向母親陳氏提出欲娶湘靈為妻的願望，並再次遭到陳氏拒絕。〈下邽莊南桃花〉亦作於這個時間段，從詩意來判斷，應是思念湘靈有感而發。

第 3 卷　桃花殤：唯我多情獨自來

第9章　冬至夜懷湘靈

豔質無由見，

寒衾不可親。

何堪最長夜，

俱作獨眠人。

—— 白居易〈冬至夜懷湘靈〉

　　轉眼間，又是一個凜冽的冬天。在季節的悽風冷雨裡，縈繞在他身畔的，依舊是一個個呻吟著的無眠的夜，和那些無法驅散的惆悵與憂傷。

　　夢裡，她梳洗一新，乘著一葉扁舟從月光灑遍的方向逶迤而來，在他沒有任何防備的時候，那些已經在心底埋藏了很久的情感，就這樣被風花雪月的流光驀然驚醒。

　　很多事情，在還沒發生前，便注定了開始，也注定了結局。回首間，時光已醒，而流年未醒，當他剝開塵封已久的心事之際，便注定了，今生，他會為她守候成一種不變的姿勢，在水的影子裡盈盈而立，直至老去。

　　折一束月光為鏡，為自己雕琢一個精緻的表情，他悵立窗下，靜數花開花落，所有的故事，都在剎那間於眼底淪陷為一個無語的傳說。暮色黯然，心隨之在搖曳的風中反覆地沉澱、清醒、迷離。復甦的記憶，融化在她脣齒間的溫柔裡，卻在他目光可及的視線中，忽地變成了一種無法言述的感動。只是，什麼時候他才能擁著她的一襲清芬歡喜到老？時間無情地沖洗掉舊日的對白，眼前餘下的只是燃成灰燼的色彩，一次次地，墜入他的凡塵，勾起他刻骨的相思，卻想不起她往昔有著怎樣的明媚。其實，那

第 3 卷　桃花殤：唯我多情獨自來

些從生死與共的誓言裡跳脫出的顏色從未發生過改變，只是他此刻的心動了，為她而動，所以心事也跟著迷離的目光變得模糊。

許多故事注定沒有結局，許多無奈最終無法擺脫。千年一瞬，非得寂寞如此，才解風情，他又何必破浪而至，抵達她如花的心海？曾以為，這一生，不會為誰而心動；曾以為，情和愛被埋葬在一個無人可及的角落，已經很久很久，可是，在這無眠的夜裡，他站在清冷的月色下，卻再次無可救藥地將她想起，任夢在冷風中流浪、任心隨風飄蕩、任眼角的皺紋泛成了淚，迷失在她的深情如許裡。

或許，他早就看到了故事結尾的畫面，可還是幻想著自己有將它改變的能力。到底是自己不願意承認她的心早已離開了他的世界，還是自己不願意去接受那殘酷的現實？她不在，他卻心甘情願地把自己困在了那個有她的回憶裡，繼續欺騙著自己，為難著自己，而這一切都緣於滿腔深摯的愛。

或許，他還在期待著什麼，可是就連自己也不明白到底還有什麼好期待的。是期待她的出現，還是期待她的那句「其實我不曾忘記過你」？他一遍一遍地編織著她再次出現的各種情景，雖然心裡比誰都清楚，它們不可能會在某年某月的某一天變成現實，可還是不停地幻想著、編織著。

或許，他早就該讓自己忘掉那些早已變質的記憶和她的身影，可是每當下定決心做好一切準備，打算忘記的時候，心裡總有個聲音在輕輕地問著自己：「你真的捨得嗎？」他想，終究還是捨不得吧？是捨不得讓自己漸漸遺忘的那些曾經和她一起擁有的回憶，還是捨不得徹底忘記她？

雖然每次想起她來，心裡都會有一種說不出的疼痛；雖然隨著時光的流逝，想念的思緒一天比一天濃烈，心中的那份痛亦跟著變得更加深刻，可是他依然勇敢地堅持著那份不變的信念。或許，只有等到死去的那一天，自己才能真正得到解脫！他深深淺淺地嘆。可是，那一天，究竟是哪

第 9 章　冬至夜懷湘靈

一天？明天，抑或後天？還是明年，抑或後年？又或者，他會一直帶著這種痛，直到自己老死的那一天才能真正了解那種解脫的感覺？

湘靈已經三十歲了。從留在符離的從弟從妹寄來的信箋裡，他知道她仍然沒有嫁人。難道，她還在等他？難道，她真要把那曾經許下的非他莫嫁的諾言堅持到底？三十歲，對一個女人究竟意味著什麼？她早已青春不再，早已為他蹉跎過大好年華，以後的以後，縱使有男人願意娶她，人老珠黃的她又如何能將曾經唾手可得的幸福牢牢握於手中？

是自己負了湘靈。是的，如果不是他，才貌雙全的她又如何會等到三十歲了還未曾把自己嫁出去？到底，要怎麼做才能報答湘靈對自己的這份痴情？母親陳氏是鐵了心不許他把湘靈娶進門來的，跟她私奔又被她嚴詞拒絕，難道真要將她接回府裡做他的婢妾嗎？

不！他絕不能委屈自己心愛的女人做他的婢妾！在他心裡，湘靈是他不二的嫡妻人選，又如何能委屈她為奴為婢？可是，除此之外，他還能有什麼辦法能讓母親接受湘靈的存在？

對他而言，她始終是一個在他心中等待和憧憬了許久的夢幻，當她走近他眼前，塵封了許久的心便開始消散，思念亦開始潮漲潮湧；對她而言，他一直是一個在她夢中期待了許久的漫長而又遙遠的真實，當他出現在她面前，她的柔情便會迅速瀰漫，愛憐亦瞬間充塞心間。

只是他不知道，那遙遠的方向，是否也有一顆和他相同的心在傾聽夜的低語、在細數風的呢喃、在低吟淺唱心事的樂曲？是否也有著淡淡的孤獨、淡淡的思念、淡淡的失落，總是願意隨同他的嘆息一起滑落進夜的眼眸中？

心底泛起淡淡的波瀾，那被淺藏的心事，都舒展在夜風的輕撫中。此時此刻，他只想緊握一束月光，把它寫成一闋瑰麗的詩句，卻找不到任何入口和方向，於是，只能任痛楚的感覺深入骨髓，無能為力地讓幻想作著

第 3 卷　桃花殤：唯我多情獨自來

一次輕紗曼舞的飛翔，為她，為他最愛的女人，在窗前寫下一首風情無限的小詩：

豔質無由見，

寒衾不可親。

何堪最長夜，

俱作獨眠人。

── 白居易〈冬至夜懷湘靈〉

「豔質無由見，寒衾不可親。」窗外，雪花片片凋零，落地即融。枕著她無雙的容顏，感覺到她的真實，卻無法相逢，只餘孤寂的心在寒衾下暗自潸然。

張開雙手，怎麼也無法攫取曾經，而明朝已是熟悉的陌路，所以只能把她的名字，一筆一劃，珍而重之地寫在心上、烙在雪上，然後，牽著月光，憑窗想像一場爛漫的花事，任一聲寂寞的嘆息在風輕雲淡後，換得對她永恆的祝福與永不止息的思念。

想著她的音容笑貌，淚水止不住順著面頰緩緩流下。驀然回首，終於知道，當一個人獲取到一種快樂的同時，也便注定了需要以一種疼痛去償還，所以，只希望這一生剩餘下的所有時間都是他的一劑麻醉藥，讓他從此不再留戀過去，也不再期待來生，讓他可以徹底忘記她給的幸福，還有她給的快樂。

「何堪最長夜，俱作獨眠人。」所謂三生三世的情約，不過是在為自己無法排遣的悲傷找一個冠冕堂皇的藉口罷了。轉身過後，一切的一切都已是曾經，即便難以割捨，又怎能把明天的希望寄託在看不到的虛無縹緲的來世？這一生，早已看倦了桃李芬芳的假象，所以一心只想與她相伴同行，哪怕前方的終點是遙遠的天涯海角，哪怕每一天的旅程都只有風餐露

第9章　冬至夜懷湘靈

宿，他也心甘情願。羈旅固然勞苦，只要還有她在，電光石火、驟雨霹靂均可止於他心，而她的拈花一笑便是他的朗朗晴川。

她不在的日子，心早已荒蕪在貧瘠的風沙中，更在滾滾紅塵裡沾染了一身拂拭不去的塵埃，矇住了本已迷惑的雙眼，令他無法看清遠方的道路，也無法看透自己的心。在這孤寂的世界裡，他究竟在尋覓些什麼，又在等待著什麼？什麼是他期望的擁有，什麼又是他乞討的結果？他不知道，更無從洞悉。

長夜漫漫，隔著千里的遙遠，他和她都做了獨眠於孤寂中的人。暗夜裡，他張開雙手，試圖抓住歲月裡即將流逝而去的分分秒秒，幻想擁抱住夢境之外的她，茫然間，才發現居然連一粒沙塵都沒被抓進手心。失去湘靈的日子裡，他孤獨地活在這無情的世界裡，沒人注意到他的存在，也沒人在意他眼眸深處隱藏的寂寞。他只能落寞地走過繁華的街頭，在熙熙攘攘的人群中，只餘下一個孤獨的背影讓同樣孤獨的黃昏去追憶，卻不曾讓那些熟悉或不熟悉的人為他傷一次心，或流一滴淚。

冬天接納著他憂鬱的靈魂，任他在冰天雪地裡行走，心卻依舊火一般的溫熱。無人抬頭對他張望，他也未曾在意那些陌生的目光。心底唯一在意的只有湘靈，那個遠在符離，和他一樣擁著寒衾、沐著冰涼的獨眠人。湘靈，輕輕唸著她的名字，他心如皓月、情若瓊瑤。無論未來會怎麼樣，心有所屬才是他活下去最大的動力，只願此次夢中的邂逅不再是曾經，就算是，為她赴湯蹈火，亦依舊是他永遠不變的承諾，和執著的追求。

Tips

在長安做了校書郎後，白居易對湘靈的思念與日俱增，但因母親陳氏表現出的決絕態度，導致他想和湘靈結合的願望幾近無望。為排遣心中積

第 3 卷　桃花殤：唯我多情獨自來

壓的鬱悶，他與摯友兼同僚的元稹時常出沒於花街柳巷尋找刺激，透過燈紅酒綠的生活進一步麻醉自己，克制對湘靈的感情，但仍是無法將湘靈的身影從腦海中剔去。這段時間，他寫了大量懷念湘靈的詩，其中就包括這首〈冬至夜懷湘靈〉，但具體寫作年分仍然待考。

第 10 章　感秋寄遠

惆悵時節晚，兩情千里同。

離憂不散處，庭樹正秋風。

燕影動歸翼，蕙香銷故叢。

佳期與芳歲，牢落兩成空。

―― 白居易〈感秋寄遠〉

深秋的夕陽，猶如別後情人的目光，絲絲縷縷，總是於不經意間洩漏著淡淡的哀愁，沐浴著令他熟悉而又陌生的院落。

黃昏，靜坐在綠柳掩映的雕花小窗下，任寂寞在心中不停地掙扎，心海裡層層泛起的卻不再是外表的靜默，而是洶湧澎湃的驚濤駭浪。聽著從遠處飄來的古老的韻律，悠遠的歌謠在他心底悄然綻放，激起無數曾經的印記，卻不知那年那月的嬌俏究竟該到何處去尋。凝眸，夕陽下慘烈的紅色，宛如賁張的鮮血，以千鈞一髮的力量鋪灑在記憶的海洋上，而他便又在不息的回憶裡默默溫習著對她不變的思念。

記憶永遠都是一座不甘喧囂的城堡，哪怕寂寞叢生，哪怕目光所及的青苔上都長滿無奈與惆悵。一個人孤孤單單地走在熟悉的小徑上，總是在陽光穿透的樹蔭下，不由自主地想起她的笑容，那波瀾不驚的清清靈婉約，然，他眉間的寂寞，究竟有誰能夠讀懂，他眸裡的憂傷，又有誰能夠憐惜？愛情彷彿一齣沒有結尾的折子戲，而他演繹的總是那些悲傷的角色，看不到前程，看不到希望，只能裹著滿身的疲憊，與夢中的她遙遙相望，卻又永遠無法聚首。

第 3 卷　桃花殤：唯我多情獨自來

　　背後那縷陽光，總是不經意地映照出他的滄桑，於是只能努力著把一切都看得風輕雲淡，不再去計較任何的得失，但她明媚的笑容早已在那些蠻荒的歲月就深深刻在了他的眸中，令他無法做到了無牽掛的釋然，更無法讓自己變得瀟灑起來。或許，多年以後，他仍會希望她的笑容依舊像從前那樣輕倩、那樣驚豔，就像初次遇見時的那樣蠱惑人心，因為唯有那樣，他的心才不會因失落而劇烈地疼痛。

　　不敢回頭，不想看見那些傷痕累累的回憶，流年就這樣在忐忑不安的情緒裡從他身旁悄悄溜走。之所以選擇沉默，不是因為害怕，更不是因為恐懼，而是回憶裡那些深刻的情感，總有些痛徹心腑的傷與疼，所以想起的也總是撕心裂肺的痛不可當，而那些一瞬間的感動，似乎也總是被某種情緒感染著，哪怕一個細微的情節被悄然揭開，也會深深攫著他那顆已經破碎的心，令他痛斷肝腸。

　　她離開以後，他用了漫長的時間去懷念她、思慕她，即便明知思念會成為他蹚不過去的災難，也不曾打算就此罷休。雖然，過去的回憶就像一座深不見底的牢籠，令他的情緒進不去、出不來，只能裹著滿身的無望躲在角落裡遠遠地眺望。但是當陽光刺進眼底的那一剎，還是會猛然發覺，原來每一次的駐足、每一次的固執，其實都是內心的不捨，是那些忘不了的羈絆。

　　他知道，那些充滿悲傷的日子，終將隨著塵埃揚起的時刻遠去，而他亦會隨著時光的流逝成為這段殘愛裡的小小塵埃，隨風飄浮，直至塵埃落定；亦知道，曾經相識的那片天空，依舊在菊叢中飄著淅瀝的雨，彷彿他的心，一溼便是好些個年頭，卻從來都不知道何為悔、何為怨。痛只痛，曾經三月芳菲奼紫嫣紅開遍的邂逅裡，有她的柔情深種；如今深秋的相思中，卻沒了她的等待，所有的所有都遺失在明媚而又虛幻的陽光裡，孑然一身的他又該如何再將她深深想起，在靜默中繼續訴說無解的思念？

第10章　感秋寄遠

很多年過去了，他在等待中一次次地死去，然後，又一次次地復活，哪怕經歷再多的風雨，也只想回到原地等她。花開時節，他只想握緊曾經綻放得最美的芳華，枕著一紙樸素的心願，借千片落紅一葉舟，載滿思念到她身旁；花落時節，他亦想籠罩在夕陽的餘輝裡，想像她溫暖的笑靨，隨流水飄到她浣花的溪畔，明媚他這雙望眼欲穿的黯淡目光。

她，是不是依然佇守在符離村口，將他盼了又盼、等了又等？是的，她的生命裡只有他，除了他，她不會為任何人等待。可是這段依戀，卻像極了鈞瓷畫白了的瓶身，在炙熱的窯火中煅燒了一段痴留的愛情，但也勾勒了一場獨白的離別，在墨色深處被緩緩地隱去，每一念起，便有種粉身碎骨的痛。天不老，情難絕，心似雙絲網，中有千千結，莫非，今生今世便要這樣痛並快樂地愛著嗎？

記憶中的她，還是那樣的完美，一襲素衣白裙，即便是粗布製成，也難掩她與生俱來的國色天香。還記得她站在鳥籠前逗弄鸚鵡時的模樣，嬌俏而又不失靈動，溫柔而又不失活潑，素袂雲鬢，每一個舉手投足都彷彿扶搖白雲之上的飛舞，與雲相隔、與天相擁，那一個潔字怎不讓生命變得淡雅而美麗、精緻而細膩？

曾經，他用飽蘸色彩的畫筆在她額間描畫出數點梅花，她卻用一生的痴絕在他眼底燒成千年的相思；而今，那滿腔的深情卻在他凌亂的髮絲間隱隱作痛，在迷離的淚水中分崩離析，怎一個傷心了得？他輕輕哽咽著，她遠去的背影宛如一叢雪映紅梅的嬌豔清絕，更如一泓清流中水仙的素雅潔淨，一回首，便再也難以把握，轉瞬便換得他涕淚四流。遠去了，那些不曾回頭的眷戀，都在眼前化作了一縷縷遺失在前朝煙雨樓臺中的水墨，橫亙於蒼天碧水之間，瀰漫於黃土高原之上，飄飄緲緲，如夢似幻，讓他連臨摹心情的時間也徹底失去了。俱往矣，在這孤單寂寞的日子裡，該如何才能將她曾經的溫情再一次緊緊地攢在手心，任所有的不得已都變成他

第3卷　桃花殤：唯我多情獨自來

眼角最後一次滂沱的溫熱淚水，好讓他轉身過後不再難過、不再徬徨？

他和她的故事，似乎早已注定了結局，注定將成為一個永久的回憶，成為別人茶餘飯後閒翻的史蹟。只是生命還在繼續著，而那些支離破碎的記憶，便只能盤旋在腦海裡，泛黃成他曾經潑墨的山水。他知道，他的愛，已在悄然漏去的時光中變成了無奈，緩緩落在歲月的塵土裡，漸漸化作了腐朽，終將變成一微米的陽光，散落在風裡，最終無去無從，無法再追。可他還是捨不得、放不下，依然在心底強烈地期盼著奇蹟的發生，哪怕只有片刻的聚首也好過無望的等待啊！

她走了，那就繼續漂流、繼續流浪吧！躲在暖暖的書屋裡，插上回憶的翅膀，卻又不敢在思念裡大張旗鼓地描繪出她不老的容顏和所有關於她的祕密。這種愛而不能的痛，除了他，還有幾人能懂？又有幾人嘗過？刻骨銘心的相思裡，一個熟悉的聲音突然在他心底娓娓響起，委婉、悽迷，就像這夕陽裡裸露的悲傷，飄渺在他所有的思緒裡——那是她呼喚他的聲音，卻像極了他細微的呼吸——他立即張開懷抱，想要把她擁入懷中，卻一個趔趄撞到了椅子上，而錐心刺骨的疼痛更加深了他的失落與失意。

此刻，窗外的夕陽，亦失去最初披拂的華麗，而那些回不去的起初，又該如何才能彌補留下的遺憾？時光漫過了樹梢，染綠了枯葉，他在蒼白無力的風中感慨著流年似水，任落寞襲遍周身，而對她的思念卻還是欲罷不能。

他明白，她的笑容，現在只是盛開在他不曾想要遺忘的心間而已。繁華如戲的人生舞臺上，他和她一起演繹的戲份已然落幕，恐怕再也無法重新開啟，而有些人和有些感情，終是禁不起推敲的讖，再也無法追溯；亦明白，生活並非絢爛的萬花筒，沒有永遠的驚豔，也沒有一成不變的驚喜，有的只是一個個平淡日子的首尾相接，彷彿一杯放涼了的白開水，從

第10章　感秋寄遠

來都是寡淡無味，所以終於開始相信，相信自己會在這平淡無奇的人生軌跡中慢慢走向終點，一個既不會聚焦所有人豔羨的目光，也不會引來陣陣喝采與雷動掌聲的終點。

然而，這樣的結局是不是太過冷清、太過落寞？但，如果徹底失去了她的陪伴，這就是他人生中的必經之路，他無力抵抗，也無從抵擋。就這麼認命了嗎？就這樣認輸了嗎？不，即使明明知道他和她不會有什麼結果，他也不能把她遺忘，更不能對他曾經許下的諾言熟視無睹！那麼，他還能為她做些什麼呢？似乎除了思念，他能夠為她做的已然不多，而對她的思念，就像一縷和煦的陽光，總是會讓原本單調的生活折射出絢麗的七彩，讓飽嘗寂寞的靈魂感受到真愛的光芒，教他無論如何也不能把她忘懷。

湘靈。又是一個秋的季節，我們到底分別了多久多久？他心痛莫名，卻又對她心懷感激。如果不是她的出現，他的生命裡又怎會有可以追憶的永恆亮色？雖然依舊與她隔著遙遙的距離，依舊無法共她在長安月下相擁相泣，無法共她在曲江畔聞聽一曲相思，雖然那亮色是那麼的短暫、那麼的匆匆。失去了她，清冷的世界只留下他一個人孤單地走在寂寞的街口，任其在風中留住思念的痕跡，可是這一路上又有誰能望穿他似笑非笑的神傷？

在摯友元稹、李紳，弟弟白行簡面前，他總是用堅強的外表，掩飾住內心的脆弱，然而，誰又懂得這微笑背後的真正含義？鬱鬱寡歡的時分，他手捧著千年廝守的祕密，翹首望向曲江平行的兩岸，才發現正因為無處交會，才使流水不得不回歸滄海，而他與湘靈又何嘗不是這兩條平行又無法交叉的岸？原來，一切的一切早已注定，他和她，終注定漸行漸遠，漸行漸遠……。

他哭了。在元稹、李紳不再伴他曲江尋歡的深夜裡，一個人躲在寂寞的窗台邊哽咽無語。一直以為，不論在什麼時候、什麼季節，自己都能以

103

第 3 卷　桃花殤：唯我多情獨自來

微笑面對所有的苦痛，不論經歷任何的風雨，都能保持著那份從容不迫。可是，他錯了。他不敢相信自己在經年之後依然還會為她如此動心，不能承認自己竟會為了她遠去的背影，心甘情願地獨享這份夜的悽清與凜冽。但是，這一次他是真的拿得起放不下，這一次他是真的裝不出哪怕是勉強擠出的笑容。當生命已然習慣於沉溺在她的溫柔之後，他早已不再是只從屬於他一個人的自己，然而離別愈久，相思愈重，他終於開始意識到失去她後的他竟然會變得如此的脆弱、如此的不堪一擊，而遙遙的守望也已成為壓在他心頭的難以承受的重。

她能在他平淡的神情裡看到他的落寞，能在他常駐的笑容中讀懂他的感傷嗎？當遠離曲江畔燈紅酒綠的喧囂，重新回到一個人孤獨後，他才明白，即便走進她的世界，亦是無法縮短他們之間的距離，即便期望關注她每一個舉手投足，卻依然無法走近她的生活。母親是不會答應他們的婚事的！無論他怎樣努力，她如何期待，母親的心依然堅固得就像砸不爛、穿不透的銅牆鐵壁，儘管他用拒絕成婚來抵抗母親的專制，亦無法改變她的心意。

究竟，該以怎樣的筆墨去渲染內心的無助，發洩胸中積鬱已久的沉痛，撕心裂肺的吶喊或是毫無意義的掙扎嗎？又該以怎樣的冷靜審視與她曾經的種種溫情，是該當什麼都沒發生過，還是裝作什麼也不在意地故作輕鬆？

他不能！他什麼都不能做，也做不了！

窗外，倏忽下起了淅瀝的小雨。悄悄地，帶來絲絲涼意，而他卻有種自虐的快感，就像撕去傷口上剛剛結痂的疤，雖然疼痛，卻能自欺欺人地告訴自己那「傷」正在慢慢癒合。也許，冥冥中早已注定，她就是他宿命中孤獨的理由，是他前緣注定必然相遇的精靈，不然，芸芸眾生，他為何偏偏遇到她，偏偏對她情有獨鍾？萍水相逢嗎？不是！相知已久嗎？如是，

第 10 章　感秋寄遠

依稀彷彿，可好像又不是！

　　相隔千里，仍然覺得她就守在身旁。一個個與她花前月下、溫柔相伴的夜晚，一段段與她一起走過的路程，都在他心海牢牢裡鐫刻上相思的印記，成為他的心房不斷顫慄的理由。此刻，他還能說些什麼？所有的語言都已顯得蒼白、所有的情感都已化作無形，而他也是再也禁不起任何折騰了。

　　這是個善變的季節，適合於戀愛；也適合於離別。他起身走到院中，將整個身軀浸在雨中，任雨水順著臉頰慢慢滑落，冰冷著他麻木的靈魂。不需要傘的憐憫、不需要長袍的保護，因為內心的淚雨已然傾盆。凋零的花瓣在雨中悄然飄送著芬芳，一直以來都固執地認為自己便是那其間幸運的一朵，可是這幸運卻在不期而遇的決絕中隨風滑落，任他再也找尋不到任何的希望。既然沒有未來，那就讓永遠的祝福為這段情感劃上一個句號吧！只要她是快樂的，他將以平靜而從容的聲音說聲珍重，然後慢慢地走開，直至遠離。

　　這一年，已是西元 805 年，唐德宗貞元二十一年。他已經三十五歲了，而湘靈亦已是三十歲的半老徐娘。縱然再愛，他也不能再眼睜睜看著湘靈繼續為他蹉跎，為他苦守了。是的，他不能。她是個好姑娘、好女人，她應該找到屬於自己的幸福。然，這幸福卻是自己無法給予的，那，就遠離她吧，就讓她徹底將他的背影從記憶中抹去，永遠不再想起！

　　收拾好散落的思緒，感受著院中細雨飄落的軌跡，亙古的蒼茫中，他堅信自己能一個人孤單地走出這風這雨，走出整個雨季，但亦明白，他將永遠走不出自己，走不出那段情愛的心路……。

　　始終一廂情願地以為，只要願意，便可以將那扇愛的心門輕輕關閉，把所有的往事束之高閣，不再憶起，但只要經歷些許相似的人事，心裡第

第 3 卷　桃花殤：唯我多情獨自來

　　一時間湧起的依然還是那些從來沒有停歇過的煩亂和憂傷。終究還是明白了，那些最初的遇見，美好而芬芳的點滴，即便小如塵芥，也無法一下子塵封，更不要說想忘就忘。始終記得，她曾經為他溫柔地微笑、為他歡快地起舞、曾經快樂著他的快樂；痛苦著他的痛苦，所以無論經歷怎樣的變故，他還是無法與當年在她眼底悄然襲上身的清風柔情作別。或許，並沒有一種固定的形式，她的柔情依舊會出現在他的夢裡，會以一種他揣測不到的方式襲擊他的宿醉，只是意識不會明瞭，在心裡，已經作別了許久的時光，那一縷風的柔情，那一眼凝望的深情，雖有浪漫盈心，卻依然還只在無人知曉的睡眠裡。

　　舉起瘦了的雙手，悵望蒼白失色的掌心，那雜亂無章的脈絡間寫滿了的究竟是誰的名字？湘靈。他瞪大雙眼，輕輕唸她的名字，意念深處卻向著那條逼仄荒曠的相思路徑徘徊行走。衍生的情、蔓生的愫，似無數的水草、無限的枝蔓，依舊以千軍萬馬狂奔而來的氣勢牽纏著他的清心素指，終在他的眼底纏縛成一株蔓生的荊棘藤木，讓他悠然的醉意，只想把心裡最底的幸福都共她分享。

　　想著她、夢著她，他早已累得不堪一擊。或許，他早該讓心好好休息；或許，他早該讓自己承認那些不願承認的事實；或許，他早該讓自己學著接受那些接受不了的所有；或許，他早該讓自己心裡的那份痛漸行漸遠；或許，他早該不再回頭傻傻望著過去；或許，他也可以微笑著度過每一個寂寞的深夜……。

　　這都是怎麼了？為什麼歷經無數個雪雨冬夏，他還是無法將她忘懷？遠方那個為他蹙著兩條蛾眉、掛著兩行熱淚的女子，他又該如何替她剔去心底的傷，讓她重新綻放青春的笑靨？他還有這個能力嗎？不，他沒有。他輕輕搖著頭，既然已決定放手，那就不要再去撩撥她支離破碎的心；既然無法給她幸福，那就真心祝願她能找到一個可以真心待她好的男人吧！

第10章　感秋寄遠

可是，那個曾經對他說出「生為你人，死為你鬼」的女子又真的可以在他遠去後把自己的心交給另外一個男人嗎？

她不會。可是無論如何，他都要試一試的不是嗎？只要他不再出現在她的世界裡，不再在她孤悵的心裡泛起任何的漣漪，或許，假以時日，她會漸漸把自己忘卻並徹底拋之腦後的吧？唉！他深深地嘆，不敢繼續深思，只好裹著無盡的惆悵，鋪開紙箋，繼續，繼續為她抒寫一闋相思：

惆悵時節晚，兩情千里同。

離憂不散處，庭樹正秋風。

燕影動歸翼，蕙香銷故叢。

佳期與芳歲，牢落兩成空。

——白居易〈感秋寄遠〉

「惆悵時節晚，兩情千里同。」在她遠去的日子裡，世界卻未能因此變得安靜，心底仍是波瀾不斷。總是在元稹和李紳等三五同僚好友的陪伴下，於曲江畔花天酒地、偎紅倚翠，醉了後，瘋狂地找一些熟悉或者陌生的面孔劃拳猜謎、大聲喧譁，說著不著邊際的話題，聊著無聊透頂的廢話；總是在平康坊輕舞飛揚、色藝雙絕的歌伎阿軟懷裡激情四溢、顧盼生輝，雖亦曾迷戀過阿軟，並為她寫下「綠水紅蓮一朵新，千花萬草無顏色」的靡麗詩句，可是時過境遷後卻發現情懷已不再，一如海的潮起潮落，起起伏伏，終是沒有定數。

都說愛再多也不會嘈雜擁擠，那些荒唐的青春祕密，卻在無盡的燈紅酒綠裡燒焦了所有欺騙的謊言。醉在那些甚至叫不出名字的女子懷裡，卻以為躲在符離的柴扉深院與她纏綿悱惻，分不清哪個是她，哪個是他。章臺路深，總是淡語觸及閒言，卻有溫情蕩漾於如臨春風的心田，可惜相對而坐的卻不是他心儀的女子，每每念及於此，只願老天借他一雙翅膀，好

第3卷　桃花殤：唯我多情獨自來

讓他擁著她一起翱翔，在花開傾城的季節靜聽天堂的音籟。

然而，每一次酒醒後，都會發現擁入懷中的佳人並不是他想要的她，卻又在短暫的懊惱後將一切的荒唐周而復始地重新演繹，甚至每一次重續都有過之而無不及，讓人望不到這樣的盡頭究竟會在何處。因為難抵對她的刻骨相思，所以只能一次次地流連於花街柳巷，在這惆悵時節晚的深秋裡，於阿軟和那些以色娛人的女子們那一雙雙撲朔迷離、溫柔纏綣的眼裡，覓她千里之外的柔情似水。

他知道，縱使相隔遙遙，千里的距離依然無法阻擋他們那兩顆相愛的癡心。長安月下，他於曲江之畔擁著歌舞伎纖細的腰肢，說著無盡的情話，心裡想的卻只是千里之外的她；而符離月下，她必定於村口的風車前一個人悵坐水畔，默然無語，心裡念的也只是千里之外的他。湘靈啊湘靈，到底，該怎麼才能與妳朝夕相伴、白頭到老，為什麼每一次思念過後，口中唸唸有詞的都只是那一句「奈若何，奈若何？！」

「離憂不散處，庭樹正秋風。」無奈、落寞、惆悵，今夜就借這曲江水畔的良辰美景，與那歌女舞伎長歌一曲、輕舞羽衣、傾壺而醉，卻勝似人間無數！然，離別的憂緒卻未能在一片歡聲笑語中化成他眉間的舒展，他仍在想她，無時無刻地想。他不在了，那曾經笑語盈盈，挽著他手臂走在村口小徑上的她會不會在月下悽楚著唸起：「妾乘油壁車，郎騎青驄馬。何處結同心？西冷松柏下。」的傷心詩句來？

那是南朝才女蘇小小用血淚寫就的詩句。蘇小小早已化作千年不散的一縷香魂，在杭州西冷橋頭留下千古傷心的哀婉往事，他的湘靈會不會也步上她的後塵？不！他不敢細想，離憂徘徊在心底，久久無法排遣，放眼望去，卻又看到窗外庭院裡蒼老的樹枝正在秋風中起伏搖曳，亦如他和她的愛情，弱不禁風、不堪一擊。

第10章　感秋寄遠

「燕影動歸翼，蕙香銷故叢。」燕子展翅欲飛的身影，蕙草掩去其他花香的馥郁，都能惹動他對她的深深思念；江堤上吹過的晚風，瀲灩的波光，都會觸動他的心弦；還有那熟悉的絲竹聲，相似的紅袖添香，也都會讓他心生喟嘆……。

一次又一次地跑上街頭，想在人群中尋覓她的輕倩身影；一次又一次地鋪開詩箋，想在字裡行間尋覓她的音容笑貌。怕失去、怕被丟棄、怕一個人面對黑夜、怕孤獨寂寞、怕失落……每每想到她無助的眼神，他便會浸入無盡的迷茫中，不知所措，恨不能像燕子一樣飛回符離，與她攜手相偎。

然而，他亦明白，在前方等待他們的終究是一種宿命、一種輪迴。也許，他還在等候，等候母親的許諾給他一個完滿的奇蹟。可是長久的分離幾乎讓他不能再清晰地憶起她昨日的容顏，一回首，望到的都只是落盡紅塵的痴淚，滿滿地漾了一池的春水秋波。

「佳期與芳歲，牢落兩成空。」下雨了。走在寂寂的街口，一把撐起的雨傘究竟能承載起他心底積澱已久的多少情愫，又能遮擋住他眉間深鎖經年的多少惆悵？一個人路過的廢墟旁，破碎的瓦礫雜亂無章的掩埋在黏溼的泥土裡，徒然間便換來他的淚眼朦朧，儘管努力著想要追尋一縷情絲的溫潤，最終得到的卻只是懸浮在眼簾的淒涼印象。

離人何處覓芳蹤，卻是夢裡訴相逢。往事平鋪在記憶裡，他展不開那些突起的褶皺，只好躲在不期而至的雨中，順著髮絲，想要理順凌亂的思緒，然而回首之間，卻又發現一切的努力都只是徒勞。數年的漂泊，總是寂寞獨自徜徉在心頭，眼前的菊花依舊開得如火如荼，可是他卻不能目睹她美麗的笑靨，不能再像兒時那樣，看她在菊叢中將菊花搖成行行落淚，只能枕著一曲憂思於夢中回味她曾經的溫柔和調皮。

第3卷　桃花殤：唯我多情獨自來

　　都知道酒不醉人人自醉，然而幾杯烈酒落肚後，也就有了癲狂的勇氣，有了不斷折騰自己、折磨自己的藉口。經年的等待裡，一個人孤單著走過了千萬里無法相守的路，穿梭於不同的街巷，在不同的季節回味領悟，才驀然驚覺，曾經青澀的夢想早已在山高水長的尋覓中斷翅遺失，曾讓她陶醉在風車前心動痴語的白雲亦柔軟成心底不變的純真，而他依舊還是當初的孤家寡人，亦依然只能揹著一個人的行囊無語前行。他知道，他和她都已不再青春、不再年輕、不再有羞紅了一張臉在水湄月下談情說愛的機會，而那些曾經美好的歲月中，他們不僅白白蹉跎了婚期，也錯過了人生中最美的年華，如果不在酒裡熬煮一場恣意的歡暢、放肆的縱情，又教他如何不再惆悵不再傷感？

　　前程或是歸途，依然在眼前不斷蜿蜒向遠方，伸向他不曾走過的拐角，或是無人問津的叉道，而沿途兩旁的草地上卻開滿了歡愉的小花，望一眼，總能令人心曠神怡。他叫不出這些花的名字，卻發現它們似乎從來都不曾頹敗過，就像他對她的惦念，長年都盛開在她馥郁的相思裡。在她熟悉的眸光裡，淅瀝的雨水逐漸停了，而那衝破陰霾的夕陽，則一如既往地流連於他纏綿的詩章中，似在催他加快追趕幸福的腳步，任溫柔的角度填滿所有祈禱的縫隙，如花似夢，從此不再讓歲月捲走，只在回憶中封存他眼底這一段念若清風。

Tips

　　這首〈感秋寄遠〉具體寫作年分同樣待考，但亦是白居易任校書郎後，與湘靈的婚事再次遭到母親陳氏斷拒期間所作。因陳氏堅決不允其娶湘靈為妻，白居易亦用拒絕成親的方式來回應母親在他婚姻上的決絕態度。

第11章　寄遠

欲忘忘未得，欲去去無由。

兩腋不生翅，二毛空滿頭。

坐看新落葉，行上最高樓。

暝色無邊際，茫茫盡眼愁。

—— 白居易〈寄遠〉

　　轉眼間，橫亙在他面前的又是一個落葉蕭蕭的季節。冷風漸起，深邃而幽遠的夜空下，落花如飛蝶般隨風起舞，嫵媚綻放後又寂寂跌落，吻向慢慢失卻溫度的大地，化為一粒不起眼的塵埃，而濤起的思念便又在此時如同潮漲的水，瞬間在他的眉間與掌心洶湧。

　　如此良夜，這漫天的落花不知又嫵媚了誰的眉眼？浪漫了誰的心思？他不知道，此時此刻，會有多少顆星子會沉醉在萬里無雲的天幕上，只知道，醉眼觀花後，那揮之不去的，依然還是他對她不絕如縷的深深眷戀。

　　還能為她做些什麼呢？又該如何才能挽回那段漸行漸遠的感情？或許，除了匍匐在佛祖面前祈禱，再也別無它法。一聲悠長的嘆息聲後，他真的在夜空下祈禱了，微閉雙目，口中唸唸有詞，是在祈禱讓他也化作一朵美麗的落花，讓她抬首之間便能一眼瞥見他在空中綻放時的那一抹驚豔與精采，即便在絢爛之後，也只願跌落在她的懷裡，醉在她水靈的眼底，讓她無法不驚嘆他的美麗，更讓她無法不心痛他的湮滅。如此，縈繞在心間的那霧一樣的惆悵、雲一樣的思念，便因為有了她的心痛，而了無遺憾，即便還是不能與她執手相對，他也會相信那份愛是真實的不容置疑的。

第 3 卷　桃花殤：唯我多情獨自來

　　這般，相思不盡、柔情不止，縱是萬年只種此一粒紅豆，今朝春盡後，情何以堪？那些撩人的青春，已在往事謝幕的風中悄然老去；那些美麗的夢想，兜兜轉轉之後她又可曾記得？嘆，青春，只一個很美的詞彙，但卻沒幾個人知道它究竟會淹沒在哪裡，更沒人能逆著時光的腳步追回那些遺失的青澀與嬌羞，所以他們唯一能做的便是面對現實，在現實的允許下繼續打撈種種的可能與不可能。

　　曾經因為年輕，所以總是肆意地享受著青春，從不曾想過虛度光陰與鋪張浪費；曾經因為年輕，才會對所有的人事懷揣幻想，哪怕那想像總是不切實際，卻又總沾染著鏡花水月的朦朧美，令他們一刻也不願抵近現實，與命運達成該有的和解。在最好的時光裡，他浪費了青春、浪費了生命，毫無節制的，等到而今青春早已在傾巢出動的皺紋裡悄然老去，斑駁的記憶亦已變得支離破碎，再也拼湊不回往昔的歡欣時，他唯一能做的便是用一顆易感的去捕捉戀人們那一雙雙模糊的淚眼，卻怎麼也不能從三千里雲和水化成的淚光裡找到來時的歸路。

　　繁花過後，韶華散盡，飲下的烈酒都是一個人的舞蹈，再也無人觀摩，也無人相陪。那些過往的美麗都在悲傷的記憶裡隨微風漸行漸遠，不留一絲蹤影，而在他心底，卻仍殘留著一些破碎陳腐的痕跡，依舊守護著那些遙不可及的夢想。相思，如同一粒火種，只要心底那一絲溫度不滅，它就會燃燒，越燒越旺，所以雨過之後，儘管他觸目所及的不是陽光、不是彩虹，而是灰了的，沒有一絲色彩的天空，那瘋狂的熱度也能將他瞬間融化。

　　這世間，不會因為他的缺席而少些什麼，也不會因為她的退場而產生任何的遺憾，滾滾紅塵，年年歲歲景常在；歲歲年年人不同，卻也未曾出現過大的差錯與偏離。如果不是緣於愛，誰也不會為誰停留、誰也不會為誰轉身、誰也不會為誰耽擱，而他，心甘情願地為之駐足，為之回望，只

第11章　寄遠

不過是因為他愛了。是的，他愛她，愛得刻骨銘心、愛得無藥可救，在他眼裡，她就是含羞脈脈地穿梭在古樂府裡的那一個相思不盡的深情女子，而他就是握筆窗下將她一筆一劃寫進樂府詩章的那個白衣俊士。那一年，他羽扇綸巾、白衣飄舞，款款走在她二八年華的婉約裡，踏著青石板街清脆的節奏，輕柔地倚在她的蘭舟上，任湖面泛起的朵朵水花，映著堤岸上倒垂的楊柳，而他的淺笑便那樣一圈圈地漾在了她的眉心和眼底，讓她再也找不到除他之外的明媚與歡喜。

他的笑裡含著春天淡淡的憂鬱，亦含著秋天綿綿的相思。如果她是湖水，他便是那堤岸上環繞的柳；如果她是荷花，他便是輕輕吹綻她的一縷清風。相愛的那一天開始，他和她便不再能夠分得出彼此，他們就像此起彼伏的呼吸一樣，再也無法以任何個體獨立於世間自由地活，如果不想憔悴枯萎終至凋謝，他們就必須相擁著直到生命的終結。這是他們的命運，也是他們彼此許下的諾言，所以一旦分離，即便不死，也無異於等死，再多的閃耀也都是迴光返照的憐憫。那一年，因為愛，即便窗外蔓延的是漫山遍野的荒蕪，也從來沒有蒼涼荒蕪過她歡喜的眼——他總是站在她目光可以觸及的距離內，讓自己流連成那千姿百態的小草，去裝扮、去點綴那滿山的青翠欲滴，而她也終於沉溺在他的柔情裡，再也不願意醒在沒有他的世界裡。

他們不是沒有過快樂，也不是沒有過美麗的夢。他略帶憂鬱的微笑總是可以輕易便擄獲到她眉睫上那一滴豐盈卻不忍滑落的淚珠，那是她滿含了期待與盼望的一滴眼淚，裡面藏著她一顆無垠的痴心，純潔而透明，亦如他的眼，海一般深邃澄澈，而他亦總是喜歡躲在她那一顆不肯輕易示人的珠淚裡去找尋他們的情深不悔、纏綿繾綣，並用詩文一一記述成只屬於他們的天荒地老。然而，歡樂總是太過短暫，經歷種種人世的滄桑變幻後，她始終都揮不去那霧一樣的憂傷，終致那憂傷無牽無掛地縈繞在符離

第3卷　桃花殤：唯我多情獨自來

小城的長河裡，緩緩變成一汪藍色的眼淚，無時無刻不在祭奠著他們的情殤，而他，她千百次輪迴裡等待的那個少年，便成了她藍色憂傷裡那個怎麼也做不完的夢……。

　　唸著她的芳名，想著她的麗容，他輕輕淺淺地嘆，眼中亦含著有一滴藍色的眼淚。還記得嗎，前世，她等他在畫梁雕棟的煙雨樓臺，從梅粉褪殘妝的初春，到塗抹新紅上海棠的盛春，再到開到荼蘼花事了的暮春，直至整個春天都在眼前凋盡了，也未曾等到他劃著一葉扁舟從落日的天邊行來？而今，車水馬龍、雕欄玉砌的市井街衢邊，他筆下的千迴百轉、起承轉合，只是為了守候那個單薄的女子，每一個字、每一句話，都傾注了人世間最古老、最厚重的深情。可是，尋尋覓覓，覓覓尋尋，寂寞復寂寞的等待中，眼看這一季的花又要開到荼蘼，韶華盛極，無法再持續那份耀目傾城的美，而她依然不是他閨中的婦人，怎不惹他心傷難禁？

　　花到荼蘼春光了，愛到荼蘼人憔悴。他知道，凡事物極必反，愛再深，縱然刻骨，也終要逝去，可是他又有什麼辦法能夠留得住這大好的春光不老的容顏？月色溶溶，在無限的想念中冰釋了他塵封已久的心，抬頭望去，這婆娑的夜晚，一如少時符離的天空一樣美麗空靈，然，少了她的陪伴，他又怎麼能夠尋得回那時的清芬與溫婉？

　　傾耳，又一場不期而至的雨，淅淅瀝瀝從天而降，每一顆雨珠落地的聲音，都濺起一片一片深不見底的的憂鬱。凝眸，樹梢間那些危危欲墜的枯黃的殘葉，亦都在冷風中不停地掙扎翻飛著，彷彿不甘心地，誓要與外部的侵凌做抵死的抗爭。他知道，那不過就是徒勞的抵抗，亦如他在母親面前一樣，為了與湘靈的婚事早日兌現，終年都做著無聲的反抗，卻又從來都沒有勝利過。這樣想著，他開始憐憫起那些葉子，心疼地將它們一一揀拾起來，卻發現，隨同它們被緊握於手的，還有飄落的寒氣與紊亂的心緒，以及懷念深深埋進靈魂後衍生的洶湧與奔騰。

第11章　寄遠

　　他對她的思念依然如昨，揮之不去的，仍是她在他記憶的畫屏上增添的那些如絲若縷的懷念。那些懷念，恰似頭頂那輪明月，圓也是詩，缺也是詩。輕輕地，伸開雙手，讓相思的絮飄入心靈，緩緩開啟塵封的柔軟，臉上那一粒淚痕，猶如吹進眼中的一粒沙子，越揉越痛、越揉越深，直到揉碎這一季的風景，才恍然明白，原以為把心塵封了，把那滴憂傷的眼淚珍藏了，就能將她忘記，就能剪斷那絲絲縷縷的情愫，就能讓秋風吹落那不朽的憂愁，不曾想，卻是歲月不改、冰心依舊！

　　曾幾何時，思念拉近了他們與現實的距離，然而母親的決絕卻把他們傾城的愛戀再次打回原形。在殘酷的現實中，夢被扭曲了、理想被扼殺了，於是只好俯首在孤單中重新拾起那些殘缺的夢想和那些陳腐的過往。抬頭，好想讓窗外的雨水來得再猛烈一些，因為唯有那樣，才能讓寂寞不至於還和從前那麼孤單、那麼無聊，可是等思緒再一次浸在這片潮溼中的時候，他才意識到又開啟了另一場輪迴的沉寂。那個寂寞的鎖，就那樣在不知不覺的無明中被悄然開啟，然而，好不容易才收回來一點點的心便又開始了搖曳、凋零。

　　打開記憶的閘門，把這些年經歷的酸甜苦辣都一一排列成行，才發現，所有的愛恨情仇都似過眼煙雲，早已隨風而逝，而思念卻是不曾有過絲毫的黯淡。因為愛，他來到有她的世間，翹首等待與她相聚的那一天，任她分享他生命裡所有甜蜜與悲悽；因為情，所有的星辰都為他動容，將兩顆遙遠的心隔著天涯與海角緊緊拉攏，用不變的等待與守候縮短他們之間山高水長的距離。愛她、想她，卻從來都不會恨她，可是若不恨，又為何偏偏要與她離別，卻在短暫的生命旅程裡，與她漸行漸遠漸無言，總是在雨中獨自完成一曲悲傷的戀歌？其實應該恨的人是她而不是他，如果不是他始終優柔寡斷，下不了決心與她遠走天涯，她又怎麼會至今都為他蹉跎哽咽？

第 3 卷　桃花殤：唯我多情獨自來

　　恨只恨，他的懦弱與無奈。而今，心底盤旋不去的，除了情深不悔的愛，便是滿腔不得已的愁緒，湘靈啊湘靈，到底還要我做些什麼，妳才肯心甘情願地跟著我走？或許，情愛的紅塵裡，相愛的人根本不需要相對坐視悲嘆，畢竟不是所有的行船都能到達彼岸，只要船槳在水面劃過，就總能散開美麗浪漫的水波，不是嗎？而那一圈圈漾起的波紋，便是愛情激盪的歌，既如此，又何必非要執著於那一紙婚書呢？他試圖用這樣的解釋勸說自己、迷惑自己，可是這樣的想法於湘靈而言難道不是一種蔑視與褻瀆嗎？

　　很多時候，他都無法用文字表達出這經年積澱於心底的款款情深，只有漫步在雨中的天地，才能清晰並準確無誤地梳理出關於這段愛的所有剪不斷、理還亂的頭緒來。不，他不能辜負湘靈，也不能讓她背上淫奔的罪名，所以他唯一能給她的就是那一紙婚書，可是母親自始至終都竭力反對他們的婚事，他又該如何取捨呢？淅瀝的雨聲慢慢洗去了他心頭的渾濁，徜徉在悅耳的雨滴聲中，他獨自享受著這份唯美的旋律，心中的鬱悶惆悵終被一掃而光，此時此刻，他又是多麼地希望，就讓這眼前飛舞的雨絲迅速塵封住這瞬間的釋然啊！

　　雨中，厚重的心幕被柔軟的雨絲緩緩拉開，暮秋的寒霜一點一點濺到他單薄的衣衫上，她微妙的神情不止一次地，宛若游絲般，飄飄漾漾地合攏來，綰在一起，糾結在他憂傷的眸裡，那曾經美麗的容顏，彷彿融化在愛的流沙裡，卻是一紙看不清、道不明的模糊。

　　湘靈，符離城外的橋上，妳可曾聽見我噠噠的馬蹄聲？隔著如緞的窗紗，妳可曾看見我凝望的雙眸，閃爍著的愛的火焰？如茵的草地上，妳可否看到那一抹青蔥的新綠上有我為妳寫就的愛的詩篇？知不知道，我的相思都化作了紅豆，留著只為讓妳慢慢品嘗？知不知道，槳聲燈影裡，我只想再為妳揉碎我的衷腸，和秋水一起，穿越這漫漫長夜，流進妳的芳心？

第 11 章　寄遠

　　終究,她還是遺失在他模糊的目光中,夢也漸行漸遠,總是於有意無意間疏遠著他的愛戀,但他卻再次對風許下鄭重的諾言,願意為她付出一切,哪怕是不曾完全逝去的青春,和如花的韶華。遠處,不知是誰十指輕叩,又奏響一曲幽婉的〈長相思〉,更不知一廂悲涼已被誰收藏在看不見的紛亂裡,然而他心裡卻比誰都清楚,除了她,什麼也不曾來過,也未曾離開過。看流光飛舞,看煙水流逝,紅塵漫漫,一片冰心向誰寄?可憐一曲〈東風破〉,奏起的卻是落紅泣瓊枝,此時此刻,再也沒了力氣去掙扎的他亦唯有趴在窗前,再為她抒寫一闋相思,一首〈寄遠〉:

　　欲忘忘未得,欲去去無由。
　　兩腋不生翅,二毛空滿頭。
　　坐看新落葉,行上最高樓。
　　暝色無邊際,茫茫盡眼愁。

　　　　　　　　　　　　　　——白居易〈寄遠〉

　　「欲忘忘未得,欲去去無由。」思念浸在濛濛的細雨裡灑向夜空,聲聲入耳的都是那些沒有蹤影的寂寞與無奈。他倚著舊了的窗櫺,緊握一片荒原似的落寞,看微風將黃葉一片片捲起,似一個個舞伎的裙帶飛揚,只是無語話淒涼。

　　在這肅殺的深秋裡,他放蕩了思緒,也放蕩了堆積已久的憂愁與寂寞,點點滴滴,揉碎了掰斷了全是或明或暗的傷。再回首,所有的渺小都變得龐大,所有的微弱都變得強烈,即便有心迴旋,卻終於輸在無力的抑制上,那似水的幽怨便如同決堤的潮水,不停地在他心底肆意地奔騰、咆哮。

　　想把她忘記,卻將她憶得更深;想去符離看她,卻找不到合適的理由。沒想到,時過境遷後,遠去了山盟海誓的情愛竟會變得如此蒼白、如此無力,即便費盡周章,那些曾經美麗的瞬間也是一去不能再返。他知道,詩

意的嚮往，就這樣在他望晴的眼底變成了永久的空白，鋪陳它的筆太過匆匆，而匆匆的墨跡之後便不會再有當日的灼熱與激盪，但他還是不肯說服自己對她放手。

揮手間，笑靨模糊了淚眼；甜蜜化作了淒冷，思念卻是愈燃愈烈。可知，蒼白的記憶裡，他仍願意珍藏所有關於她的情節，讓日夜的祈禱裡多一些希望，少一些無助；仍願意為她燃燒他的肉體直至化成灰燼，也要伴她走到地老天荒；仍願意放浪他的情思直至澎湃，也要陪她共度天上人間的歡喜。那，就讓這思念繼續洶湧著吧，似海潮滾滾撲向海的那一邊，跟著她夢中的足跡，去追尋空氣裡殘留的那縷愛的芳香吧！

「兩腋不生翅，二毛空滿頭。」想她，念她，一如既往，無可救藥。只可惜兩腋不能生出翅膀，像大雁一樣迅速飛抵她的窗下，徒然間，對她的思念，卻斑白了他曾經的青絲。

多少個漆黑的夜裡，他總是在夢中牽著她纖若柔荑的手，仕那條熟悉卻又離別了很久很久的小河的波心裡肆意蕩漾。然而每一次渾然驚醒後，瞪大雙眼望穿那無邊的夜色，看到的卻是孤雁形單影隻地穿過雲霄，聽到的也只是它一聲一聲的哀鳴，而這一切都不自覺地確證了她的別離，偌大的世界只留待他用記憶驅散，那無數個不盡的漫漫長夜。

迢迢山水的邊緣，她的夢裡是否也有符離河畔的那一晚秋月，以及秋月裡的歡聲笑語？他不在的日子裡，幾曾美麗的小河，也只能無奈地獨自面對眼前蕭瑟的秋色，任她美麗的容顏在青銅鏡裡被鏽跡斑駁得失去了原有的光澤與顏色。他明白，鏡子的那一邊，早已沒了歡顏，只留下一片無語的蒼白在荒蕪的靜謐等待青春的回望，所以想她的時候，他總是在窗下靜靜地從袖中掏出她當初贈他的銅鏡，把鏡面小心翼翼地對準院中的每一處角落，想把他遺落的每一片蒼涼都收集起來，努力拼湊成一幅有她亦有

第11章　寄遠

他的美麗圖卷,卻不知道即便心想事成,最後變現的也不會是他最初想要企及的那片晴朗。

「坐看新落葉,行上最高樓。」窗外的銀杏葉落了,從空中悠悠地飄落下來,雖然看不清它的臉,但透過一層薄紗似的輕夢,他分明看得清它眸子裡閃動著的淚花和一絲輕霧似的留戀。黃土在一瞬之後,成了它永久的故鄉,蕭蕭風雨、萋萋芳草、淡淡人情,一切都將遠去,只是魂夢鄉里,是否還看得見過往依稀的璀璨?

沐著一身的惆悵,他起身步上高樓,坐在最高處,輕嘆著仔細端詳那低處的片片落葉,唯願別離後的等待,在她歸來的那一天,連綴成一部只屬於他們的《楚辭》、《詩經》,絢爛成愛戀裡最美的祝願與希望。

「暝色無邊際,茫茫盡眼愁。」斜月西沉,暝色無際,放眼望去,怎一個「愁」字了得?卻原來眼前的暮色竟也是如此的令人憂傷!所有最美的時光都從他手指的縫隙間急急流走,與她轉瞬已是天涯相隔,一世的塵緣亦在今夜的相思曲中擦肩而過,究竟,今夜過後,他還能否擁著她點滴的溫柔直至終老?

曾經,那個溫婉如水的夜裡,美麗大方的她若雲影般從他身邊輕輕掠過,自此,她的笑靨便成了他今生最美的追憶。幾經滄桑,在歲月的浮光變換了青春的顏色之後,他一直都想把她的容顏釀成一壺色香味俱全的美酒,在每一個孤獨的夜裡邊斟邊賞,然而即便是這樣的心願,他也無法將之輕鬆兌現。往事已矣,他不想再用離別作為愛的結局,不想再用眼淚洗滌痛楚,不想再看著愛的火焰慢慢熄滅,心也跟著徹底凋零,所以他必須做出改變,可是在這令人窒息的、充滿桎梏的世界裡,他又能改變些什麼呢?

輕輕地,他默無一言地剪斷一叢開得正好的秋菊,在院中的石階上躊

踟躕良久,才用雙手捧著它們小心翼翼地放進門前的流水裡,痴痴期望著遙遠的水邊,她也在翹首期盼,正好將它捧起,像捧著他的心一樣,在她的心房裡永久珍藏。想必,到那時,如果他還有一顆浪漫的心,他的筆下定然仍會流淌許多為她寫的情詩,以及小河邊的點點憂愁,不過現在他要做的便是祝願她得到永恆的歡喜,亦盼她在他日能夠用她的幸福與智慧將它們幻化成彩,只在他的眸間輕舞飛揚。

Tips

〈寄遠〉亦是白居易任校書郎期間懷念湘靈所作。詩人因思慕遠方同樣孤獨的湘靈,頓生白髮,但恨不能腋下生翅飛到她的身旁,字裡行間,無不深深表達了他對湘靈的痴心不改。

第4卷

長恨歌：在天願作比翼鳥

第4卷　長恨歌：在天願作比翼鳥

> 緣來緣去緣如風，緣聚緣散太匆匆。花未凋於心海，緣卻已逝去。深深怨，不爲風雨，不爲流年，只恨情深緣淺！聚散天定、離合難期，所有真情，誰堪寄與？早知世事無常，何必相識相知？既已相愛，爲何又會緣去如風？總道情可動天，誰知緣盡一切皆成空！

第 12 章　戲題新栽薔薇

移根易地莫憔悴，

野外庭前一種春。

少府無妻春寂寞，

花開將爾當夫人。

—— 白居易〈戲題新栽薔薇〉

西元 806 年，唐憲宗元和元年初。白居易與摯友元稹同時辭去祕書省校書郎的職務，客居長安華陽觀，同撰《策林》七十五篇，準備參加制舉考試。四月，二人「指病危言」，在科試中力抒己見，痛陳朝政弊端，深得主考官韋貫之欣賞，與元稹同登「才識兼茂明於體用科」，旋即被授盩厔縣尉。這一年，他已三十五歲，卻依然是孑然一身。

從一個毫無作為的校書郎，搖身變成盩厔縣尉，他離自己的政治理想又近了一步。然，那在水一方的伊人卻與他更行更遠，三十一歲的她依然待字閨中，他又該如何去償還欠下她的那份情意？

過往早已離他遠去，但還是清晰地記得她所有的痕跡，那些曾經，依然在他心間流淌著美麗的音符。遇見她的時候，美麗的蝴蝶在櫻花上翩躚著最溫柔的夢，不只是櫻花正芳菲，四月的梨花，也正嫩蕊初吐，她便如那蝶影裡幻化的一曲〈蝶戀花〉，在令人炫目的色彩裡，絕響了那個初遇的朦朧。

那一刻，他並沒有想到花落，也沒有想到，蝴蝶的羽翼若是折斷了，櫻花上是否還能折射出它斑斕的夢？梨花如雪紛飛的時候，他倉皇地回

第4卷　長恨歌：在天願作比翼鳥

顧，那滿園的春色，正凋零得體無完膚。於是，他只能讓心底湧起的那份無奈和辛酸，去細細地揣摩那一地的花雨是如何的不甘，然後，在清晰的目光後看她模糊的身影一點一點地隨之凋落在花的盡頭。他能怎樣呢？滿園的春色匆匆，不為任何人稍做停留，而更讓他惶恐的便是他的無能為力，甚至不能讓一朵花再延續半刻的生命，又如何留得住她的輕舞飛揚？

　　每一段過往都被銘刻在腦海深處，每一次憶起，傾瀉的總是過往的印跡，而斑駁了的卻是他的心情。當他執著著向回憶走去，惆悵便是他孤獨的情懷；當他打馬從寂寞路過，也就注定了將與她風雨蹉跎。相望無痕，多少的歲月在記憶裡疏狂，多少的孤獨在相思裡迷惘，不同的只是故事，相同的卻是那份不變的滄桑。

　　他只能用筆墨去描述，那時刻的風、那時刻的雲，還有那時刻她太遲太遲回顧時看到的滿園憔悴和傷悲。在那些枯萎了的花瓣脈絡裡，她只有細細地端詳，才能揣摩出他等不到她來時的無奈和傷悲，還有那些個數不清的溫柔和無悔。亦曾試著忘卻流下的淚水，卻猛然發現那是一個荒謬的錯誤，心若不死，即便忘記，也是撕心裂肺的疼痛。繁華落盡，他的孤寂仍在繼續，宛如一朵綻放在懸崖峭壁的雪蓮，扎根於孤獨的土壤，兀自生發著，又兀自豔麗著。花開空前的絢美，花謝絕後的爛漫，無論是花開還是花謝，都有一股潮溼的氣息在曾經流過的心海裡徜徉，終至化成他眼角一滴抱憾的淚珠。

　　湘靈，在愁緒萬端的季節裡，他又痴痴唸起她的名字。回憶裡那股經久不衰的馥郁的香氣，到此時已漸行漸遠，甚至再也嗅不到一點點當初的味道，而他心底漲開的寂寞卻依然孤獨於山水朦朧間，牢固依舊。光陰荏苒，歲月變遷，無論世事多麼艱辛，他從未任思念停止在季節裡旋轉，屬於他的寂寞，何日有岸？更是無法預言，也無從預知。面對殘酷的現實，他無力改變，所以每一次相思濤起的時候，便只能於幽靜的月夜，一個人

第12章　戲題新栽薔薇

靜靜坐在溪畔，看皎月懸空下的樹影婆娑；或於黃昏之時，一個人孤孤單單地佇立窗前，看落霞與孤鶩在斑斕的天幕下齊飛，任內心湧起一種孤絕的美……。

那一年，只是因為一個美麗的偶然，她便悄然來到他的身邊，他亦就此在她烏黑的髮梢前停留。可是，世間的繁華，卻阻礙了他們的相守，為了家族的聲譽，為了他的錦繡前程，在母親陳氏決絕的威逼下，她終於決然離去，徒留他帶著刻骨銘心的傷痛，在原地默默守候她的歸來，任思念如潮水洶湧，無處安放，也找不到回去的歸路。

想她、念她，頓時，心好疼，好痛。天意總是弄人，賦予了緣分讓他們相遇，卻又任他們被那情殤鞭笞得遍體鱗傷，怎不教人汗顏心碎！湘靈，倘或今生真的就此擦肩而過，永遠不再相遇，妳可曾記住我的溫柔一笑，又可曾記住符離城外風車下的頻頻回顧？他不知道，他無法替湘靈作出回答，儘管他明白湘靈永遠都不會把他拋諸腦後，但某些時候，他還是違心地希望她能夠把他忘了，因為唯有那樣，她才能得到應有的幸福。然而，人心又都是自私的，更多的時候，他依然希望她給予他回應，哪怕只是一個會心的微笑或是眼神的交會，也好過他一個人孤孤單單的等待啊！

湘靈，若我以愛的名義呼喚妳的歸來，妳可否會為我擦拭眼角的淚水？

湘靈，若我以愛的名義呼喚妳的歸來，妳和我可否會享受最美的人生？

湘靈，若我以愛的名義呼喚妳的歸來，妳和我還能回歸那曾經的快樂嗎？

湘靈，若我以愛的名義呼喚妳的歸來，是否世間的悲歡離合只會演繹成一段傳說？

想妳，不斷地想妳。思念在深夜裡、在空氣裡無限地蔓延。枕著妳的不捨和溫柔，想著那個桃花紅梨花白、草長鶯飛的人間四月天，還有妳曾

第4卷　長恨歌：在天願作比翼鳥

　　經給過的暖，再也無法成眠；含著對妳的愛戀與惦念，思念的寶塔在瞬間崩塌。此時此刻，好想聽聽妳的聲音、好想看看妳的臉，好想在妳溫柔繾綣的眼神中被妳緊緊擁入懷抱，讓往事在妳我眼前再次飛揚。然而，想像總是最美好的，但事實往往又是最冷酷的，對她的想念潮起潮落，卻是越清晰越傷痛、越熱烈越冷清。

　　夜幕下的他，依然還在等待，不管她是否歸來，他都將用最真的心，安撫她在人生路途中歷經的所有憂傷；孤單憂傷的他，依然還在等待，不管她是否歸來，她永遠是他心間最美麗最持久的眷念；淚眼模糊的他，依然還在等待，不管她是否歸來，她都是他心頭永遠不離不棄的牽掛。仰望蒼穹，寂寞空前潮漲，思緒游離，一絲傷感，再次襲入心間，連空氣中都瀰漫著淡淡的惆悵。五月的夜風微涼，而他就像掛在枝頭的最後一片樹葉，苦苦掙扎，卻逃不過飄零的淒戚。寒意一絲絲從皮膚滲進，漸漸布滿整個身軀，她不在，心已荒涼，即便思念再盛，血液又如何能夠沸騰？

　　冰冷終是連同眼角最後的漠意一同凝固在夜的靜謐中。當相思已成往事，依舊浮現在眼前的容顏早就不是當初的明豔，又有誰會執著在風中撫慰他這一生感性落魄的人生？不知為何，人總是習慣在失去的時候懷念最美麗的往事，又總是喜歡在夜深人靜的時刻傾訴最深層的愛戀，而他也不能例外。回首前程，任回憶裡充滿悲歡離合的遭遇，才發現，在歲月的坎坷路途中，沒有誰能為誰解愁，也沒有誰能拯救誰，唯有筆下飛舞的文字，能在惆悵裡感受著他不安情緒的同時，帶給他一絲絲的撫慰與鎮定。

　　抬頭，遠遠眺望著院中新栽的薔薇，思緒宛若灑在清水中的一滴新墨，隨著花開的聲音，暈開成一縷又一縷的漣漪。是孤獨、迷茫、失落，還是憂愁？花兒一片接著一片連綿地爭豔，醉人的芬芳在房間的每個角落蕩漾，而他心中的花海，早因沒有了陽光的照耀與雨露的灌溉，在盛春的月光中漸漸枯萎、凋零。花季未了，他的花海已是一片荒蕪，而等他閉上

第12章　戲題新栽薔薇

眼睛，唯一能感覺到的也是這片荒蕪，只不過多了些蒼白與空曠罷了。

愛到深處，曾經的傷痕一次次地被不經意地觸碰到，心，仍然鋪天蓋地的痛著。曾經以為自己會在經久的失落後徹底忘懷，即使不忘懷也會讓思念的底色變得越來越淡，卻不意到如今才發覺，這一切原來都是他心甘情願的自欺欺人。心，由始至終都是脆弱的，一次次的被傷害，已讓它結滿了一道道溝壑般的疤痕，怵目驚心。那些舊了的傷口雖然早就都癒合了，但疤痕仍歷歷在目，心也依舊清醒地痛著，無時無刻不在提醒他當初愛得有多深、疼得有多真。終於明白，原來時間只是模糊了日子，卻永遠都磨滅不了那種撕心裂肺的痛，所以他什麼也不想再去提及，只想憶著她的容顏，在薔薇花前，為那些冶豔的花兒，為她，寫下一首〈戲題新栽薔薇〉。一點點、一層層地，將那雋永的愛意，連同眼角的憂傷，一起埋進心底的最深處：

移根易地莫憔悴，

野外庭前一種春。

少府無妻春寂寞，

花開將爾當夫人。

——白居易〈戲題新栽薔薇〉

「移根易地莫憔悴，野外庭前一種春。」薔薇花啊薔薇花，他一邊打量著一邊輕輕踱向月色中怒放的薔薇叢，伸手撫著它們柔潤的花瓣，欣喜與惆悵的感覺同時襲遍周身。野外和庭前總是綻放著一樣的春色，盼只盼，剛從野外移栽至院內的薔薇莫要憔悴，年年歲歲、歲歲年年，都在他眼前盡情盛放。

湘靈，輕輕唸起她的名字，他又想到了那個遠在天邊的可人兒，眼前這嬌嫩的花兒何嘗不是湘靈少時彈吹可破的肌膚？只是，歲月的流逝早已

第 4 卷　長恨歌：在天願作比翼鳥

憔悴了她的紅顏，所有的美好都在一瞬間灰飛煙滅，讓他來不及轉身，便與失望撞了個滿懷。守候的目光裡氤氳起薄薄的霧氣，短暫而又蒼白的微笑過後，這偏冷的時光又被寂寞重新塗抹上灰暗的色調，令他怎麼也觸碰不到禪意的芬芳，終究還是無法一個人走完那一條春花滿徑的小路，而她遠去的琵琶音律亦在一場洞悉真相的殘酷裡頹然倒地，碎成了漫天的花雨。

「少府無妻春寂寞，花開將爾當夫人。」三十五歲了，三十五歲的他尚未婚娶，尚無妻室。凝神端詳著枝頭那一簇簇別樣的溫柔，心仍是渾渾噩噩、昏昏沉沉，卻不知枝葉上掛滿的一串串露珠可是他眼角飛過的淚珠。

夜，寂寞而又死氣沉沉地籠罩著整座城池，而他依然沒有忘記在心裡大聲喚她名字，儘管知道無邊的黑夜根本無法將他的心聲傳遞到她身邊，但仍舊相信睡在他心底的她一定能夠聽到，聽到他這一聲接著一聲的真摯的呼喚。他早已習慣就這樣靜靜地想她，雖然無法洞悉她是否能夠真切地感受到他濃濃的思念，更無法知曉遠方的她會不會在他想她的時候感到一種莫名的心動，他依然為這樣的想念充滿自豪與驕傲。

薔薇啊薔薇，你可曾讀懂我的憂傷、我的悲慟？她一天天遠去了，春也寂寞，月也惆悵。怕只怕，今日春來遲，明朝花謝早，小橋流水所尋的深巷舊夢，也都如雨中的柳絮一樣，盡在夢裡紛飛；怕只怕，風月無邊，花團錦簇，端的只是一種假象，當所有的樂聲都於風中停止的那一瞬，這一生也便要將這風中搖曳的花兒當作新娶的夫人了！

淚珠，滴落在思念氾濫的心湖，蕩起一圈圈波光瀲灩的漣漪，落在嘴角時卻愣的成了一道苦澀的記憶；歲月，從瘦了的指尖無情地滑落，直至被寂寞拋棄在雜亂無章的思緒後，才發現光陰的殘酷與刻忍。風起了、雲湧了、日昇了、月落了，這一顆孤獨的心有誰能懂，就像這滿枝的堆秀，

第12章　戲題新栽薔薇

等到春殘葉盡的時候，那明月清風又可否明白嫵媚的薔薇究竟為誰而紅？

他鄉的城池遍布滿腔的哀愁，站在記憶的街口，任多情的心瞬間放飛思念，此時的他是多麼想知道遠方的她正在做些什麼。是不是，也和他一樣，正充滿惆悵地站在某個不起眼的角落裡，痴痴地凝望著遠方的天空，一遍一遍地思念著他們一起度過的快樂時光？抬頭，微微的星光，靜靜籠罩著平淡的夜晚，因為想起遠方的她，這夜晚才變得浪漫而憂傷。多想回到曾經的日子裡，讓彼此的雙手纏繞成兩個心形，任手心緊攥的溫暖暈開她嘴角微笑的弧度；多想變成一隻鴻雁，飛抵她藏滿溫柔的懷裡，擁著她的溫暖，守候她的一生；又多想在這平靜如水的夜色中與她攜手相依，讓彼此的承諾在歲月的變遷中一起隨風慢慢變老……。

因為思念，心裡滿滿盛下的都只是她一個人的身影。可是她卻如萬里之外的月亮一般，離他是如此如此的遙遠，每每憶及，唯有在心中將她默默思念，卻永遠都無法走進她的內心。難道，這就是他想要的愛情，就是他追逐的清歡？如果這真的是愛，為什麼一直以來，他都只能站在她看不見的遠處靜靜守著她，看她的笑靨如花，看她的傷心難禁，遠遠地、遠遠地？

輕輕，伸手梳理著被風吹亂的頭髮，他開始真真切切地感受到她的氣息，那來自遠方的真實的氣息，可是他仍然無法把握那一份傾城的相思，無法擁她入懷，只好退而求其次地，將她一塵不染地放在心裡，永久地珍藏。佛說：「前世五百次的回眸，才換來今生的一次擦肩。」那麼，他可否用前世的一次擦肩，換來今生與她的五百次回眸？

俱往矣，一切的一切，轉瞬成空。薔薇是寂寞的、湘靈是寂寞的，頭頂那輪皎月也是寂寞的，而他的寂寞則是整個世界的空曠與荒蕪。寧靜的夜，清脆的鳥啼，朦朧的花樹，習習的春風，這清新淡雅的境界卻在深深

第 4 卷　長恨歌：在天願作比翼鳥

的寂寞後更令人回味無窮，唯一的遺憾就是少了她的盛情參與。究竟，是誰在亙古的孤獨中化作了一滴深藍色的眼淚，滴落在她澄澈的眼底，卻化不開她眉端依依纏繞的情結？究竟，是誰在她薔薇般的笑靨裡輕舞飛揚，卻又不知他夜不能寐的憂傷到底是為誰綻放的深情？答案只有一個，我不想說破究竟是誰，但我在千年之後，卻看到一個孤單寂寞的身影，正踏著那藍色的憂傷，在藍色的水湄，將那魂牽夢繞的藍色夢幻尋了又尋、覓了又覓。

Tips

　　西元 806 年，唐憲宗元和元年初。白居易與摯友元稹同時辭去祕書省校書郎的職務，客居長安華陽觀，同撰《策林》七十五篇，準備參加制舉考試。四月，二人「指病危言」，在科試中力抒己見，痛陳朝政弊端，深得主考官韋貫之欣賞，與元稹同登「才識兼茂明於體用科」，旋即被授盩厔縣尉。

　　從詩意判斷，〈戲題新栽薔薇〉仍是因思念湘靈有感而發的詩作。這一年，他已三十五歲，但為了抗拒母親陳氏反對他娶湘靈為妻，他拒絕成婚，依然是孑然一身。孤獨和寂寞折磨著他，唯只有寄情於花草，把花當作情人，於是便在創作於斯年的〈戲題新栽薔薇〉詩中直接喊出了的心聲：「少府無妻春寂寞，花開將爾作夫人。」

第 13 章　長恨歌

漢皇重色思傾國，御宇多年求不得。楊家有女初長成，養在深閨人未識。
天生麗質難自棄，一朝選在君王側。回眸一笑百媚生，六宮粉黛無顏色。
春寒賜浴華清池，溫泉水滑洗凝脂。侍兒扶起嬌無力，始是新承恩澤時。
雲鬢花顏金步搖，芙蓉帳暖度春宵。春宵苦短日高起，從此君王不早朝。
承歡侍宴無閒暇，春從春遊夜專夜。後宮佳麗三千人，三千寵愛在一身。
金屋妝成嬌侍夜，玉樓宴罷醉和春。姊妹弟兄皆列土，可憐光彩生門戶。
遂令天下父母心，不重生男重生女。驪宮高處入青雲，仙樂風飄處處聞。
緩歌慢舞凝絲竹，盡日君王看不足。漁陽鼙鼓動地來，驚破霓裳羽衣曲。
九重城闕煙塵生，千乘萬騎西南行。翠華搖搖行復止，西出都門百餘里。
六軍不發無奈何，宛轉蛾眉馬前死。花鈿委地無人收，翠翹金雀玉搔頭。
君王掩面救不得，回看血淚相和流。黃埃散漫風蕭索，雲棧縈紆登劍閣。
峨嵋山下少人行，旌旗無光日色薄。蜀江水碧蜀山青，聖主朝朝暮暮情。
行宮見月傷心色，夜雨聞鈴腸斷聲。天旋日轉回龍馭，到此躊躇不能去。
馬嵬坡下泥土中，不見玉顏空死處。君臣相顧盡沾衣，東望都門信馬歸。
歸來池苑皆依舊，太液芙蓉未央柳。芙蓉如面柳如眉，對此如何不淚垂。
春風桃李花開夜，秋雨梧桐葉落時。西宮南內多秋草，落葉滿階紅不掃。
梨園弟子白髮新，椒房阿監青娥老。夕殿螢飛思悄然，孤燈挑盡未成眠。
遲遲鐘鼓初長夜，耿耿星河欲曙天。鴛鴦瓦冷霜華重，翡翠衾寒誰與共。
悠悠生死別經年，魂魄不曾來入夢。臨邛道士鴻都客，能以精誠致魂魄。

第4卷　長恨歌：在天願作比翼鳥

> 為感君王展轉思，遂教方士殷勤覓。排空馭氣奔如電，升天入地求之遍。
> 上窮碧落下黃泉，兩處茫茫皆不見。忽聞海上有仙山，山在虛無縹渺間。
> 樓閣玲瓏五雲起，其中綽約多仙子。中有一人字太真，雪膚花貌參差是。
> 金闕西廂叩玉扃，轉教小玉報雙成。聞到漢家天子使，九華帳裡夢魂驚。
> 攬衣推枕起徘徊，珠箔銀幕邐迤開。雲鬢半偏新睡覺，花冠不整下堂來。
> 風吹仙袂飄搖舉，猶似霓裳羽衣舞。玉容寂寞淚闌干，梨花一枝春帶雨。
> 含情凝睇謝君王，一別音容兩渺茫。昭陽殿裡恩愛絕，蓬萊宮中日月長。
> 回頭下望人寰處，不見長安見塵霧。唯將舊物表深情，鈿合金釵寄將去。
> 釵留一股合一扇，釵擘黃金合分鈿。但教心似金鈿堅，天上人間會相見。
> 臨別殷勤重寄詞，詞中有誓兩心知。七月七日長生殿，夜半無人私語時。
> 在天願作比翼鳥，在地願為連理枝。天長地久有時盡，此恨綿綿無絕期。
>
> ——白居易〈長恨歌〉

　　緣分，是這世間最神奇、最傳奇也是最令人魂牽夢繞的字眼，雖讀來平淡無奇、質樸普通，卻又充滿了瑰麗的浪漫主義色彩，只要經歷過紅塵的男女，無不被這兩個字吸引住目光，並為之深深地沉陷，或歡喜、或悲傷、或謝天謝地、或呼天搶地。

　　緣來緣去緣如風，緣深緣淺幾人同？紫陌紅塵、黃泉碧落，前世今生的感動裡，無不糾纏著緣分二字。到底，情愛的天地裡，什麼是對？什麼是錯？莫非所有的牽連只與那兩個字眼相關？如若是，倒也不用說什麼善緣孽緣，更不必糾結究竟是誰辜負了誰，因為看似的正確與錯誤根本從來都由不得哪個人的主宰，不是嗎？那麼，便要拿這做了理由，忍心棄她而去嗎？

　　不，那不是他想要做的，如果他們之間注定是一段孽緣，如果和她的

第 1 3 章　長恨歌

別離是緣分的注定,那麼他寧可從來都不曾聽說過緣分二字,也不想去理解它的意義,只打定主意,去勇敢追逐他想要的幸福和要給她的歡喜便是了。可是,緣分真會因為他的忽視與不理不睬就不存在了嗎?不論擷取生活中的哪一個片段,都會毫不例外地發現,每個人都在有意無意地提到緣分二字,幸福因為它、歡喜因為它、悲傷因為它、痛苦因為它、成功因為它、落寞因為它,茫茫人海,這兩個字已經成了人們最熟悉的梵語詞彙,甚至早已滲入所有人的骨骼肌膚,任憑怎麼用力,也無法將之剔除,即便知道自己終將面臨的是一段充滿錯誤的孽緣,也不願與之劃清界限。

這是緣分的魅力,更是緣分的誘惑,也反映了人們在緣分天定的桎梏中無力抵抗只能消極以待的心態。不就是一個佛家術語嘛,難不成他白居易還能被它打倒不成?什麼緣分?什麼善緣孽緣?通通都是騙人的好不好!他才不要相信什麼緣分,他只相信自己的愛不會被任何煩雜的世事干擾影響,只相信這滿腔的情深不悔只有湘靈一個人配得起,只相信執手相對、白首偕老的愛情才是人世間最美的聖經。可是,這些相信為什麼卻不能兌現成一紙她想要的婚約?而他的誓言又為什麼總是不能帶給她一份永遠的安然與妥貼?難道這還不是自欺欺人嗎?說什麼他們的愛情不會受到世事的干擾影響,這樣的鬼話連他自己都無法相信,又如何教她相信?從始至終,他和她的愛情就不斷遭受著母親的干涉,遭受著緣分的掣肘,不是嗎?

緣分、緣分、緣分!為什麼兜兜轉轉繞了好大一個圈子後,他還是不能逃出這兩個字的禁錮?回過頭去,看芳草連天、看青山綿延,他心有餘悸,卻是依然不甘!難道,今生今世裡,他和她真的也被緣分二字下了詛咒嗎?看來,他是中了愛情的毒、中了緣分的蠱了,如果一切都是天注定,人力無法改變,那麼與她擦肩而過後,今生累積的所有痴纏更與誰人說?莫非,要他帶著一切的祕密埋進墳墓嗎?

第4卷　長恨歌：在天願作比翼鳥

　　紅塵若夢，問世間幾人能參透？豈不知，花開花落自有時，一切的一切都有既定的規則。每一季花開花落，冥冥中總在給予人們暗示，不必歡喜，也毋需憂慮，坦然面對塵世間的一切變數便好，可是愛情並非花開花落，它關係著當事人的喜怒哀樂、悲歡離合，又怎好冷眼旁觀？可嘆，滾滾紅塵裡的痴男怨女，總是眼被情障，不由自主地繫心於錦繡花事，任心思纏綿，迴環往復，只一個「緣」字，便縛住了終身，卻不知，人世間的邂逅，從來都如煙似夢，緣來緣去皆如風，時間到了，即便再怎麼難捨難分，也無法逃開蒼天的清算。

　　緣來，如花朵初綻，每一瓣花瓣都寫滿青澀，卻又深貯希望。茫茫人海，該如何才能藉著緣來的機會與她再度相逢，把歡喜的淚水張揚在激動之後？佛說：「擦肩而過，亦是前世因緣。」為什麼他和她卻只修到了今生的擦肩而過？是前世不夠虔誠，還是這一生的離別與承受的所有痛苦都只是為來生的長相廝守做下的鋪陳？想來，世界之大，人繁如草，草尚有風為媒，哪怕相隔千里，風依然可以傳情達意，聰慧如人，如果時空阻隔，卻是相見無期、相思無憑，只能迎風灑淚，既如此，倒不如祈求來生做一株小草的好！

　　緣去，如風掃落葉，縱使百般呵護，百般憐憫，千般的捨不得不甘心，情緣亦會自動凋落，不會因為任何人的牽絆而稍做停留，亦不會曲折委婉地給予提示與忠告。世間的事，總是充斥著太多的變數，最後會以怎樣的面目呈現，根本不是人力所及，即便情深似海，也會覆水難收。回眸，秋風已冷，寒露更深，極目遠眺間，山已添了蒼涼，水亦添了初寒，卻是山色空濛水新奇，叵耐還是留不住一絲一毫的溫存。情難再，人依舊，這一顆不變的真心又該到何處再去尋覓青春的足跡？嘆人生如風，即便一路走下去不是蕭瑟的秋，又可曾重逢昨日的春花嫵媚？逝去的便逝去了，未曾逝去的也終將逝去，那麼，得之何幸，失之又何憾？然而，終究還是無法

第13章　長恨歌

　　走出心的桎梏，都說緣分天注定，緣來喜相聚，緣去且放開，可是心底積澱的這份濃濃的情感依舊黏膩得化不開，卻教他如何捨得丟棄？

　　一聲聲珍重，都緣自離別的惆悵。莫非，等昨日的芳華通通付諸嗚咽的西風，痴情的人兒卻只能任由多情的淚水不分晝夜地滂沱在蒼白的面龐上嗎？恨只恨，緣來緣去緣如風，緣聚緣散太匆匆！愛情的花還未凋落於心海，緣卻已經悄然逝去，怎不惹人愁腸百結？滿腹的深怨，不為瓢潑的風雨、不為無情的流年，只為這一句難耐的情深緣淺。難道，無論愛得多深多久，世間的紅男綠女都無法擺脫這一個看不見、摸不到的緣字嗎？緣的真相到底是什麼？為什麼竟有著如此巨大的魔力，不僅可以左右人們的聚散離合，還能左右人們的喜怒哀樂？！

　　都說是聚散天定、離合難期，可是他偏偏不信這個邪，只要兩顆心彼此抵近，難道還怕這莫須有的緣分二字不成？緣分到底是什麼，不是誰也說不清道不明的嘛，除了佛經上的記述，有誰親眼目睹過它的存在？又有誰和它說過半句的話、作過哪怕是一秒鐘的交流？不，沒有，從來都沒有！緣分就是個虛擬的詞語，總是被藏在見不得光的角落，需要它出場的時候才會被文人騷客們拿來鋪敘一些似是而非的情懷，如若它真的存在，又為何沒有勇氣走出來與他面對面的辯論？

　　如果這世間所有的事都由一個看不見、摸不到的緣分在背後操縱主宰，那麼所有的真情豈不都是一場刻意的欺騙與演繹？而他滿腔的深情也不過只是一種空洞的虛無與荒繆？想想就覺得世事的真相實在可怕，可是萬一這一切都是真的呢？雖然沒有人見過緣分長什麼樣，可同樣也不能證明沒見過便不存在了啊！到底，這世上有沒有緣分？緣分是不是掌控著人世間所有的聚散離合？他一下子也被搞糊塗了。早知世事無常，又何必相識相知？既已相愛，為何又會緣去如風？不管人世間究竟存不存在緣分二字，那都不是最重要的，重要的是，即便世間的情感都由緣分主宰，他也要用

第4卷　長恨歌：在天願作比翼鳥

這滿腔不變的深情去感動上天，讓它成全他和湘靈的結合，不要再折磨他，也不要再惹她悲傷。

以為，自己用心去祈禱了，便會打動那位心腸堅硬的老天爺，給他們一直想要的幸福，誰知道兜兜轉轉、磕磕碰碰後，收穫的卻還是一切成空！莫非，他與她真的緣盡今生了嗎？已經很久沒得到她隻言片語的消息了，也不知該去向誰打聽，只好讓心沉浸在寧靜的夜裡，於微微吹過的風中悄悄為她守候，無需太多言語，也無需任何眼神的交會。既然一切都由天注定，那就靜靜地等待上天為他們作出的最後的安排吧！

期待了那麼久，終於，她的腳步在他繽紛的夢裡娉婷而來，那一瞬，他潸然落淚。這樣的幸福來得有些突然，沒有經歷任何的掙扎與爭取，所以等他從睡夢中醒來的時候，嘴角依然掛著淡淡的笑意，似乎一眨眼便忘卻了前塵往事裡的苦與痛，只安之若素地把自己的心輕輕安放在一個平靜的國度裡，一個人悄悄地歡喜又悄悄地神傷。也許已經忘了，紅塵之外，那個為他執著守候的女子，是以怎樣的心情，默默坐在一個人的窗下為他祈禱如花的前程；也許已經忘了，他們擁有的歡愉，透過最深的思念，把痴情撒播在深秋的季節裡，隨她的身影瀰散，讓陽光始終透著溫暖⋯⋯而唯一記住的只有她如花的笑靨，還有他歡喜的表情。

那些回不來的陳年舊事，終不過只是一場短暫的夢而已。遙遠的未來，還在繼續，盼只盼，能夠在思念濤起的日子裡，像從前那樣握緊她的雙手，在最深的季節裡再次相擁，無需太多言語，就讓那飄渺的琵琶弦音穿透厚重的往事，貼著流水的聲音一步一步走近彼此戀慕的心，將那滿腔的不得已與不甘心都永遠地掛在明月浸染的樹梢上吧！

唉！他輕輕地嘆息。緣來緣去，自古以來，那些有緣的人兒可曾都長相廝守，但如果無緣又安能相伴左右？情深緣淺，無情的人自然不是真英

第13章　長恨歌

雄，可是自己這有情的人，滿腹的相思倒又要付諸流水，只能在深情中做一個無人喝采的懦夫，到底是該怪緣分不肯成全，還是要怪自己不能堅持？秋風蕭瑟，站在堤畔眺望遠處的風景，看滾滾長江東逝水，載著落葉隨波遠去，奔流到海不復還，心，禁不住微微地顫抖。卻原來，自己還不如那些落葉勇敢，無論在前方等待著的是些什麼，它們都鼓足了勇氣一往無前地向前衝刺，可是自己每次遭遇重大抉擇的時候都選擇了退避與沉默，這樣的一個他又如何配得上湘靈對他的滿腹痴情？

　　究竟，什麼時候，他才能衝破重重的桎梏，勇敢地與她牽手，不再顧慮任何人的態度，也不再為他人的閒言碎語而糾結徬徨？靜夜沉思，如果人能夠活得像江水一樣瀟灑自在、恣意縱情，一抬眼，只見輕舟一帆影，卻永遠看不到四季輪迴的殘酷，該有多好。然而，現實的世界卻是殘忍而又冷酷，輕輕一個回首，先前落入眼簾的那一叢奼紫嫣紅，便由嬌豔的春花變作了淒冷的落紅，而感情亦同，再深的情，經歷了過多的人世變遷，也會變得面目全非。

　　緣來緣去緣如水，花開花落終有時。花已殘，人空瘦，即使滿腔的深情不移，又能如何？她不在，錦繡成堆也明媚不了他眺望的目光，月下獨酌的不僅是他一個人的孤單，還有流雲千丈的寂寞，而那夢中幾度翩躚的身影，再怎麼歡喜，也舞不起那一片曾經的清影。不需懷疑，亦不必追問，緣來如水，沒有任何的理由，也容不下絲毫的解釋，就那樣，在注定的時間裡，他們注定地相遇，片刻的凝眸便書寫了曠世的傳奇，無論接下來遭遇的是長久的歡愉還是漫長的煎熬，都已無力改變。然，情緣總是可遇不可求，紅塵之中，相逢者眾，相知者少，卻又是怎樣的機緣，恰能在最好的時間相遇，又恰能在注定的聚首間彼此相惜？或許，這也是個無解的難題，緣來如水，只有兩心知，他人又怎能窺破其間的玄機？

　　嘆華年易老，轉眼便成蹉跎，短暫的歡愉過後，留下的便都是遺憾與

第4卷　長恨歌：在天願作比翼鳥

　　傷感，一任他淚流到天明，怎不惹他撕心裂肺的痛？滾滾紅塵裡，能有幾人可以做到面對所有的事都能夠一笑而過？不以物喜，不以己悲，這八個字對他來說，太難太難，終不過是一曲無人能譜的上古神話而已！緣斷緣續唯天定，緣起緣滅終成空，為什麼，這一段痴纏的戀情偏要由那來去捉摸不定的緣分來主宰？

　　人生無奈，緣來如水，緣去亦如水，當百花凋落、水流枯竭，這深不見底的痴情又該如何取捨？其實，一切的一切即便不是定數，也由自己的修為決定，如果曾經不再、舊情已遠，又何必怨緣去如水？彼此走遠了，便丟開那些鬱結的心事不就好了嘛，為什麼還要惦記著曾經的付出、曾經的擁有，總是放不下又提不起？往事再美，已飄離心海，緣分天定，勉強亦是水中撈月，更何需一嘆再嘆？情緣如水，如水的柔情，總是倏忽間便淹沒了眾生，漫漫紅塵路，難逃愛與恨，縱能參透玄機，終跳不出一個緣字，糾糾結結、纏纏繞繞、牽牽絆絆，實在是不該！

　　想起和她初識的季節，還記得那晚的月亮很圓、很亮，而她遠遠向他走來，宛如月宮中的仙子般空靈飄逸，歷經磨難後依然保有一顆純真的童心。也許正是她的單純可愛吸引了他，讓他在不知不覺中深陷其中而不自知。她就像那飄香的美酒，存放的時間愈久愈加清芬，只一個回眸，就將他的整顆心兒輕而易舉地偷走。或許，前塵的糾葛裡，他曾過境她的刀山、獨舞過她飄零的傷，所以今世裡，他才在她面前婉約成一朵靜默的荷，在如火如荼的夏日裡，日日訴說著蓮的心事。然，遠去的她卻無視他的芬芳，在彼岸悄然站成了一道他永遠都無法觸手可及的風景，一任他心底那首悲涼的歌，只能默默地唱給那些隨風飛舞的蘆花聽。

　　湘靈啊湘靈，如果早知道無法把妳忘記，蓮葉亭亭時，我絕不會豐姿綽約一整個荷塘。妳可曾知，當螢火蟲不知疲倦地獨自唱響雲歌的時候，我獨自搖曳、芬芳不息，日復一日地抗拒著秋的來臨，只是為了，為了五百

第13章　長恨歌

年前妳那一眼多情的凝望？當妳望著殘陽流下傷情的淚水，借一把餘暉將溫柔的靈魂凝注成我筆下一首最動人的詩篇之際，窗外的殘荷則帶來細碎的雨聲，飄搖在無月的夜裡，瞬間便斑斕了我眼底最美麗的夢。夢中的我在亙古的永恆裡譜寫著那不老的戀曲，而妳，卻古老得一如洪荒裡那個遙遠的故事⋯⋯。

於是，便憂傷著在佛前祈禱，祈禱佛祖讓我來世化作妳腕上的佛珠一串，當梵音響起的時候，默默地等妳，一顆一顆地將我數落。然後，三生三世的糾葛牽絆，便如同浮光掠影般在滾滾紅塵裡悄然上演，帶來了很多歡喜，也帶來了很多悲傷，直到雁過長空的時候，我聽見風在水面上悄悄地說：「忘過，忘過⋯⋯」才記起我們當初的緣起，可是一切都又來不及挽回了。

那夜的星空璀璨絢爛，我卻無法讓記憶如雲煙般消散在看不見的塵埃裡，也無法像那無拘無束的風，在時光裡輕盈地走，兩手空空，無牽無掛，更無法讓相思蹣跚著走向終點。所以我依然只能選擇沉寂在靜止的時空裡默默地等，而當我終於等到妳的出現時，妳卻在我身旁徘徊遲疑。於是，我便又在妳的徘徊遲疑裡靜靜地枯萎凋謝。妳不會明白，在那不甘又不得不模糊的花瓣脈胳裡，隱匿了多少妳讀不懂的心事，更不會明白，我對妳的用情到底有多深。妳啊妳，錯過的不止是一個長長的夏季，還有那個迷人的夏日裡，蜻蜓在荷尖旖旎的絕世美麗！

當清晨第一陣雷聲轟隆隆地滾過他孤獨的窗前時，他還在斷斷續續的夢境中輾轉。這乍然響起的雷聲恍惚間顯得有點陌生，而那雨想必是已經下了許久了，可是它到底起於何時，他也弄不清楚，或許在夢剛剛開始的時候，也或許在夢境快要結束的時候。不過，它碎碎的腳步從深夜一直趕到黎明，廊簷下的空階上該又是一地溼痕了吧？起身披衣，窗外漫天的雨簾在他疲憊的眼前爭先恐後地訴說著細細密密的心事，他卻無意去聽，也

第4卷　長恨歌：在天願作比翼鳥

不想去理會，更不關心它們究竟自何處來，又將去向哪裡。

到底，是雲的刻意，還是雨的決然，才讓他一再把她想起，欲罷不能？漫無目的的徘徊中，那恍然失重的腳步裡可曾染了別離的寒意？他，不曾問過，它們亦不曾作答。僅僅隔著一扇窗戶，他與它們漠然對視，時緩時急的雨滴在地上濺起無數的漣漪，散開聚攏又重新被開啟，如這次第的心事，卻不知道是該放肆鋪排還是該悄悄收斂。

昏暗的天空有冷冷的風直接掠過，深秋的風看似溫柔，卻是暗藏心機，那些飄搖的葉子，它們歡快的低吟或者微醉的舞蹈是不是都只因為風的忘情呢喃？然而它們又哪裡知道，那些附在耳邊的甜言蜜語終不過是風編織過無數遍的謊言而已，又如何當得了真！不知不覺中，他已走到了瓢潑的大雨中，冰冷的雨水打在身上，更打在他的心上，那搖搖欲墜的心，被撕扯得支離破碎，沒有一絲完好。儘管如此，他依然在痛不可當的撕心裂肺中不斷提醒著自己，不能哭，千萬不能哭！於是，強忍著心傷，最終違心地告訴自己已經不再愛她。可是，淚水卻不斷湧出，又在雨水中默默融去，他已經分不清滑過臉龐的究竟哪些是雨水哪些是淚水了，就像不知道他這般愛她到底是對還是錯一樣。

湘靈，妳到底在哪？為何不肯出來見我？狂風暴雨中，他聲嘶力竭地喊她的名字，卻是緣起緣落緣已盡，落葉凋零情難尋。雨仍在瘋狂地下，彷彿要沖刷乾淨誰的靈魂，是他的嗎？為何他的心這般悽絕痛楚？湘靈啊湘靈，如果早知道無法把妳忘懷，落楓無言瑟瑟了半江秋水的時候，我就不會把相思鎸刻在紅葉上，只任一葉飄零，以最快的光速穿越千層浪波，在所有可能和不可能的歲月裡，為妳繾綣起一個個最纏綿的秋季！

知不知道，當江面上的月華終於溫柔地浮現、當妳終於把我的相思和等待緊擁成眠、當微風輕輕吻著妳我多情的眸光、當妳終於含淚低喚著我的

第13章　長恨歌

名字，所有等不到妳的憂傷便會在頃刻間如雲煙般消散？然而，寂夜依舊悵然，在他無奈成長的歲月痕跡裡，她還是沒有來到他的身邊，他又如何能夠淡然面對這一切情非得已的傷？盼只盼，當他如飄零的落葉墜入寒江的時候，她可以俯身拾起那些散落的音符，和淚把他所有的憂傷串成一段動人的樂府，把這段沒有開始也沒有結局的故事譜成一闋美麗的相思曲，一任他在淡月星稀的時光裡踩著她的詩行低徊著她的愛，在如水的月色裡輕吟起只有她才聽得懂的心曲。然，這大概也只能是他鏡花水月的期待吧？

一天天的守候、一天天的等待，他依然固執地沉溺在她的疼痛裡，溫柔徘徊著不肯離去。終不知如何向她描述，那時的風、那時的雲，還有那時的清風朗月裡，他滿裹的這一身無奈的憂傷和美麗。終於明白，相愛不過是一場夢，夢醒了，便又要回到痛心疾首的現實裡，在冷酷與殘忍裡學會接受一切的該與不該。到底，該如何才能將她忘懷？他不知道，也不願去深思，只好在友人太常博士陳鴻、隱士王質夫的陪同下，前往馬嵬驛附近的仙遊寺遊山玩水，企圖將那心中鬱積的憂傷和惆悵默默排遣。

馬嵬驛，那是唐玄宗的愛妃楊玉環自縊身亡的地方。貴妃已逝，卻在世間留下一段悽美的故事，空令後人嗟嘆。三人同往仙遊寺，自然無法不談及玄宗與貴妃的情愛舊事，王質夫更是鼓勵白居易用他筆下雋美的詩文將那段漸被塵封的紅顏往事記錄下來。

「樂天乃深於詩、多於情者也，試為歌之，何如？」王質夫望著一臉憂鬱的白居易輕輕笑著。

「我？」

「要替大美人楊玉環著文賦詩，當然非樂天兄的一枝生花妙筆莫屬。」陳鴻也嘻嘻哈哈地附和著，「要再不把這段故事記錄下來，恐怕那段令人生憾的情事便要隨著時間的推移被歷史的塵埃淹沒了！」

第4卷　長恨歌：在天願作比翼鳥

「可是⋯⋯」白居易蹙了蹙眉頭，想起湘靈，這個時候，他實在沒有心情為那為已死去經年的楊貴妃賦詩作文。

「還什麼可是不可是的？」王質夫繼續慫恿著，「楊玉環是在馬嵬坡自縊身亡的，從此與玄宗皇帝有情人陰陽相隔，無法再聚，著實引為恨事，不如這首詩就叫做〈長恨歌〉吧？」

「長恨歌？」陳鴻仔細咀嚼著這三個字，不無得意地點點頭說：「嗯，就叫長恨歌吧！樂天兄，我們就根據明皇與楊貴妃的故事來演繹一段文壇佳話，如何？」

白居易不解地盯一眼陳鴻：「大亮兄，你的意思？」

「當然是你來作詩，我來寫傳奇了！詩就叫〈長恨歌〉，傳奇自然就叫做《長恨歌傳》了！」

「好！好！」王質夫望著他二人，興奮地拍著巴掌說：「樂天作詩，大亮做文，真是天人之合、妙不可言！怎麼樣，樂天，難不成這一曲〈長恨歌〉就把你難倒不成？」

「楊玉環，長生殿；長生殿，楊玉環⋯⋯」白居易望著陳鴻與王質夫痴痴唸著，眼前閃過的卻是湘靈豔如桃花的面容。

身邊的遊人匆匆走過，漫天黃葉飄落，將轉角處僅有的一絲溫暖蓋過。秋風瑟瑟，冷冷地吹打在身上，又讓他埋藏在心底的悲傷瞬間湧上心頭。都說愛情是一個圓，一個人代表一個弧，兩個弧走到一起就是一個完美的圓，然，於千萬人之中、於千萬年之中，在時間無涯的荒野裡，竟不知有多少個弧正渴望著與另一個弧相遇，那麼，他的另一個弧現如今又藏到了哪裡？

沒有四射的光華、沒有刻意的修飾，也沒有迭蕩起伏的情節，他和她的邂逅，亦如明皇與玉環的初見，卻代表了世間所有的開始、所有的結

第13章　長恨歌

局……。其實，茫茫人海中的相遇，便是一份難得的緣，還記得那一年、那一月、那一天，即使痛過哭過也始終是他腦海裡最清晰的回憶，而這一切，只因為有她相伴、有愛相隨。

愛情在思念之間，緣分在聚散之間，總是半點由不得人；相識在美麗之間，記憶在過往之間，總是無法隨心所欲地把握。在那些過去的記憶裡，分明還烙印著相識時的美麗，儘管走過青春的季節、穿過清晰的過往，歲月已不再是當初完整的印記，生活也增添了蕭瑟悽楚的經歷，但她依然是他腦海中最美的等待。往日的點點滴滴總是在記憶中偶爾泛起美麗的漣漪，倏忽間，一個不經意，誰也預料不到會在哪裡，輕輕一翻便又翻開過往的記憶裡，那些隱約可見的，被時間高高擱置起來的往事，而所有的甜蜜與悲傷都會藉機發洩，讓陷身其間的人很難在很短的時間內輕易理出一個頭緒來。

沉浸在往事的追憶裡，他能夠清晰地感覺到歲月在流光中不間斷地遠去，而所有的故事都變得越來越朦朧，儘管情節早已斑駁，思念的心卻從未曾更改。唐明皇與楊玉環早就與這世界失之交臂，而他與她亦是漸行漸遠，找不見來時的歸路。或許是時間太過遙遠，有些東西是不是能夠遺忘，根本由不得自己，也許有一天，時間終會淡化所有的過去。只是，在不經意間心酸地想起時，會不會也是另一種悲哀？

轉身，亭中青石畔，王質夫已為他鋪好紙箋，陳鴻也替他擺開了上好的硯墨。他輕輕舉起從袖中抖落而出的羊毫筆，牽引著美麗的思念和傷感，飽蘸上濃墨，在那透著朦朧香氣的花箋上輕輕一點，只一袋煙的時間就寫出一闋驚天動地、纏綿悱惻的敘事長詩〈長恨歌〉來：

漢皇重色思傾國，御宇多年求不得。

楊家有女初長成，養在深閨人未識。

第4卷　長恨歌：在天願作比翼鳥

天生麗質難自棄，一朝選在君王側。
回眸一笑百媚生，六宮粉黛無顏色。
……
承歡侍宴無閒暇，春從春遊夜專夜。
後宮佳麗三千人，三千寵愛在一身。
金屋妝成嬌侍夜，玉樓宴罷醉和春。
姊妹弟兄皆列土，可憐光彩生門戶。
……
風吹仙袂飄搖舉，猶似霓裳羽衣舞。
玉容寂寞淚闌干，梨花一枝春帶雨。
含情凝睇謝君王，一別音容兩渺茫。
昭陽殿裡恩愛絕，蓬萊宮中日月長。
……
臨別殷勤重寄詞，詞中有誓兩心知。
七月七日長生殿，夜半無人私語時。
在天願作比翼鳥，在地願為連理枝。
天長地久有時盡，此恨綿綿無絕期。

──白居易〈長恨歌〉

「漢皇重色思傾國，御宇多年求不得。楊家有女初長成，養在深閨人未識。」唐明皇與漢武帝都是以好色聞名於世的帝王，為覓得傾國傾城的李夫人，漢武帝費盡心機，而楊家剛剛長成的女兒玉環卻是養在深閨之中無人能識，只能靜守樓臺，獨對一輪明鏡暗自嗟嘆。

　　捧著墨跡未乾的詩箋，他輕輕淺淺地嘆，李夫人與楊貴妃都是國色天

第13章　長恨歌

香的絕世佳人，自然美得無處可藏，總有發光發亮的一天，一朝飛上枝頭作鳳凰。而他珍愛的湘靈，雖也長著娟好嫵媚的面容，卻始終得不到母親陳氏的青睞，就像那埋在土中的珠玉，永遠無法放射出耀眼的光芒，無法令人側目。

「天生麗質難自棄，一朝選在君王側。回眸一笑百媚生，六宮粉黛無顏色。」楊玉環自是天生麗質難自棄，所以最終被選作明皇的妃子，終日相伴在側。貴妃的美，美得驚心動魄、美得無以復加，甚至一個淺淡的回眸笑靨亦能百媚叢生，令六宮粉黛見之都覺無色。

世間真有這樣的絕世美人？答案是肯定的。在他心裡，湘靈就是這樣一個冰清玉潔、麗質天生的佳人，只可惜，她未曾生在豪門大戶家中，別說是被選入宮中為妃，就連嫁作他白居易的妻也是阻力重重。同樣是絕代的佳人，為什麼命運卻是如此不同？為何楊玉環就可以錦衣玉食、夜夜笙歌，湘靈就只能守在符離城外的小村院落裡為她思念的男子傷心落淚，日復一日、年復一年？

想著湘靈、夢著湘靈，他用唯美浪漫的筆觸，在詩文中描繪了楊貴妃的傾城之貌，亦寫盡他滿心滿心的失落與傷感。貴妃進宮後因有美色而得專寵，不但自己「新承恩澤」，而且「姊妹弟兄皆列土」。因為美貌，她享盡人間榮華富貴，與明皇日日縱慾、夜夜行樂，整日整夜沉湎於歌舞酒色之中，最終釀成安史之亂，只是「漁陽鼙鼓動地來，驚破霓裳羽衣曲」。

明皇的迷色誤國，是直接導致他與楊貴妃「長恨」的內因。安祿山率軍攻向長安城，明皇帶著後宮眷屬倉皇出逃，歷盡艱辛，也令他們的愛情遭到毀滅性的打擊。「六軍不發無奈何，宛轉蛾眉馬前死。花鈿委地無人收，翠翹金雀玉搔頭。君王掩面救不得，回看血淚相和流。」馬嵬坡，六軍不發，要求處死楊貴妃的聲浪一浪高過一浪，是將士們憤於唐明皇的迷

第4卷　長恨歌：在天願作比翼鳥

戀女色、禍國殃民。

　　只是，國家的興衰又與那個女人有什麼關係？楊貴妃充其量只不過是政治角逐棋盤上的犧牲罷了，正如他的湘靈，出身微賤又哪是她自己的錯？她們無從選擇，亦無法選擇，在即定的命運面前，誰人都無從更改什麼，也無力改變什麼，就算君臨天下的唐明皇亦無法保護得了他痴痴迷戀的女人。想著明皇與楊貴妃的情傷，他的眼角有了渾濁的淚水，竟不知到底是在為遭遇變故被逼自縊的楊玉環心痛，還是為在符離靜守深閨的湘靈悲愴了！

　　楊貴妃的死，讓她和明皇的愛情釀成一齣悲劇。「黃埃散漫風蕭索，雲棧縈紆登劍閣。峨嵋山下少人行，旌旗無光日色薄。……遲遲鐘鼓初長夜，耿耿星河欲曙天。鴛鴦瓦冷霜華重，翡翠衾寒誰與共。悠悠生死別經年，魂魄不曾來入夢。」他潸然淚下，彷彿看到失去楊貴妃後的唐明皇心底蘊結的那股揪心的「恨」，便用酸惻動人的語調，宛轉描述了明皇的悲慟之情：貴妃自縊後，形單影隻的他在蜀中的寂寞悲傷；還都路上，不斷地追懷憶舊，行宮見月、夜雨聞鈴，只是一片「傷心色」、「斷腸聲」的悽絕；長安收復回朝時，重過馬嵬坡，「不見玉顏空死處」的悲愴；以及回宮後，睹物思人、觸景傷情，放眼望去皆是物是人非事事休的種種淒涼感觸。字字句句，寫盡纏綿悱惻的相思之情，使人讀來更覺蕩氣迴腸。

　　失去了湘靈，他的痛苦何嘗不比失去楊貴妃的唐明皇更加撕心裂肺？湘靈。舉頭悵望長空，他深深地嘆，又將她的名字在心裡唸了千遍萬遍。此時此刻，真的好想告訴她，對她的愛從未遺忘、對她的情從未冷卻、對她的戀從未間斷，可是，遠在千里之外的她還能聽到他發自心海的呼喚嗎？

　　流星劃過天際，留下瞬間的美麗，只是他還留在原地，品味著一個人的孤獨。問世間情為何物？直教人生死相許。紅塵漫漫，前路茫茫，幾許

第13章　長恨歌

相思、幾多痴情，生生死死中，可曾聽見諸多哀婉的感嘆？從古至今，究有多少痴男怨女身陷其中、難以自拔，又有多少人為情生、為情死、為情痴、為情狂？或許，明皇和楊玉環如是，他和湘靈如是，世間愛得真、愛得深的痴情男女亦如是。

「臨邛道士鴻都客，能以精誠致魂魄。為感君王展轉思，遂教方士殷勤覓……七月七日長生殿，夜半無人私語時。在天願作比翼鳥，在地願為連理枝。天長地久有時盡，此恨綿綿無絕期。」唐明皇對楊貴妃相思不盡，於是效仿漢武帝，找來道士尋訪佳人芳蹤，忽而上天、忽而入地，「上窮碧落下黃泉，兩處茫茫皆不見」。後來，誠心終於打感動上蒼，楊貴妃以「玉容寂寞淚闌干，梨花一枝春帶雨」的形象出現在海上虛無縹緲的仙山上，殷勤迎接大唐使者，含情脈脈，託物寄詞、重申前誓，進一步深化渲染出「長恨」的主題。

「情」之一字的宣洩，在白居易的筆下，在〈長恨歌〉裡早已超脫於帝王妃子間的感情糾葛，而更多地帶有他個人的主觀理想，敘事情節亦超出史實範疇，將主觀願望與客觀現實中的矛盾衝突表現得一覽無遺。

寫唐明皇，就是寫他自己；寫楊貴妃，亦是描摹他深愛的湘靈。從響應陳鴻和王質夫的提議，在花箋上落筆寫下「漢皇」二字之際，他便知道，筆下的佳人不會只是那個遠去的楊玉環，而更多突顯的卻是守在符離山水間嗚咽著的湘靈的影子，以及他們愛而不能的苦衷。末尾「在天願作比翼鳥，在地願為連理枝。天長地久有時盡，此恨綿綿無絕期」四句，是從他寫給湘靈的那闋〈長相思〉詩中之句「願作遠方獸，步步比肩行。願作深山木，枝枝連理生」蛻變而來，既點明題旨、回應詩首，更是他對愛情的嘆息與疾呼，是對於愛情受命運播弄、被政治倫理摧殘的痛惜，此恨之深，已超越時空而進入無極之境，讀來清音有餘，給予人無限回味的餘地。

第 4 卷　長恨歌：在天願作比翼鳥

　　紅塵如夢緣如水，人來人去人何從？紅塵如夢，情難永遠；水過有痕，縱使緣盡，心海卻總有潮生。是的，與其說〈長恨歌〉是一幕描述唐明皇與楊貴妃的愛情悲劇，倒不如說是白居易與湘靈愛不能守的真實寫照。楊貴妃死在了馬嵬坡，唐明皇都能在仙境中覓到她的芳蹤，難道自己就不能再與湘靈聚首？儘管她已遠走，他卻始終相信，總有一種回憶能牽引她回歸他的世界，共他同聽一曲纏綿悱惻的〈鳳求凰〉。然而，傷痛的往事，卻是依舊不能釋懷，他只能在時光的流轉中，在心底將她深深想起，左是〈長相思〉，右是〈長恨歌〉。

Tips

　　〈長恨歌〉是白居易流傳於世最著名的一首長篇敘事詩，作於元和元年初冬，即西元 806 年。據白居易的摯友陳鴻在《長恨歌傳》中所述，他與白居易、王質夫三人於元和元年十月到仙遊寺遊玩，偶然間提及唐明皇與楊貴妃的愛情悲劇，大家都很感慨，於是王質夫便請白居易賦一首長詩，並請陳鴻寫一篇傳記，二者相輔相承，以傳後世，因長詩的最後兩句是「天長地久有時盡，此恨綿綿無絕期」，所以他們就稱白居易的詩叫〈長恨歌〉，稱陳鴻的傳叫《長恨歌傳》。

　　〈長恨歌〉是一首抒情成份很濃的敘事詩，白居易揉和了歷史和民間傳說，用唯美的筆調，生動地敘述了唐玄宗與楊貴妃之間發生的那段悽美動人的愛情悲劇。作為一首千古絕唱的敘事詩，詩人在敘述故事和人物塑造上，採用了中國傳統詩歌擅長的抒寫手法，將敘事、寫景和抒情和諧地結合在一起，形成詩歌抒情上次環往復的特點，時而把人物的思想感情注入景物，用景物的折光來烘托人物的心境；時而抓住人物周圍富有特徵性的景物、事物，透過人物對它們的感受來表現內心的感情，層層渲染，恰

如其分地表達人物蘊蓄在內心深處的難達之情，感染了千百年來的眾多讀者。

然，究其詩意，卻是基於詩人自己的感情經歷之上的，並非無病呻吟之作。透過對其寫作背景的研究，筆者認為，〈長恨歌〉的主題應在於表現詩人對純真、堅貞專一愛情的歌頌，同時也隱含了對湘靈的深切思念，以及對婚姻受到阻撓的無聲抗議，並透過塑造的藝術形象，再現了現實生活中的「長恨」。

第4卷　長恨歌：在天願作比翼鳥

第 14 章　宿楊家

楊氏弟兄俱醉臥，
披衣獨起下高齋。
夜深不語中庭立，
月照藤花影上階。

——白居易〈宿楊家〉

　　浮雲悠悠地飄蕩在無人喝采的天空，孤單在萬籟俱寂的靜謐中化作心底的藤蔓。而她，記憶中的她，也終於成了他枕上的一滴總也流不盡的清淚。

　　繁華過後，喧囂荒蕪了孤單；熱鬧過後，虛偽荒蕪了寂寞。再回首，那些曲曲折折的回憶都一一凋零成心底的落花，在荒蕪的情感中迅速瀰漫開來，頓時便吹落了他眼底的一簾愁緒。

　　無限放大的愁緒中，他的寂寞，如花一般在空靈中綻放；他的靈魂，如雪一般在遙望中蒼白……於是，遙遙的思念又突地變得盛大起來。

　　相愛，總是始於相惜，也終於相惜。兩顆彼此抵近的心正由於一份相惜的緣，才不會沾染世間的塵埃，才不會在名聞利養中失去最初的真。自與她相戀，他就將她倍加珍惜，可是為什麼，他和她，還是無法逃脫那種無望的遙望，更無法碎了那些竊竊的等待？莫非，是他還不夠珍惜她？抑或是，他根本就不曾真正懂得過相惜的含義？曾經相依相伴的日子裡，那些溫和的叮嚀、絮叨的囑咐，總是可以迅速掩蓋舊時的傷，而一句懂得，便勝過一世的崢嶸，即使再疲憊再困頓，也會令他變得精神抖擻、滿面紅

第 4 卷　長恨歌：在天願作比翼鳥

　　光。只是，她知不知道，繁華如此，皆因他痴情如許，冷寂的天空也會因為兩顆心的靠攏風生水起、熠熠生輝。而現在，她不在了，他這滿心累積的珍惜又有什麼用武之地？

　　夢中未曾停止過的囈語，哪怕長滿對她的不捨，也只不過是一曲夢魘罷了。不變的思念中，手心變得冰冷，失去了她的輕撫，他的世界從此不再溫暖，可他還是一直相伴著那些個曾經瑰麗的夢，用自己僅存的那一點希望，努力去握住手中剩下的溫存；不變的記憶裡，生活變得苦澀，失去了她的芬芳，他的世界從此不會多彩，可他還一直在風花雪月的邊緣固守著，用自己贏弱的軀體，堅持去尋找早已迷失了的自己。

　　只是，她還會相信他仍會清晰地憶起那段早已淹沒在煙塵之後的往事嗎？她還會相信他在風雨中攤開信箋為她寫去的那一首首情詩都染著他鮮紅的血液嗎？她還會相信憔悴得失去人形的他已為她淚失千行了嗎？

　　希翼的夢幻在風過後的影子裡重疊的只會是愈來愈多的憂傷，原本總以為可以輕易地抹去那些人、那些事，可結果卻總是會令自己徹底失望。淚水模糊了目光，堅守憔悴了等待，轉身之後，就連寂寞也變得模糊起來，卻要他如何才能一筆寫不出滿紙的模糊？人生總是有得有失，前程總是有平直的道路也有坎坷的曲徑，為什麼他的愛情卻只收穫了滿滿的失意與失落？等待的過程中，心也跟著模糊，竟忘了她當初是怎樣歡喜著走進他的生命，又是怎樣悲傷著離開他的世界。或許，她從來都沒有那麼痛苦過吧？來無影，去無蹤，飄忽來，又飄忽去，無論是抵近還是疏遠，總是一貫的瀟灑、了無牽掛。真是這樣的嗎？他摯愛的湘靈從來都不曾像他這般在意過這段感情？可如果不是，她又為何遲遲不肯貼近他的心跳，任他不分白天黑夜地去溫暖她那顆因悲傷而枯萎的心？

　　所謂三生三世的約定，最終卻只是換來了今生的擦肩而過，大概這就

第14章　宿楊家

是人生既定的命運吧？或許，今生真的不曾屬於過他們，可是，他和她的長相守真的會在來生才能實踐嗎？眼前的河水，還在不息地流淌，波光還是那樣清澈，河中的石子還是那樣暖暖的、柔柔的，河邊的柳枝還是一如既往地在迎風招展，哪怕時光已不再是從前，一切的景物都還依舊，只可惜那年與他彼此惺惺相惜的紅顏轉瞬成空，讓他在繼續前行的道路上徹底失去了所有關於她的消息。沒有思念、沒有憂傷，此時此刻，只有默默的惆悵漫隨歲月流逝，和著河水湯湯，在他心底靜靜地流淌，珍藏起曾經激情的青春。

很多時候，都想失去記憶，忘記這世間一切的一切。只要忘記，那些老去的歲月在心中留下的痕跡，便都會隨之被輕輕地擦拭，最終如煙似霧般淡淡散去。他知道，人越清醒就越寂寞，因為清醒著便會在某個不經意的時刻，不由自主地咀嚼起那些悲傷的事，痛不可當，而人生卻又注定是悲哀的，自己想要挽留的總是悄悄然地便走了，但自己不想承受的一切，又都會悄悄然地便來了。

歲月，依舊在一成不變的平淡生活中繼續，小河的溫柔依舊，月光的溫婉依舊，人生也在命運的軌道上繼續前進。還記得兒時的那條小河，伴他和她走過了無知的童年、青澀的少年，以及兩兩相思的青年時代。那時的他和那時的她，是多麼無憂無慮！他們總是在河畔嬉戲，用笑聲將浪花悄悄捧起，而他也總是趁她不備時在她額上迅速親一口，隨後紅著雙頰，「咚」一聲扎進水裡，只留下她驚恐的叫聲在他怒放的心裡旋轉。

然，她最終還是走了，一句告別的話也沒有，便帶走了他無限的期盼。他的快樂、他的幸福、他的一切，都隨她而去，整個世界只留下孤零零的他形影相弔，哪怕遠飛的大雁的哀鳴，也無法勝過他心靈深處淒厲的呼喚。瓣瓣心形的落葉在他眼前輕舞飛揚，卻不知該吹向哪一個方向，如果有一天無意間飄落到她的窗前，她是否還會感受到他為她執著火熱的心，

第4卷　長恨歌：在天願作比翼鳥

抑或假裝不懂？

　　她走了，一個淺淡的回眸也沒留下，就在冰冷的風中消散了他往昔的記憶，但他卻無法忘記她甜美的笑靨，怎麼也不願接受這殘酷的事實。湘靈，為什麼？為什麼不肯再給妳我一次機會，就那樣悄然離去？知不知道，儘管妳已遠去，可是我對妳的牽掛與思念，卻永遠定格在了想妳的畫面裡，縱一生也揮之不去？是的，我想妳，想起妳燦爛的笑靨，眼前所有的事物都會不約而同地齊放光彩，一切都會變得美好而安靜。可是，我卻無心賞析、無意陶醉，因為我的心好痛好痛，再也經不起絲絲縷縷的驚喜，只恐一回頭便發現一切仍是虛枉，興奮過後徒然留下一份更深更長的寂寞悲悵。

　　唉！他深深地嘆息著。此去經年，她依然還是落在他枕上的一滴清淚，怎麼也歡喜不成他的笑顏。愛了、痛了，那些個季節裡恣意綻放的無數繁花，終在天涯的盡頭散落了一身的零丁，而夢亦在黎明的時候被風驚醒，任他的心在搖曳的燈影下碎成了滿地哀豔的痕跡。也許，這世間唯有湘靈才是他永遠無法割捨下的掛念，然，海角太遠，他到底要用多少季節的光陰才可以走到她的身旁，從此與她永不分離？

　　放眼望去，千里之外，那一片朦朧的山巒後，杏花凋謝在符離水畔，煙雨中藏著舞倦了的紅顏。然，望來望去，卻是一張模糊又迷茫的輪廓，怎麼看也看不分明。要等的人，終究還是沒有來，所以只好在淚水還未曾滂沱的時候，捧著細細碎碎的心黯然離開。世間最殘忍最冷酷的事，莫過於懷著希望的等待，每一次等待，時間都彷彿被拉得很長很長，長到沒有盡頭，更望不到盡頭，一分一秒地煎熬著原本就不確定的心。終於，痛下決心想要放棄，卻又害怕在放棄後的第一秒她就來了，於是，只得繼續忍耐，左顧右盼，潛心聽著身邊的每一點細微的聲響，生怕一不小心就會錯過。

第14章　宿楊家

　　來來往往的人群裡，唯一遇不到的人仍是他要等的她，如果遇到，哪怕只給他一個不經意的微笑也好，就算不曾有半句話的交流，也可以給在等待中逝去的光陰一個交代，給自己的下一次等待一個理由啊！只是，經年的過往裡，他始終都守著一份凜冽的孤寂，宛若一匹遊蕩的野馬，在有她的夢裡一路尋覓，總是渴望在時間的荒涼轉角處邂逅那一方風平浪靜的渡口。然而，隔著殘春昏暗的暮雲，攬到手心裡的仍是書中杜撰出的水月泡影，那份跋山涉水後的艱辛，亦已退到塵世最枯敗的角落縫補起大片的哀傷。

　　湘靈，妳知不知道？我心舟泊放的地方，不要如花似錦的繁華、不要驚濤駭浪的盛情，只要有妳眸光裡的一絲暖陽，當它在相思的同一個角度照到彼此眼神交會的那一瞬間，縱使是在荒蕪的沙漠，亦能與妳共守住那一片心靈的綠洲！可妳還是遠去了，無論我如何乞求，悲傷到多痛，妳仍不願意歸來，任我想妳念妳的心變得灰暗、變得慘白、變得山崩地裂。難道，錯過了昨天，訣別了今天，妳還要讓妳我的明天依然在模糊的淚光中度過？

　　不！他不想！可是他又有什麼勇氣能抗拒母親冰冷的目光，執意將她娶進門來？他始終在母親和湘靈之間徘徊，三十六歲了，仍然孤獨一身、未曾婚娶，可是這無言的抵抗真的是他想要的幸福嗎？不成親，傷了母親的心，卻不能撫平湘靈的痛，為什麼他怎麼做都逃不得一個「錯」字呢？

　　他不知道該如何才能讓母親和湘靈都在有他的世界裡同時獲取幸福與快樂，於是只能不斷用酒精麻醉自己，日日縱情、夜夜笙歌，與摯友元稹流連在花街柳巷，過著花天酒地、風流恣性的生活。也就在這個時候，他結識了文人楊虞卿，透過楊虞卿介紹，又結識了楊虞卿的從弟楊汝士，三人很快便結成了無話不談的知心摯交。

第4卷　長恨歌：在天願作比翼鳥

　　雖身為盩厔縣尉，但品階卻微乎其微，所以這段時間他得以隨意往返於長安與盩厔，不久便在楊家兄弟的酒宴上結識了楊汝士的妹妹青萍。青萍，那是個品貌端莊、性情嫻雅的女子，唯獨美中不足的是深受禮教束縛的她自幼便接受了「女子無才便是德」的正統教育，對文墨並不精通，所以，楊氏兄弟與白居易以文會友的詩酒人生自是無法引起她的興趣。

　　他每次來，她總是刻意迴避，然而最終還是強不過醉酒後的哥哥楊汝士，在丫鬟的帶領下出來與白居易、元稹等人見面。她並無絕色的姿容，更無驚豔的回眸，初見她時，白居易從未曾想過她會在自己的生命中留下難以磨滅的痕跡。那一年，他三十六歲，而小他十二歲的她正是二十四歲的芳齡。與她的名字一樣，她生性冷漠，不愛與人攀談，睥睨一切。本來眉目清秀，卻少有笑容，也就難以親近，卻是父兄眼中的掌上明珠，一心要為她擇一乘龍快婿，所以二十四歲了還仍待字閨中。

　　「樂天兄，青萍姑娘好不容易賞臉出來與你我兄弟見面，你總不能讓她空著兩手回去吧？」元稹偷偷瞟一眼滿臉冰霜的青萍，一邊提起酒盞就往白居易面前的酒盅裡倒去，一邊嘻嘻哈哈地笑著說：「怎麼著，你也得敬青萍姑娘一杯不是？」

　　微醉了的白居易輕輕抬起頭，不好意思地瞥著緊緊立在楊汝士身後的青萍，又回過頭瞪一眼對面的元稹，示意他不要拿自己和青萍姑娘開玩笑。

　　「樂天兄還不好意思了呢！」元稹自顧自哈哈樂著，回頭望著身邊的楊汝士說：「慕巢兄，你是今日酒宴的主人，樂天兄是當今文壇奇葩，青萍姑娘是長安城首屈一指的大家閨秀，難道他們兩個不該喝上一杯嗎？」

　　「喝……當然要喝……」楊汝士伸出手指，回過頭，歪著脖子斜睨著身後微微蹙起眉頭的青萍說：「還愣著做什麼，趕緊向白大人、元大人敬酒啊！」

第14章　宿楊家

「我就不必了，今天是樂天兄和青萍姑娘初次見面，這杯酒說什麼也得喝了的。」元稹站起身，吩咐侍從取來一只空酒杯，親自提盞滿滿斟上，畢恭畢敬地遞到青萍手裡，「青萍姑娘，微之失禮了。」

青萍接過酒杯，兀自怔在原地，卻不知到底該不該敬白居易這杯酒？說實話，她對白居易並無好感，有關他和元稹日夜出沒於花街柳巷的傳聞她早有耳聞，對他的人品自是多有鄙薄，所以白居易出沒楊府多次，她終是不肯與之相見。沒想到這次被哥哥強逼不過，迫不得已之下才出來虛與周旋，卻又被元稹尋了開心，心裡自是老大的不樂，卻又不便當著這麼多人的面發作出來，只好勉強舉起酒杯。低著頭，輕移蓮步，緩緩走到白居易面前，囁嚅著嘴唇輕輕說了句：「請，白大人！」也不等白居易作答，一仰脖子便將手中杯往嘴邊湊了過去。

「青萍姑娘！」等白居易反應過來，起身奪下她手中酒杯之時，那杯中之酒已然被她喝了大半，白皙的面龐亦早已漾開一朵朵緋紅的桃花。「怎麼樣，要不要緊？看妳這樣子就不會喝酒，這種事怎麼可以勉強呢？」一邊說一邊抬頭瞪著元稹埋怨說，「微之兄，青萍姑娘不會喝酒，你怎麼……還不快替青萍姑娘倒杯解酒茶來！」

青萍本不勝酒力，一邊掩面輕輕咳嗽，一邊不無感激地盯一眼白居易，心裡頓感有一股暖流溢遍全身。她本以為他只是個玩弄女色的登徒子，沒想到卻是這般的憐香惜玉，看來倒也沒有傳聞中說的那麼不可救藥，這樣一想，不免偷偷多瞧了他一眼，未曾想這一眼卻讓她整顆心都「撲通撲通」跳了起來。原來他竟然是美如冠玉的俊男秀士，儘管已經微醉，但渾身上下還是透著常人無法比擬的溫文氣質，流溢著一股令人難以抗拒的親近感，就連她的兄長楊汝士、從兄楊虞卿都比他不過，難怪那些歌樓酒坊中的女子都對他青睞有加。

第 4 卷　長恨歌：在天願作比翼鳥

很快，元稹倒了解酒茶端了過來，白居易一把搶過他手中的茶盞，親自遞到青萍手裡：「青萍姑娘，這杯茶就當是白某向妳賠罪吧！」

她顫顫接過他手裡的茶盞，不由得又偷偷瞥他一眼：「白大人……」

「喝下這杯茶，酒力就會慢慢散了。」白居易關切地打量著她，「喝吧，喝下去就不會難受了。」

「嗯。」她輕輕點著頭，端著茶盞遞到嘴邊，輕輕嚥下，又把喝盡的茶盞遞到身後侍候著的丫鬟手裡，滿面脹紅地望著白居易如泣如訴地說：「多謝白大人，青萍……」

「好了，青萍姑娘還是早些回房歇息著吧。雖然喝得不多，但對滴酒不沾的青萍姑娘來說還是會上頭的。現在就回去好好睡一覺，到天明了便沒事了。」白居易邊說邊示意她身後的丫鬟挽著她的手起身返回閨樓中去了。

使是這半杯酒，他和她有了第一次心靈上的交流。那夜的他並不知道，只是那一眼，那個叫青萍的女子便改觀了先前對他的不良印象，甚至在心底偷偷喜歡上了他。這一切都發生在轉瞬之間，來無影，去亦無蹤，剎那的光陰便改變了他和她日後的人生軌跡。然而，後知後覺的他卻無從洞悉女子的鍾情懷春，那時的他滿心裝著的還是他遠方的湘靈，那個三十二歲了還未曾將自己嫁出去的老姑娘。

「樂天兄，青萍姑娘好像喜歡上你了呢！」元稹繼續打趣著他，又盯一眼早已醉得一塌糊塗的楊虞卿、楊汝士兄弟，呵呵樂著說：「依我看，師皋兄和慕巢兄今兒個都在，不如就當了見證，把青萍姑娘許給樂天兄好了！」

「微之！」白居易抬頭，輕輕嗔怪著元稹，「都是你鬧的，青萍姑娘都惱上我了！」

「青萍姑娘哪有惱你？她是喜歡上了你才對！」元稹手舞足蹈地扮著鬼

158

臉,「難道樂天兄沒看到青萍姑娘看你時的眼神都透著不一樣的溫柔嗎？還有,她回房時,那副依依不捨的模樣,我見猶憐呢。」邊說邊伸手推搡著爛醉如泥的楊虞卿,「師皋兄,你倒是說句話啊！」

「青……青萍……樂天……」楊虞卿抬頭朝白居易翻著白眼,「沒錯,他們……他們就是……天造地設的一雙！」

「師皋兄！」

「還有慕巢兄呢。青萍是你的親妹子,你這個大舅哥總得說句話啊！」元稹又伸手推了推伏案擺弄著碗碟的楊汝士,「慕巢兄,你倒是說句話啊！」

「說……說……什麼？」

「把青萍姑娘許給樂天兄做夫人啊！」

「青萍？樂天兄？」楊汝士頓時酒醒了一半,坐直身子,不住地打量著元稹和對面的白居易,半天才回過神來,「樂天兄看上青萍了？」

「慕巢兄休要聽微之胡說！」白居易正襟危坐,「青萍姑娘是世上難得的好女子,微之怎好造次？」

「微之豈敢當著青萍兩位兄長的面造次,唐突了佳人？」元稹一本正經地打量著在坐的所有詩友墨客,「你們說,樂天兄跟青萍姑娘是不是一對佳偶？」

「這還用說？」

「就是,樂天兄未娶,青萍姑娘亦未許字他人,俊男美女、文士淑女,天下絕配,他們要是走不到一塊,豈不是天下最大的憾事？」元稹說著,用力推一下楊汝士,「慕巢兄,莫非你還捨不得把青萍姑娘許給樂天兄不成？」

「這……」楊汝士瞪大眼睛盯著白居易,「樂天兄,此話當真？」

第 4 卷　長恨歌：在天願作比翼鳥

「慕巢兄，微之他……」

說者無意，聽者有心。楊汝士本因仰慕白居易的文才，才傾心與之結交，卻從未想過要與他結成兒女親家，現在聽元稹這麼一提，倒真上了心，認真盯著白居易說：「若是樂天兄不棄，小弟願當這個月老，只是青萍自幼被家父家母嬌寵慣了，不大合群，只怕高攀不起樂天兄呢。」

「怎麼會？」元稹搶著替白居易作答說，「樂天兄已經三十六歲了，比青萍姑娘整整大了一紀，娶妻當此，夫復何求？就怕慕巢兄不肯允諾呢！」

「只要樂天兄願意，楊某肝腦塗地，也要結成這樁親事！」

白居易剛想說些什麼，元稹早已替在座賓主面前的酒杯裡通通斟滿酒：「既如此，這門親事就算說定了，贊成的都舉起酒杯滿飲了這杯酒！」

話音剛落，元稹和楊汝士帶頭一飲而盡，楊虞卿也搖晃著身子，一仰脖子，將杯中酒喝了個精光，唯有白居易呆呆地坐在原地，一聲不響，但很快就被詩友們強行把那杯酒灌進了他的肚裡。

所有人都醉了。楊氏兄弟更是醉得不省人事，卻吩咐僕人將白居易、元稹留下，引入客房休息。元稹也醉成了一砣爛泥，一挨榻就沉沉睡了過去，只有白居易還是半醉半醒著。睜開眼、閉上眼，滿眼滿眼看到的依然是他的湘靈。他們把湘靈許給我了！偎在窗前，他輕輕淺淺地笑。他們居然真的把湘靈許給他了！他等啊等啊，從十九歲，等到三十六歲，這漫長的年月，這悽風苦雨冷寂寂的十八年，讓他熬盡了神、傷透了心，沒想到，盼到最後，有情人亦是終成眷屬！

是真的嗎，湘靈？妳真的就要披上大紅的嫁衣嫁作我白居易的妻嗎？妳知不知道，他們要把妳許給我為妻的那一剎那，我的心有多麼快樂多麼欣喜？又可曾知，那窗明几淨，是我思念的淚水把它浸染；那一輪圓月，是我一路的牽掛把它填滿？湘靈啊湘靈，自此後，我的心裡再也不會有陰

第14章　宿楊家

晴圓缺，只會有永遠的月色滿弦，而妳也終將成為我三生三世的清歡。今夜，就讓我再一次為妳把筆提起，用思念的心火點燃那一盞情燈，在花箋上續寫下妳我紅塵旅途的眷戀，讓文字的驚豔，在詩賦裡一一幻化為妳頸上的珠璣吧！

> 楊氏弟兄俱醉臥，
>
> 披衣獨起下高齋。
>
> 夜深不語中庭立，
>
> 月照藤花影上階。
>
> ── 白居易〈宿楊家〉

「楊氏弟兄俱醉臥，披衣獨起下高齋。」喧囂過後的燈火，在遠方搖曳，明明滅滅。他站在紅塵的霧氣裡徬徨，任憑熱血衝擊著心臟，任憑寂寞挑戰著悲喜交加，把靈魂，一點一點地，深深溶進屬於她的情詩裡，不在乎，曾經有過多少頹廢與悲涼。

楊家兄弟都已醉得不省人事，整座楊府都沐浴在深深的寂寂裡。想著她、念著她，他披衣獨起，走在無人問津的深院裡，將往事憶了又憶。流年的風鋪滿歲月的迴廊，在四季的輪迴中悠然綻放，春媚舞盡芳華的千姿百態，山花漲滿幽蘭暗香的浪漫，夢的天國裡，她若桃花般燦爛，瞬息間便綻放出傾城的芳華。

明潔的月光灑在他醉意朦朧的臉上，四周的天空純淨得沒有一絲雲彩，他便這樣痴痴駐足在她的凝望裡，將她的美豔、她的溫柔，一再描摹梳理。在他眼裡，她的眼神不是天邊的流雲，也不是那抹純淨的色彩，而是她的生命；在他眼裡，她的天空，有異彩紛呈的雲卷雲舒、有懸掛天邊的彩虹，從不受紅塵的誘惑，抬頭凝視，或是低頭憐惜，一樣的高遠、一樣的柔美。

第4卷　長恨歌：在天願作比翼鳥

　　感受著這樣的溫馨寧和，他願獨步邁向她的天涯。回首，望向水中月中輕輕倩倩的她，心中的蒼穹被突地撐大到無邊無際，就那麼緩緩地、悠悠地，任多變的心情在幻象中絢麗上演，一遍遍地編織、一遍遍地雕刻，那些關於他和她的故事。轉身，面對她一貫的嫻靜，有一種淺淺的意識牽引著他一步步走向意念深處，與她靜靜痴守凝望，躁動的靈魂忽地顯得極其安靜舒展，像花兒一樣柔和地綻放，聽不到一絲雜亂無章的聲響。

　　「夜深不語中庭立，月照藤花影上階。」夜深了，無限的不捨與祝福依然在心中來回穿行，想念也在這一刻開始萌生。她如行雲流水般的清澈明淨，終於剔除了他心中盤桓已久的渾沌，此時此刻，生命彷彿一泓清泉，潺潺緩緩，涓涓流淌，滌蕩在她那份靜若流深的凝眸裡。回首，月光靜靜灑在開得如火如荼的藤花上，在身旁的石階下留下一抹輕倩的影，宛若她窈窕的身姿，驚若翩鴻。閒立庭中，唸著她的名字，憶著她的溫暖，此時不語卻勝過紅塵萬丈裡的千言萬語。

　　曾經，與她在符離悵別，沒來得及留下她最燦爛的笑靨、沒來得及與她傾訴衷腸，是他終身最大的遺憾。那一年、那一月、那一日，那個溫暖的黃昏，他坐著馬車，在楊柳拂面的季節裡悄然離去，她則守在茂密的柳枝後哭紅了雙眼、哭疼了心肺，然後一個憂傷而又華麗的轉身，背著他，毅然決然地走向另一個遠方，從此與他天涯咫尺、天隔一方；而今，他們將她許配給他為妻，他又有什麼理由繼續難過，有什麼理由依舊悲悵下去？

　　望著她，他體會到一種從未有過的極致幸福。有她的世界裡，天空滿是蔚藍，正伸向遙遠的邊際；大地綠蔭覆蓋，正泛起層層漣漪；一朵朵細碎的藤花，亦無憂無慮地綻放在寂寞深庭中，任美麗鋪張地搖擺在綠色的春海裡。湘靈，這是真的嗎？我們就要成親了？在苦等十八年後，妳真的就要成為我白家的兒媳了嗎？

第14章　宿楊家

　　遠處，山坡上一樹一樹粉紅的桃花、潔白的梨花正次第開放。青山滴翠、百花爭豔，綠肥紅瘦、移步換景，令他目不暇接，彷彿今夜所有的美麗都是為她而生，為他們即將而至的婚姻生活欣喜若狂。她擁抱著墨綠的麥浪、翠綠的樹葉，在一片耀眼的光線裡層次分明，漫過初春的草尖，淌過清澈的小溪，帶著泥土的芳香，攜著桃花、梨花的芳菲，輕輕地來，溫順而柔美、平和又安詳，依然是他初見時的溫暖。

　　波光瀲灩的池塘裡，倒影著她粉紅色的身影，微微的春風裡流動著她淺淺的暗香，藤蕊上相互追逐的蝴蝶，宛若她的纖指輕輕撫摸著他的面頰，將四月的帷幕靜靜開啟。湘靈，湘靈，可知妳就是我那人間的四月天？

　　他輕輕地笑，與她相依相偎，舞文弄墨、把酒吟詩，醉在了她的明眸皓齒間；她則羞澀了面龐，繼續在清風明月間輕舞飛揚，那滿藤的花開、那滿庭的芳香，都是她綻放的微笑，是她送來的希望，是這人世間最嫵媚的底蘊。

　　湘靈。不，娘子！他在心底一遍又一遍地喚她，帶著無限深情，唯願這雋美的月夜永遠留下她的微笑、留下她倩麗的身姿、留下她粉紅的記憶、留下他們曾經的美好，在他心間徜徉、繾綣，卻不知，亦是在這清芬的夜裡，有一個叫做青萍的女子正偎著繡樓的軒窗，緋紅著雙頰將悵立庭中的他望了又望、思了又思。

　　他在想些什麼？她剛剛舒展開的眉頭又輕輕皺了起來。為什麼他會在夜深人靜的時候獨自走在寂寂的深院裡默默發呆？難道，難道他是在思慕遠方的故人？唉，她輕輕地嘆息，想這麼多做什麼？他想什麼人與她何干？於是，輕輕縮轉身，伸出手，纖指輕輕一點，便將整個窗戶緊緊闔上了。

第 4 卷　長恨歌：在天願作比翼鳥

Tips

　　元和元年，白居易已經三十五歲，卻因為堅守對湘靈不離不棄的諾言，始終未娶。母親陳氏看在眼裡、急在心裡，四處託人為兒子說媒，這時白居易的摯友元稹為其作伐，欲說其娶同僚楊汝士的妹妹為妻。〈宿楊家〉即為這段時期創作的詩作。具體作詩時間應在元和元年至元和二年間，本文將其歸為元和二年創作。

　　楊汝士，字慕巢，虢州弘農人，生卒年均不詳。白居易妻楊氏兄。元和四年（西元 809 年）登進士第，牛僧孺、李宗閔待之善，引為中書舍人。開成元年（西元 836 年）由兵部侍郎出鎮東川，後入為吏部侍郎，終刑部尚書。汝士善詩，裴度居守東都，夜宴，半酣，與諸客聯句。時元稹、白居易均在座，有得色。依次至汝士，汝士句雲：「昔日蘭亭無豔質，此時金谷有高人」。居易知不能復加，遽裂之，曰：「笙歌鼎沸，勿作冷淡生活！」稹顧居易曰：「樂天所謂能全其名者！」

　　楊虞卿，字師皋，虢州弘農人，楊寧之子。白居易妻楊氏從兄。元和五年進士，為校書郎，擢監察御史，與陽城友好。李宗閔甚器重他，歷官弘文館學士、給事中、工部侍郎，官至京兆尹，太和九年七月一日甲申，貶虔州司馬，卒於任上。

第 15 章　醉中歸盩厔

金光門外昆明路，

半醉騰騰信馬回。

數日非關王事繫，

牡丹花盡始歸來。

── 白居易〈醉中歸盩厔〉

夢醒後，才知道，那場無人喝采也無人問津的驚喜只不過是盲目的自欺欺人罷了。湘靈仍在千里之外的符離守候她那場遙不可及的芳夢，任支離破碎的心沉淪在無休止的惆悵憂緒中 ── 誰也未曾許諾要將她許配於他，一切都是他自己的一廂情願。

滿懷的惆悵中，他恍惚記起酒醉中元稹的戲言，還有楊汝士要將青萍許配於他的承諾。青萍？他仔細回憶著昨夜與青萍見面的每一個細節，初見時她的冷若冰霜，醉酒後她的柔情款款，離去時她的依依不捨，一切，都在腦海中迅速閃過。不！這怎麼可能？別說青萍小自己十二歲，就算自己與她年紀相仿，這也是不可能的事啊！情天愛海裡，他的心眼很小，小到只裝得下一個湘靈，又怎能騰出地方擱置別的女子？

想起湘靈，天地再次成了他痛苦的搖籃。酒已醒，卻生生窒息了幸福的到來，傷透的心只能由著昨夜的錯覺，在淚雨中翻躚。昏黃的燈火，把他沉鬱已久的尷尬點亮，影子，從晨曦的夢裡交疊著拉長，一切的一切都變得恍惚而迷離。輕輕閉上雙眼，在寂寞中默默品味著她的絲絲柔情，唇邊，突地漾起一抹苦澀的笑，也終於明白，他的生命仍將因她而痛苦煎

第 4 卷　長恨歌：在天願作比翼鳥

熬，只是無人能知，也無人能解。

　　她走了，帶走了所有的嫵媚與歡喜、帶走了所有的溫暖與感動，陽光亦不想繼續在窗外徜徉，清風亦不想醒在沒有炊煙的院落。心，空蕩在淚海裡；夢，游離在思念之外。愛情燃起的熊熊烈火，倏忽間便崩潰了他心底最後一絲激情，所有希望的種子，都在焰影中化成灰燼，唯餘一地殘渣，讓他再也找不到一點點的清明。痛定思痛後，掛一抹苦笑在臉上，把他用心血澆灌的情詩，在沒有她的日子裡放聲歌唱。儘管，詩句裡隱含著太多悲悵，但他還是願意，把想她的心情肆意地塗抹在這淺紅色的花箋之上。

　　抬頭，緩緩望向窗外的山坡，企圖用手中的筆墨推開一扇受傷的門，卻發現一輪麗日正目空一切地凝視著萬丈紅塵，顯得沉靜而娟好。凝眸，夏色已在晨光裡梳妝，彩蝶亦在花中痴狂，卻留下不盡的傷感，在他心底迂迴蔓延。究竟，這種相思成災的日子還要他一個人孤單著過到什麼時候？

　　曾經的一個不小心，卻讓他心甘情願地醉在了有她的夢裡，她亦成了他笑傲紅塵的那幅最美的畫卷。一直堅信，狂風暴雨也無法阻止他今生對她的塗抹，然，和煦的陽光也飽滿不了他的潑墨，她終於還是在他的夢裡褪去了原有的色彩，變得蒼白荒蕪。或許，為夢走得越遠，前方的道路就會越加危險，因為，柳暗花明的紅塵裡，那縷清幽的暗香，總是蔓延在他無法觸及的地方，懸崖或是峭壁，想要把最美的奢望握在手心，就必須面對常人難以企及的困苦。遠處的山石，雖然早已磨圓了歲月變換的痕跡，但在他柔腸百轉的詩賦裡，卻永遠留下了他們一起走過的韶華，在最不經意的時候釀成他記憶深處最深的痛苦，每每念及，便是錐心刺骨的傷。於是，終於開始追問，追問自己，這一切的付出究竟值不值得？

第15章　醉中歸蟄屋

　　他愛她，愛得謹小慎微，愛得撕心裂肺，哪怕所有追問的答案都是不值得，他也不會相信，更不會退縮。因為捨不得她，所以總是不喜歡看流雲化雨的悲傷；因為放不下她，所以不欣賞風洗落花的惆悵。生命已經很痛，痛到無可救藥，為什麼要替自己自尋煩惱？因思念而痛苦的傷口，總是抽搐著他一張卑微的笑臉，可是這世間又有幾個人明白他微笑後的疼痛與深藏於心的悲慟？然而，不思念又能如何，不再念著她就會不傷、不痛了嗎？渾渾噩噩的迷茫裡，或許唯有潮漲的思念才能安撫他那顆受傷的心，可是為什麼每一次清醒後，那痛並快樂著的追憶卻總是帶給他難耐的悽楚？也許，她掌心的那道痕，是他上輩子遺落的記憶，她聖潔的臉龐就是他心底綻開的永恆的花蕊，然，深深盤旋在心底的感傷卻從來都不如雲似煙，走盡了，也不會一一消散。

　　不知道，前世的輪迴裡，他們究竟默契了幾生幾世；只知道，她今生的眼神把他深深刺傷，那聲悽婉的輕喚，至今還在他的心頭顫抖。驀然回首，窗外的太陽已經升起，溫暖的陽光卻如一把冰冷的匕首直直插進心扉，一滴一滴鮮紅的血，瞬間流滿他傷心的河。想著她的千嬌百媚，緩緩起身走進孤單的院落，他站在一個人獨舞的藤下，默默看著飄飛的葉，一片一片，慢慢飛舞在茫茫的天地之間，傷感卻來得更加猛烈。

　　站在夢的邊緣翹首打量過往，一切皆如煙似幻，彷彿什麼都沒發生過，又好像本應該用一輩子經歷的事情都在分秒之間被他一一揮霍殆盡。萬籟俱寂的等待中，只聽見風在耳邊輕輕地勸他：「莫傷感，明年，還有一個春天，一個奼紫嫣紅開遍的春天；別傷心，明年，她還會在百花叢中靜靜地守候著你，要為你舞一出長相廝守的夢。」可是，他到底還需要等待多久？淚眼朦朧裡，望著夢中的她漸行漸遠的身影，陽光不再明媚、心事不再明朗，曾經溫潤的心田亦乾裂成無數道深深的溝壑，一切的事物都變得模糊起來。轉來轉去，到最後卻發現自己依舊徘徊在沒有她的原點，

第 4 卷　長恨歌：在天願作比翼鳥

這平淡無奇的歲月，空白依然是他生命的主角，即便拚盡了全身的氣力，也無法放飛孤獨，難道，血的沸騰，將成為他今生永遠的終極？

或許，她注定是流浪在天空的白雲、注定是他今生高高的渴望；或許，他真的無需費盡心思地用一輩子去尋覓那粒春天遺留下的種子，只需坦然面對那抹黃昏下悽豔的晚霞，把傷愁小心地包裹，在茫茫天際裡，獨自一人，輕輕上路，從此，與整個世界訣別。湘靈，難道這真是我們終身都無法破除的夢魘嗎？難道必須用長長久久的別離才能贖清我們在另一個輪迴裡犯下的原罪嗎？不，這不是真的。花叢中，他哀哀地嘆，牡丹的芳香，淡不了心的苦澀；藤枝下，他悵悵地嘆，漂浮的思緒，全是她溫柔的背影。紅塵滾滾，依舊渲染著他們一段夢幻般的戀情，一曲〈長相思〉悽美的旋律又讓他想起她熟悉而又陌生的腳步。曾經，她小心翼翼地提著裙裾，歡快地涉著小溪，走向他垂釣的水畔，滿身都是金燦燦的笑；曾經，她活蹦亂跳地光著腳丫，迅速淌過小河，迎向他遊子歸來的懷抱，滿身都是明晃晃的陽光……可是，夢醒了，這以後的以後，他們的腳步真的還能再踏上同一片土地嗎？

他淚眼婆娑，匆忙的步履，瞬間拉長兩顆心靠攏的距離，模糊的背影，再也讀不到想讀的隻言片語。牡丹叢中，在花瓣上一遍遍寫下她的名字，彷彿描摹一幅綺麗的畫卷，卻無法把握她的曼妙。湘靈啊湘靈，妳可知，為妳，紅塵路上，我願任雨打風吹，哪怕千年萬年、生生世世？妳可知，江風緘默，我願把這份愛還原成一個重點加注的標點，除了妳，誰來也不再翻開？妳可知，我會一直守候在那個遇見妳的渡口，用一生來兌現，愛妳一輩子的誓言？妳可知，沒有了妳的這個暮春，我幾曾盈盈淚下，任一個寂寞的影子在寂寞中倚欄望月，卻難知那長空井然的雁陣，能為妳捎去我幾多心語，只能徘徊在風中悲傷嗚咽？

散落滿地的思緒，不知道，是在蔓延，還是在迷失。他不知道的事還

第15章　醉中歸螯屋

有很多,比如和她的下一次相逢,究竟會在何日何年?他猜了很久也不能猜透。傷心崖上開滿的潔白花朵,在空中畫出一道孤單的弧線,親密地擁抱著大地,而他三十六歲的傷痛,卻在她漸行漸遠的背影後剎那化成他心底的永恆。到底,愛是什麼,為什麼總是把他折磨得死去活來?愛是歷經歲月的侵蝕後依然散發出璀璨耀眼光芒的感動?愛是深入到骨髓裡綿綿不絕的相思?如果是,那麼,與她的愛戀,激情綻放過後一定就要枯萎凋謝嗎?他不知道,他什麼都不知道,此刻,他只想用她最柔媚的語言,在牡丹花下寫下屬於她的經典,亦想把自己撕得粉碎,丟在風中,用一種孤絕的姿態,抵達她無人抵達的彼岸。

他又醉了。醉在楊虞卿、楊汝士兄弟盛情相勸的酒宴裡,醉在青萍姑娘溫柔的笑靨裡。再次相見,青萍姑娘冷豔的眼神裡少了幾許孤傲,卻多了幾份含情脈脈。久歷情場的他自然知道青萍姑娘的心意,然而他的心裡始終只放得下湘靈一人,面對盛情的青萍,他只能裝傻賣痴,一味陪著笑臉與她閒敘。

低垂的紗幔輕籠著窗外迷濛的細雨,幾片蔥翠的葉子,映襯著牡丹綻開的那幾瓣嬌豔,有淡淡的馨香,在他眼底,靜靜地嫵媚。時光繾綣,在青萍柔美的歌喉中,他竟不知道,究竟是青萍的歌聲在湘靈的憂傷裡婉約成一曲悽豔的絕唱,還是湘靈的憂傷在青萍的歌聲裡流轉成一季惆悵的相思?

在青萍娓娓唱來的小調中,在湘靈淡入淡出的身影裡,他於煙雨濛濛的幽靜之中,再次低頭覓起那份深入骨髓的相思,覓起那份心有靈犀的感動。一段哀婉的傾訴、一幀悽美的畫面、一簑飄搖的煙雨、一次感傷的動容,都帶著為她設定的特殊場景,任他用心聆聽落雨的聲音,在孤單中靜靜地守望、細細地品味。原來,她還是那麼美麗、還是那麼沉靜、還是那麼溫柔、還是離他咫尺之遙,只要一伸手,便可以把她抱個滿懷,任他把

第4卷　長恨歌：在天願作比翼鳥

不曾畫完的圓滿慢慢延續下去。

一曲相思的旋律裡，他們如約而至，在說好要見面的夢境裡。寂寞的淚光裡，醉得一塌糊塗的他已然不知道眼前撥動琵琶的女子究竟是他深愛的湘靈，還是那個冷豔高傲的青萍。青萍只是輕輕地唱、輕輕地撥響琵琶弦，在他深深淺淺的思念裡輕舞飛揚，卻不知他眸光深處的淚滴究竟是為了夢中哪一個女子而流。

淚水，順著他清瘦的面頰，滴落在他的手心，沿著他身後的琵琶骨身，輕輕滑向青萍的指間。青萍依然低著頭唱著，而他的心卻早已回到遠方的湘靈身畔。多想將這暮春初夏的每一天都漾成一首首小詩，輕輕裝進厚重的歲月裡送給她；多想將層層疊疊的花瓣編製成錦帶，掛在時光的巷口等她來摘；多想為她留下最後一張完美無瑕的身影，存放在心的一角⋯⋯然而，在他滿腹都擱著濃濃盛情的時候，她卻隨風逝去，走得無牽又無掛，再回首，才發現，緊緊攥在手心的卻是那幾多懷想、幾多惆悵。

曾經，也是這樣微雨濛濛的日子，她穿著一件藕荷色的繡裙，輕輕倩倩地出現在他身後，只一個淺淡的笑靨，便讓他體會到這世間什麼才叫做絕色之美！從此，她霎那的莞爾，便定格成他一生的珍藏；曾經，還是那樣迷濛的雨中，他們端坐在村口的風車下，執手相望，沉默無語，眼神的切換，變得沉悶、拖沓，彼此都刻意躲閃著惜別中的麻木，克制著將要告白的疼痛，任心雨淋漓了一場沒有回頭的轉身。

那日，她漸行漸遠，霪雨，迅速染了那一季的荼蘼，空氣裡到處都瀰漫著溼潤的味道；而今，他醉在另一個女子關切的目光下，緩緩凝視著遠方，看窗外模糊的風景，看一幀一幀的景物從眼前飛逝而過，遙想那一場簌簌的落雨，卻見遠處蔥翠疊嶂的山巒，正搖曳著濛濛霧靄，在眼中慢慢沉寂寧靜下來。

第 15 章　醉中歸盞屋

　　雨中，沿著故事裡的起點，他執意越過青萍的琵琶，痴痴尋覓起那一季的淋漓。他知道，她早已經不在那裡，也知道，她已走得很遠很遠，可是這雨中的故事依舊在心裡不絕地蔓延，輕輕地展開。透過柔柔的雨絲，他努力讓腦海中一一回閃的場景次第清晰，以最大的限度還原著與她相偎的每一處細節，時而看到雪花紛飛的冬季與她緊握雙手坐在熱烘烘的暖爐邊生火取暖，時而看到明媚潮溼的夏天與她光著腳丫踩在雨後濘泥的河邊溼地一起抓魚抓蝦，一切老了的、舊了的往事都在眸光裡漸漸明亮起來。

　　湘靈。他突然起身，慢慢踱至窗前，輕輕喚她的名字。身後，琵琶弦音戛然中斷，青萍抬起頭，震驚地望著他略顯佝僂的背影，又回過頭仔細瞅著那一滴掉落在她指間的清淚。那是白大人的淚。她的心陡地一沉，低頭抬頭間卻顯得驚慌失措，一片毫沒來由的悲傷頓時深深攫住了她那片如花的心緒。

　　「樂天兄！」元稹輕輕踱至他身前，在他耳畔低聲問，「怎麼了，你？」

　　「沒，沒什麼。」他慌忙抬手拭去眼角的淚花，回過頭輕輕盯一眼元稹，「沒什麼，被沙子迷了眼，所以……」

　　「沙子？」元稹將信將疑地盯著他，又瞪大眼睛望一眼窗外的連綿細雨，心裡已然明白了什麼，回首間卻又發現青萍假裝作不經意的回眸，連忙拉了拉他的衣袖，壓低聲音說：「青萍姑娘好像看見你……」

　　「青萍？」他順著元稹的目光望向急速回過頭去的青萍，一股巨大的失落感深深攫住他疲憊的心靈，翕合著嘴唇盯著元稹說：「微之，我……」

　　「青萍是個好姑娘，如果樂天兄能夠……」

　　「這是不可能的。」他的聲音很低，但目光卻如火炬般射向元稹。

　　「昨晚的話，莫非樂天兄都已經忘了？」

　　「什麼話？」他輕輕瞪元稹一眼，「好了，那些話還是留著去跟你的那

第 4 卷　長恨歌：在天願作比翼鳥

些鶯鶯燕燕說吧！」一伸手，拉著元稹的衣袖，早已踱向酒桌邊，按著先前的位置，各就各位，繼續舉杯，大口大口地喝著美酒，彷彿什麼事都沒發生過一樣。

琵琶聲再次悠悠響起。這次，青萍彈奏的是他再熟悉不過的〈長相思〉。長相思、長相思，又是長相思！隨著青萍四起的弦音，他把心事鋪呈在層層疊疊的岩石、把心事鋪呈在層層疊疊的浪尖，又把心事隱藏在層層疊疊的心底。原本，與她依偎取暖、淺淺擁抱，已然足夠，可是他仍是一如既往地幻想著永遠，所以儘管情深不悔，卻依然看不到明天的光亮。

心緒在思念中徘徊無度，夕陽拖曳著橙紅的嫁衣在他眼底默默流轉，而她在水一方的靚麗身姿，正映於旖旎的波光中，隨風舞動，瞬間便盪開一池的金色漪灩。到底，他這滿腔隱忍的深情算是什麼，為什麼離別後自始至終，她只是他生命中的一紙虛幻，怎麼也無法點亮他一生的絢美？嘆只嘆，他和她，誰也不是乾柴，誰也不是火種，所以只能沉溺在美好的春光裡，無聲地吟唱春天的歌謠，無聲地吟唱那些關於愛情的歌謠，卻不能把彼此的遙望化作終身的廝守。

彷彿，對的時間和對的人，永遠都無法同時出現。不是時間對了人錯了；就是人對了時間又錯了，所以每一次深愛過後，都只留下淚流滿面、悲傷無限，還有憧憬破滅後的殘敗與迷惘。最後只能任由夢想的翅膀在冰天雪地裡傷痕累累地結滿冰霜；任自己放蕩在無限的春光裡不斷流連徘徊卻又一無所依。在愛情的天地裡，關於永遠到底有多遠的問題，卻是他永遠也找不到答案的迷惘，再回首，閒庭人影凌亂，望暮天雲淡風輕，冷不防，卻彷彿看到了春天裡的墓碑所在。

最疼的距離，就是無法相守，卻又無處躲藏，也無力抗拒。所有在座的詩友已然如昨晚一樣醉得不省人事，然而唯有他還清醒著。在清醒與迷

第15章　醉中歸盞屋

醉之間半夢半醒,就那樣,在青萍疑惑、憂傷的目光裡,輕輕踮起腳尖,倏忽步入院落,任腳步起落在鬆軟的小徑上,掖起袍裾,緩緩趟進那份末酒意濃、橫陽在水的暮春畫卷裡。

極目四野,天長地闊,暮色在思念中氤氳蔓延,有橘紅色的浪漫緩緩撐破半個遼遠的天際,瞬息的時間,就把西邊的雲天裝點得金光瀲灩、如夢似幻,而東邊的天幕依然藍得彷彿清澈見底的池塘,形成鮮明而又強烈的對比。池堤深處,老樹婆娑,昏鴉自嘆歌喉不雅,難入美景,無聲地在樹隙間起落,燕子則輕靈地貼水飛過,那一聲聲呢喃之語,似乎也在讚嘆這遠離浮華的極致美色。望著這曼妙而又多姿的美景,他多想把自己也置入這幅天地間的潑墨山水畫中,只為她縱情高歌一曲,然而卻又不由得深嘆,怕只怕,那一懷等待了經年的的深情早已被風煙侵蝕了原來的模樣,終是無歌可抵。

山不在高,有仙則名,天地之鍾靈毓秀,全在巧奪天工的自然之韻。此景空前絕後,誰與共賞,誰來分享?縱使再豪放的畫師,潑墨揮毫也點綴不出如此明澈清麗的色調,縱使再細膩的畫筆也描摹不盡這明暗有度的意境,可是這曼妙的景緻少了她的點綴,即便美得出塵,也總覺得缺了最重要的點睛之筆。想著她的容顏、憶著她的風情,他在難以抹滅的思念中用心撐起一塊擎天的畫布,用深情的目光在想念裡小心翼翼地攪拌著所有可以觸及的畫色,然後,在尚未來得及乾涸的心田留下一塊芳草萋萋的空地,讓執念恣肆塗抹溫情的底色,放任美麗空前的靈動,在信筆塗鴉的起落中緩緩入畫。

在畫中,他又看到了她。就在那靈動的畫幕間,她一襲長裙,燦若桃花,在他深情的眸光裡折射出明亮而又深邃的一汪秋水,脈脈含情,瞬間,他的世界便有了一種靜看日落的情懷在心底悠然升起。轉身,信步在靜水流深的池邊,一種久違的恬淡忽地盈盈入懷,讓他頓感世界的美好,

第 4 卷　長恨歌：在天願作比翼鳥

然而卻還是依舊趕不走周身包裹的惆悵與相思，每一念起，便換得長久的無語傷然。

　　塵煙過，相思知多少？韶華逝，心思已成灰。往事總是如夢，情緣總是似水，挽不住，留不下。寂寂的風中，只餘一絲漂染不淨的雜念，在塵埃裡明明滅滅，到最後，也都是漸行漸遠漸淹沒。她精心修飾過的面容、她的嫣然一笑、她的顧盼生輝，依然明豔恰似當初的二八年華，而那一池波心蕩漾的秋水，更把她的娬娜體態點綴得恰到好處，凝睇之間，竟疑心是江妃踏波而上，自是美得無處可藏。再回首，明月初升，望碧波在柔光中繚繞，但見她一襲紫衣瞬息紛飛了梨花，與牡丹共舞、與悲傷共旋，不由得他不痴痴凝望著前方，看她墨染的黑髮在夜的靜謐裡妖嬈纏繞著他所有的不甘與不得已。她的憂傷、她的不捨，彷彿那斬不斷的情思，在他眼前飛舞騰挪，那白玉般的臉龐晶瑩著一滴痛到斷腸的淚花，不經意卻驚醒了沉睡已久的心花，不知道千年之後它可否會凝成琥珀一塊？任記憶斑駁，在愛的枝頭醉了只屬於他們的寂寞。

　　歲月輾轉，流年變換，心與心終是俳惻了那一段驚豔的時光，卻不得不在兩兩相望的無奈中哽咽著收場。那些匆匆抵近的腳步，那些深情對視的目光，都在今夜的迷醉中找到了彼此傾訴衷腸的理由，然，結局已定，縱使心心相印，又能如何？自古多情空餘恨，繁華過後便是永恆的寂寞，怎好怪怨燭淚點點似飛紅？相思穿腸過，淚眼又模糊，花開花落幾度春秋，皓月圓了又缺，缺了又圓，站在愛的渡口，把那秋水望斷，這一片春去春又回的情腸又怎擱淺？

　　光陰如梭，幾番寒暑幾番風雨，但相思，莫相負。相思的路上，儘管有風雨交加、儘管有風餐露宿、儘管有殘霜冷雪、儘管有易水生寒、儘管有孤笳悲鳴，但若非經歷一番寒徹骨的煉獄，又哪得梅花撲鼻香？斜倚牡丹叢下，抓一把飄零的落花，掬一把粉色的相思，卷一簾清夢，只想把它

第15章　醉中歸盤屋

翻成她的幸福永恆；然後，再抓一把飄零的落絮，掬一把紫色的相思，卷一簾西風，卻是人比黃花瘦。夜深沉，風依然在吹，月上中天，子夜吳歌幽幽地唱，那悄然屹立的人，心卻在風中孤單，無人問津。

　　心未死，欄杆拍遍，還是等不到她來。傾耳，鳶啼鶯囀，欲將殘月賦諸筆牘，卻又不堪回首月明中。纖塵落盡，一城飛絮，幾度春風冷，相思倏忽驚醒了他的夢，也葬了他的心，而那滿懷的深情，卻只能靜默著開在陌上，隨寒蟬的悽切，一聲一聲，喚到天明。她走了，花開滿了肩頭也落了滿地，那些深藏的思念依舊如煙揮之不去，滾滾紅塵裡，寫滿的都是天蒼蒼、野茫茫的空洞，還有那鋪天蓋地的煙鎖重樓。

　　愛，還是不愛？於他而言，這本不是什麼兩難取捨的無解的題，為什麼兜兜轉轉走了千山萬水的路後，他還是不能隨心所欲地去愛，去擁抱他該有的歡喜與明媚、幸福與溫暖？一曲驪歌賴明月，枕著滿懷的孤單寂寞，一個人獨奏在水湄，看妊紫嫣紅花滿天，只道是尋尋覓覓、冷冷清清、悽悽慘慘戚戚，卻無奈，天長地久有時盡，此情綿綿無絕期。到底，該怎麼做，他才能逃出這慾海的生天，不再去想她，不再去愛？

　　抬頭，月色依舊很美，想要在紅箋上寫下這滿心的無奈，卻發現，飲盡相思，倒瘦了所有的記憶。徘徊在往事的追憶中，青山沉默在亙古的悠遠裡，黑夜也沉思著不肯讓晨曦提前到來，唯有一襲清冷的風，依然寂寂地吹在他的心頭，而本已冗長的思念又被拉長了許多許多。對她的想念彷彿毒癮上身，總是怨月恨花，徒然惹了千般的煩惱，然，前事參差，漫隨亂紅飄飛，總是理不出個頭緒，細細思量後，方才明白，那不過是一場寂寞的獨舞，縱使燈火通明、管弦齊奏，演繹的也只是一份永遠都拂之不去的孤獨與淒涼。

　　清風徐徐，款款相送。仰望蒼穹，但見星光點點，撲朔迷離，卻是滿

第4卷　長恨歌：在天願作比翼鳥

心都擠滿了荒蕪蒼涼，舉步維艱，無法不繼續游離在幽暗昏晦的迷谷。寒風蕭蕭，徹骨冰涼，他伸出手去，想要抓住一線的光明、揪住一絲的溫暖，才發現那相思宛如一場迷惘而美麗的夢幻，終究是可望而不可及的遙遠，再怎麼努力，也只換來溼溼的水珠在面龐輕輕地流淌。心碎了、心裂了、心在凝噎、心在哽咽，本自相思，奈何偏偏傷得他體無完膚？還要繼續相思繼續等待下去嗎？他不知道。他只知道，從前的每一次等待都彷彿一次自虐，剪燈花，抱濃愁，看滿腹柔情夢中休，終歸虛無，只餘暗夜悄無聲息地伴他左右，更添了他幾多徬徨、幾多癲狂，莫非，這樣的日子還要持續下去嗎？可如若不再持續，他又該做些什麼？到底，何為對？何為錯？年紀越大，卻是越加迷惘。

　　想妳了，湘靈，在水一方的妳可否知道，我心痛的感覺，總是在飄落的牡丹花叢下無聲地蔓延？想妳了，湘靈，悵坐窗下的妳可否知道，此時此刻的我，只能把思念飽蘸成一紙憂傷的文字，只能把牡丹花想像成妳的模樣，可是妳怎麼還是這麼的冷、這麼的冰、這麼的漠然？難道，妳真的看不到，我緩緩滴落在花瓣上的那顆癡情的濁淚？睜眼閉眼之間，揮之不去的仍是她那纏繞於心頭的倩影，卻原來，有些人、有些事，永遠都走不出心的羈絆，可是她為什麼總是對他無限忠誠的深情視而不見？

　　佛說：「留人間多少愛，迎浮世千重變，和有情人，做快樂事，別問是劫是緣。」可是佛還說：「執著如淵，是漸入死亡的沿線；執著如塵，是徒勞的無功而返；執著如淚，是滴入心中的破碎。」難道，難道這一世，她終是他夢中的水中月、鏡中花，最後因破碎而消散在他的九霄雲外？問世間情為何物，只教人生死相許？他為她許下了死，她又何曾為他許下過生？他們就像兩條無法交會的平行線，各自走向不同的方向，又怎會在相同的終點重合？

　　知不知道，在她無情的剎那，卻是他最有情時？在她遠去的目光裡，

第15章　醉中歸盩厔

他，終於倦了，不再追逐、不再呼喚、不再流連、不再等待、不再痴纏、不再癲狂，只是瑟縮在寂寞的角落裡，任孤單與傷感將他整個吞噬，然後，在青萍心碎的注目中，騎馬沿著來時的小徑，緩緩踏上了回歸盩厔的路途。

「白大人！」

他沒聽到青萍拖長尾音，追逐在他身後，含著一腔傷感喚他的聲音，只是浸在湘靈帶給他的憂傷中，往金光門外的昆明路上疾馳而去。滿是淚痕的衣襟，綴滿牡丹花瓣的傾訴，正楚楚哀憐地渴望她吻遍他周身的傷悲。

一輪圓月，在憂傷的等待中照亮了為情守候的蒼穹；一盞孤燈，在不變的思念中點亮了寂寞生花的詩情。在她灼灼注視的目光下，他凋零滿地的心碎，托起琉璃的胸懷，搖著經筒，緩緩行走在詩意的人生裡。將漫漫的花香迅即升騰成裊裊的心語，想要在她離去的背影裡融入最後的溫暖，卻不料，終究還是讓自己假裝堅強的笑容失意在短暫的詩行裡。於是，只能孤單著聽風馬聲聲，從遠處傳來一生一世的呼喚：

金光門外昆明路，

半醉騰騰信馬回。

數日非關王事繫，

牡丹花盡始歸來。

—— 白居易〈醉中歸盩厔〉

「金光門外昆明路，半醉騰騰信馬回。」金光門外、昆明路上，醉意朦朧的他騎在高頭大門上，一路往盩厔的方向逶迤而去。儘管官職卑微，但身為盩厔縣尉，他也不能恣意滯留在長安城遲遲不歸。

是的，那裡並沒有他要尋覓的湘靈，卻有他栽下的薔薇。那一日，他不是許諾要將那叢薔薇當作他新娶的妻子來對待嗎？失去了湘靈，他還有

第4卷　長恨歌：在天願作比翼鳥

薔薇夫人不是？他輕輕地笑，低低地泣。她不在了，他竟然淪落到要將一叢薔薇當作妻子的地步！只是，她明不明白，那一叢飄香的薔薇，清淡如水、清芬如茶，一縷縷飄然的姿態，猶若他對她的眺望？

「數日非關王事系，牡丹花盡始歸來。」數日流連長安城下，卻與朝廷之事沒什麼關係，只是緣於他悲傷惆悵的心緒罷了。長安城雖不是他的故鄉，卻有著一幫能夠替他分憂解愁的親朋至交，還有那曲江畔的一群如花似玉、鶯歌燕舞的紅粉佳人。或許，他只是想在那些輕舞飛揚的女子身上覓到湘靈的一抹溫柔，哪怕是一點一滴，也是好的。

歸去來兮。別了，長安；來了，盩厔。在牡丹花盡的季節，他又回到了盩厔，但他知道，以後的以後，每個夜深人靜的日子裡，他都會藉著文字的溫度，在她哀傷期盼而又決絕的眼神裡取暖。問世間情為何物？直教人生死相許。只是，今夕何夕，伊人又在何處，可否看到他用血淚澆成的字句？驀然回首，卻是，枉嗟嘆，空牽掛！

Tips

〈醉中歸盩厔〉為白居易身為盩厔縣尉，時常往返於長安與盩厔期間所作，當為元和元年至元和二年期間的作品。任盩厔縣尉期間，白居易除作有〈長恨歌〉、〈戲題新栽薔薇〉外，還作有諷諭詩〈觀刈麥〉、《秦中吟》等著名詩篇，其中《秦中吟》共分十首，包括〈議婚〉、〈重賦〉、〈傷宅〉、〈傷友〉、〈不致士〉、〈立碑〉、〈輕肥〉、〈五弦〉、〈歌舞〉、〈買花〉。

第 16 章　贈內

生為同室親，死為同穴塵。
他人尚相勉，而況我與君。
黔婁固窮士，妻賢忘其貧。
冀缺一農夫，妻敬儼如賓。
陶潛不營生，翟氏自爨薪。
梁鴻不肯仕，孟光甘布裙。
君雖不讀書，此事耳亦聞。
至此千載後，傳是何如人。
人生未死間，不能忘其身。
所須者衣食，不過飽與溫。
蔬食足充飢，何必膏粱珍。
繒絮足禦寒，何必錦繡文。
君家有貽訓，清白遺子孫。
我亦貞苦士，與君新結婚。
庶保貧與素，偕老同欣欣。

—— 白居易〈贈內〉

　　光陰似箭，歲月如梭。楓葉已經落了幾茬，秋風蕭瑟，一夜間，草木搖落露為霜，寂寞又如同初生的春草，在思念的琴弦裡起起伏伏。

　　回首曾經的歲月，往事如夢，竟不知該如何替它定義，是荒謬、是遺

第 4 卷　長恨歌：在天願作比翼鳥

憾、還是夢魘？不願去想，也不想去想，與她生離別，或許一切都變得沒有意義了。

　　靜佇河畔，獨享遠離浮華喧囂的一瞬，眼角有淚水悄然滑過。風在柳堤深處淺唱，魚在水中低吟，燕子御風而行，她的身影依然在花下翩躚，而他的影子卻孤單成一葉殘荷，在靜謐與祥和中擱淺。

　　斜陽橫水，殘光繞樹，暮色在眼底漸漸濃了，他凝神靜觀，什麼漢時風、魏時雨，通通在心底睡去，只餘一片漫舞的思緒，在空中迷離，讓他找不到自己的方位。於是，索性閉上眼，丟掉所有的束縛，任辭藻搜刮他的意念，卻聽得一片斜陽落水、風搖朽木之聲。

　　透過一層如紗的薄霧，一抹殘陽在水中搖搖晃晃，歪歪斜斜的步履，執拗地灑在河畔孤單的影子上，宛若一闋未寫完的詩，最美，在結尾處渲染。抬頭，望向西下的夕陽，他輕輕地嘆息，黃昏再美，日光終還是要繾綣消散，去迎接更深的寂寞與幽暗，心，倏忽間便被什麼刺痛了麻木的感官，於強烈的不安中，在未來的迷惘與現實的無奈間不停地交織著。

　　不願去想，不想去想，卻還是無可救藥地念起了遠方的她。如若黃昏是詩者的斷章，在他心裡，她依然宛若水中央的伊人，在《詩經》裡舞動著薄如蟬翼的紗，將夕陽醉臥靜水的姿態，輕輕地描摹，低低地吟唱，那抹別緻的風情，是世間最殊勝的景。她的存在，讓這沉寂的詩行在素箋上跳躍出一種寂寞的憂傷，她的優雅，讓靜水流深的沉思在無言中點亮了一首小詩越行的美，那一點點的靈動、一點點的溫婉，片刻間便轉折成一個全新的章節，在他眼裡，依然是最深最真的美輪美奐。

　　站在夜色緩緩拉開的帷幕下，不經意間，便喝下了她藏在經年溫柔裡帶有一絲苦澀的愛之毒。在她素紗漫卷的旋舞中，他讓毒素在身體裡聚集、擴散、蔓延，一點點地吞噬著心的歡、一點點地撕扯著心的沉醉，卻

第16章　贈內

又心甘情願、無法自拔。那一刻，風停止了呼吸、鳥停止了鳴唱，所有靜止的目光，都熱切期待著她下一場更加翩鴻的舞姿，而他，就那樣呆呆地看著她，直至慢慢匍匐在地。

情到深處，愛如弦起，卻是聲聲醉心。伸手撫摸著凌亂的思緒，他不知道心底噴湧而出的究竟是思念還是心痛，更不知道該怎樣才能把這份痴纏的愛延續到地久天長那麼遠。她的美彷彿樂章中靜止的音符，靜靜停靠在五線譜上，不撥動，更有一種難喻的靜美。然，這難撥的天籟，卻是他心底的隱憂，如果有一天她在他背後輕輕撥動起琴弦，他又該如何才能衝破重重的雲煙與她產生共鳴？

相思，一點一點地，和著雨絲，伴著清風，交織成珠簾，自天而降，將他席捲，在這無人問津的夜裡，任憑他怎麼掙扎，也無濟於事。夜裡的他，最怕悽苦的相思、無聲的心痛，而她給予的愛，卻在這亙古的沉默中為他釀製成了甘甜中帶有微微清苦的毒，如幽幽的樂曲，在心底緩緩蕩起一圈又一圈的漣漪，最後在心頭脈脈地發作，任美麗的憂傷倏忽填滿心間。

湘靈。一聲聲痴情呼喚著她的名字，未曾想，自以為堅強的他，還是禁不起她的溫柔蠱惑，就這樣便讓她悄悄地把那冰封了千年的心偷走，直至慢慢融化，滴落成河，一路逶迤地流進她遙遠的夢境；就這樣便被她悄悄地把那寂寞的魂默默地牽走，讓他相思無度，在萬分的不捨的釋放著淡淡的憂傷，在愛而不能的哀怨中留下絲絲的傷痛。愛情的毒液早已擴散至他的大腦，侵蝕著每一根神經，因為有她，一份繾綣的柔情，便多了些許憂傷、多了些許清愁，那難耐的刻骨的想念更是一次次無情地掀起沉靜的纏綿，雖然痛著、傷著，卻讓他總也欲罷不能、難捨難棄。

無眠的夜，他痛苦地呻吟著，繼續在風中輕喚著她的名字。感受不到她的氣息，思念再次蔓延，與歲月一起沉淪；感受不到她的溫暖，相思備

第4卷　長恨歌：在天願作比翼鳥

受煎熬，心一片片地碎在天涯。楊柳岸、曉風殘月，此去經年，應是良辰美景虛設，便縱有千種風情，更與誰人說？午夜夢迴，遙望天上一輪明月，思念中糾葛的無奈與寂寞，迅速波動起內心深處的傷感，讓他再次心甘情願地喝下她藏在溫柔裡的毒，任毒液緩緩浸潤到夢裡，賦著柔情，灑下顆顆相思的淚珠。於是，思念便在風雨中，糾纏著、快樂著、幸福著、痛苦著、心殤著……。

凝眸，楓葉隨舊了的心事紛紛落在靜謐的陌上，轉眼秋去冬來，已是元和二年的十一月。三十六歲的他帶著一身的惆悵被召回長安，授為翰林學士。雖然只是小小的升職，但卻是皇帝身邊的近臣，無論如何，這次新的任命也是一份值得珍視的榮寵。然，他眼裡、心裡、夢裡看到的仍只是那個遠在千里之外的湘靈，對晉升、對能在皇帝身邊任職，根本就不屑一顧。失去了湘靈，再多的榮耀、再多的俸祿、再多的注目，也只是一場虛設的繁華罷了。

在冷冬裡邂逅她的蹤影，回想她漠然冷寂的模樣，他的心又莫名地疼痛起來。湘靈啊湘靈，下一個春天裡，我該如何才能歡喜著走進妳的心裡？妳知不知道，即便在無人路過的荒山野嶺靜默成枯黃的樹幹，孤零零地矗立著，我也會在風雪中日夜唸著經文，匍匐祈禱、上下求索，只為渡向有妳的彼岸？

淡淡的風，在水湄吹醒他青澀的夢，她輕柔的聲音宛如一首曼妙的旋律，久久縈繞在耳際。靜靜的夜是一段不眠的曲，每一個音符都是一幕落塵的記憶，而她是記憶裡最華美也是最荒蕪的存在。攤開掌心，那些曾以為早已被牢牢握緊的東西，在風的親吻下卻又變得飄渺迷離。或許，感情本就是一首無韻的詩，只一個不留神，便再也尋不到詩裡的真諦，而人生注定要有一些揮手轉身的記憶，才會成就那份形同陌路卻又心心相印的情意吧？

第 16 章　贈內

　　青山隱隱水迢迢，秋盡江南草未凋。二十四橋明月夜，玉人何處教吹簫？三更雨急，淅淅瀝瀝的雨聲倏忽間便喚起他思念的殘夢，讓他瞪大了雙眼在虛無的空洞中努力地找尋著那些早已泛黃的記憶，然，尋來覓去，找到的也只是屬於他一個人的悲傷惆悵。昏黃的燈光下，曾經相偎的身影早就被流年褪去了色彩，偌大的空間只餘下窗外飄進來的那一抹清爽的風，似曾無聲的夢，依舊獨自淺唱著那曲遙遠的相思。

　　想她、念她，心惆悵、風不清、月不明，思念卻在回憶中起舞翩躚；愛她、怨她，影消瘦，風景如初，卻是人面無蹤心難尋。他知道，這一生再無法逃出她的手心，她的身影亦再無法逃離他的視線，而這一切，只因為他的身心早已沾滿了她的情毒。莫非，愛一個人真的必須痛到斷腸，心才肯罷休嗎？

　　心浸在思念的雲天裡隨風飄揚，放手讓沉澱已久的酸楚釋放著愛的芳香，只留下淡淡的憂傷，在他寂寞的天空徘徊，卻不意，一回首，轉眼又是一個明媚的春天。這一年，是西元 808 年，唐憲宗元和三年。三十七歲的他榮升左拾遺，與青萍的婚事也在楊虞卿、楊汝士兄弟以及摯友元稹、陳鴻、王質夫、李紳等人的操持下邁向新的里程碑。真的就要娶那個小自己十二歲的女子為妻了嗎？楊氏青萍，那位官宦人家的千金小姐，的確是母親陳氏夢寐以求的佳媳人選，眼看婚期將近，他的心卻顯得更加寂寞孤獨。為什麼為是這樣？他心裡掛懷的永遠都是遠在符離的湘靈，他夢中期求的賢妻亦永遠都是在風車水畔等他的湘靈，可是他為什麼要答應，要答應與青萍的婚事？為什麼？

　　或許是楊家兄弟的盛情難卻，或許是元稹、陳鴻等人的一再遊說起了作用，或許是青萍的溫柔可人引起了他的關注……可是他明白，這些都難以自圓其說，自己之所以答應娶青萍為妻，最大的理由便是母親陳氏的以死相逼。陳氏已經五十四歲了，眼看著兒子即將步入不惑之年，婚姻卻仍

第4卷　長恨歌：在天願作比翼鳥

然沒有著落,她急得一夜白了全頭,恨不得一頭撞死在他面前,絕了他對湘靈的依戀之情。

「你!你都快四十歲的人了,再不成親,難道要為娘的跪下來求你不成?」陳氏滿眼悲慟地望著白居易,「兒啊,不是為娘的心狠,執意不肯讓你娶那湘靈進門,而是宗族的顏面要緊,那樣的女子確實無法登堂入室啊!」

「孩兒早就說過了,既然母親大人永遠無法接受湘靈,那孩兒就遵從您的意思好了!」白居易冷冷盯一眼陳氏,忽地轉過身,抬首望著窗外的落花,在一個人的燈光下尋找著那久遠到模糊的記憶,繼續想著湘靈的身影,任那顆疲憊的心,在深深的海底升起一輪和煦的暖陽。

「你就是要用這種方式來報復為娘的嗎?」陳氏轉到他面前,望著他哽咽著說:「娘已經年過半百,難道你想讓娘帶著終身的遺憾去地底下追尋你爹不成?」

「孩兒一切都遵從母親大人的意思,實在不明白母親大人又何來的遺憾?」

「你是在逼我。」陳氏緊緊盯著他冰冷的目光,「你逼我不要緊,可是你怎能逼你死去的父親,還有白家的列祖列宗?看看你,都三十七歲的人了,卻還是孤家寡人一個,你是真想讓白家斷子絕孫不成?」

「孩兒不明白母親大人在說些什麼。」他淡淡地回應著,「大哥和三弟都已是有家有室、兒女成群的人,白家怎麼會斷子絕孫?」

「你是真不懂,還是假裝糊塗?」陳氏的聲音變得淒厲起來,「為娘的是要你成親,要你替我生個白白胖胖的大孫子,你明白嗎?」

「可是娘不讓兒子娶湘靈過門。」

「可是娘也沒不讓你娶青萍姑娘過門!」陳氏提到青萍,目光漸漸變

第16章　贈內

得柔和起來，伸過手，輕輕拍著他的肩頭，「樂天，青萍是個好姑娘，過了這個村就沒了這個店，你一定得好好把握啊！」

「娘知道，我喜歡的只有湘靈一人。」他囁嚅著嘴唇輕輕嘆息著。

「娘沒讓你不喜歡湘靈，可是你也必須替娘把青萍娶進白家的門來！」

「必須？您說的必須，是不是孩兒都要一字不差地去履行？好，您不讓娶湘靈，我就不娶，可是您為什麼又非逼著孩兒去娶一個我一點也不喜歡的女子為妻呢？」

「你不喜歡青萍？」陳氏疑惑地打量著他，「你不喜歡她，為什麼要在楊家兄弟面前答應這門親事？你不喜歡她，為什麼青萍姑娘來家裡看娘的時候你從沒表現出過一絲一毫的冷漠？你不喜歡她，為什麼要讓元微之去楊家替你求親？」

「那都是微之的胡鬧！」

「胡鬧？可是為娘和青萍姑娘都是當了真的！」陳氏重重點著頭，「我已經讓人向楊家送去了彩禮，這門親，你想結也得結，不想結也得結！」

「母親大人不覺得自己太過霸道了嗎？」白居易目光犀利地掃向陳氏，「您有沒有想過，一門不存在愛情的婚姻裡，受傷的會是兩個人嗎？青萍是個好姑娘，難道您忍心看著她嫁給一個不愛她的男人，嫁到一個不可能帶給她幸福和溫暖的家庭裡來嗎？」

「愛？別跟我說什麼愛不愛！我嫁給你爹的時候才只有十四歲，那時的我懂得什麼叫愛？可是我不是照樣嫁到了白家，成了你和行簡的娘！」

「可是您幸福嗎？這輩子，您感覺到哪怕是一點一滴的快樂了嗎？」

「你⋯⋯」陳氏渾身打著顫，伸手點著他的鼻尖，「你，你⋯⋯」

「孩兒不想忤逆母親大人，孩兒只想請您捫心自問一下，沒有愛情的

第4卷　長恨歌：在天願作比翼鳥

婚姻到底會為青萍帶來什麼？那怎麼可能會是溫暖的泉源？那就是死亡的墳墓，冰冷的地獄！您，微之、大亮、慕巢，還有師皋，你們都以為我會帶給青萍幸福，卻忽略了我心已死，難道就不明白這樣做的後果是把青萍逼向絕路嗎？因為我的過錯，已經讓湘靈痛不欲生，我不願意再讓青萍那個無辜的女子捲入無畏的犧牲，您明白嗎？」

「可是，你真的就想一輩子都這樣一個人過下去了嗎？」陳氏痛心疾首地睖著他，「你心裡想的念的都是湘靈，何曾為我這一把年紀的老母親想過？難道，你非要看到為娘的向你下跪，看到我血濺宗祠，才肯風風光光地把青萍娶進門來嗎？」

他怎麼也沒想到，母親說到做到，不僅在他面前下跪，而且多次企圖自殺，威逼他如期將青萍迎娶進門。他輸了，輸在了母親的執拗下、輸在了親朋好友的關懷裡。那個春天，他終於強作歡笑，一頂八人抬的大花轎，將楊府千嬌百媚、端莊嫻淑的小姐青萍娶進了白府，然，洞房花燭夜，他仍在期待湘靈用輕柔的雙手，替他拭去臉上的疲憊，親吻他惆悵的容顏，可是等來等去，最終等來的卻是來也匆匆、去也匆匆的恨不能相逢。

輕輕，挑開那個叫做青萍的女子頂在頭上的紅蓋頭，他整個人都沐在深深的憂緒裡，無法自拔。嘆，愛也匆匆、恨也匆匆，一切都是空，此時此刻，他唯有用一聲狂笑、一聲長嘆，來祭奠他或快活一生或悲哀一生，卻不能與自己心愛之人廝守一生的生活。難道，日後要與他白首到老的就是眼前這個並不精通文墨的大家閨秀？望向窗外開得如火如荼的小花，密密的心事，都藏在那粉白嬌嫩的花蕊裡，想花容的美麗，他唯有轉過身，踱至窗下，在湘靈的神傷裡嚶嚶抽泣。

愛可無痕，情能否無跡？她走了，走得很遠，可愛還在，心中的執著依舊。然而，時光輾轉，她已不再是她，已成為一個記憶的符號，刻成了

第16章　贈內

他荒塚裡的墓誌銘。曾經，他們真誠地相愛；曾經，他們無奈地分離；曾經，他們放蕩形骸；曾經，他們愛得絕塵……而今，他們早已經為愛轉身，以後的以後，是不是唯有在文字裡掀風作浪，他才能找得到那一份永久的感動？

「相公！」在他面前，與他十指緊扣的居然是鳳帔霞冠的青萍，那個自此後要被他喚作妻的女子。

望向她，心如絲，絲若線，絲絲線線，糾纏不清，很多白日裡不曾細想的心事，很多平常裡已經遺忘的細節，在這時，都清晰如昨地顯現在記憶裡。他真的會愛上青萍嗎？他真的會當好一個丈夫嗎？瞪大雙眼，他感覺到一股巨大的寂寞在孤獨中深深攫住了他。月光，斜斜穿過窗紗，投影在貼滿大紅喜字的牆壁上，映照得滿屋子的清冷在他眸中凌亂，伸手撫著她溫暖的手指，他卻感到別樣的淒寒，猶如那孤翁獨釣寒江雪，一個人冷冷清清地面對著萬徑無人蹤的天地，滿心裡裹挾的都是寂寞清秋冷。

「相公！」她細細的情絲，醉在這百花齊放的季節裡，羞澀的臉龐在他眼前露出滴滴的笑容。「夜深了，相公站在窗下會著涼的。」

「青……萍……」他感激地望向新婚的妻，目中潸然有淚。

她伸手替他拭去眼角的淚花，什麼也不問，只是輕輕拉著他的手，緩緩朝母親陳氏親手替他們鋪好的綿繡床邊走去。

「青萍，我……」他痛苦地閉上雙眼，不知道該對她說些什麼才好。

「我會努力做好相公的妻子的。」她把他的雙手攢在她的手心裡，「只要相公喜歡，青萍願意為你做一切的事情。」

「青萍……」他睜開雙眼，反過來緊緊攢住她的雙手，「我……」

她輕輕搖著頭：「相公如果還不想睡，就為妾身作首詩吧。」

「作詩？」他不無驚訝地瞪著她，「現在？」

第 4 卷　長恨歌：在天願作比翼鳥

「嗯。洞房花燭夜，有相公為青萍作詩，妾身定是三生有幸。」

他咬一下嘴唇，在她期盼的目光中，端坐案邊，接過她遞來的筆墨紙硯，輕輕一點，便在花箋上認認真真地寫下：「生為同室親，死為同穴塵」十個娟秀的小字。生為同室親，死為同穴塵。他在心裡一遍遍地唸，這本是他要在新婚之夜寫給自己和湘靈同勉的詩句，為什麼卻變成了給予青萍的承諾？是承諾嗎？他真的準備好要做她的夫君，要把青萍當作他唯一的妻來愛來憐嗎？

不這樣又能如何？自從花轎落地，青萍已是他名正言順的妻，難不成，到現在，他還在希冀奇蹟發生，轉瞬間便把這眼前的美嬌娘變作那遠在符離苦守的湘靈？情未了，亦終是痴人說夢！

既然，已與她婚配，就要努力做好他的夫婿，與子攜手、與之偕老，可是，他真的能履行好一個丈夫的責任嗎？他不知道，淚光瑩瑩裡，他只能用詩箋上的重重墨跡揮就出一闋〈贈內〉，既是對她的勉勵，亦是對他自己的期待：

　　生為同室親，死為同穴塵。
　　他人尚相勉，而況我與君。
　　黔婁固窮士，妻賢忘其貧。
　　冀缺一農夫，妻敬儼如賓。
　　陶潛不營生，翟氏自爨薪。
　　梁鴻不肯仕，孟光甘布裙。
　　君雖不讀書，此事耳亦聞。
　　至此千載後，傳是何如人？
　　人生未死間，不能忘其身。
　　所須者衣食，不過飽與溫。

第16章 贈內

蔬食足充飢，何必膏粱珍？
繒絮足禦寒，何必錦繡文？
君家有貽訓，清白遺子孫。
我亦貞苦士，與君新結婚。
庶保貧與素，偕老同欣欣。

—— 白居易〈贈內〉

「生為同室親，死為同穴塵。」青萍啊青萍，妳可知，我是那初夏裡被牙痕撕咬過的樹葉，已禁不得更多的風霜，卻在這無涯的時光裡透支著生命，攜一縷風的清涼，將這無處安放的靈魂，矯情地張揚在指尖、潑墨在花箋，只是想努力與妳做一對白頭到老的夫妻？

是啊，我的寂寞，無需妳來分享，可是我不能眼睜睜看妳跳入火海，痛不可當。或許，上半輩子我的心整顆交給了湘靈；或許，下半輩子它還會繼續沉淪在對湘靈的相思裡無法自拔，可是我知道，我不能有負於妳，所以我只能在這新婚之夜向妳許諾：「生同室，相親相愛；死同穴，一起化塵」。

「他人尚相勉，而況我與君。」百年相戀，一朝死別；千年相戀，誰來煉情？生死輪迴，三生石上刻著三生情。青萍，雖然我心裡深深眷戀著湘靈，可是那已然成為過去，所以妳不用害怕、不用擔心，哪怕一再失敗，我也會嘗試做一個好丈夫，做妳一生一世的護花使者。

更深人靜，輕輕盯一眼全神貫注望向花箋的妻子，惆悵還依舊。昨夜西風凋碧樹，獨上高樓，忘盡海角路，問君能有幾多愁？恰似一江春水向東流。不知道這世上還有沒有人能讀懂他的哀傷？不知道還有多少玫瑰在黑夜裡等著天明的綻放？這些他通通都不關心，唯一能惹他心煩意亂的就是他意識到他深愛的湘靈再也無法抵盡他的世界了！愛情裡泛出的波痕依

第4卷　長恨歌：在天願作比翼鳥

然還在思念中蕩漾，為什麼一把油紙傘撐到了天荒地老，他還是不能與她執手共剪西窗燭，卻把朝雲暮雨的巫山情話輾轉成了一紙長長的遺憾？

他並不愛青萍，或許這輩子都無法愛上，叫他如何當好她的夫，又叫她如何做好他的妻？天若有情天亦老，卻嘆月老眼花了、手亂了、腦子糊塗了，偏生將這紅線弄得亂七八糟，只由得他淚灑前世！

青萍，青萍，她是豪門大族養尊處優的千金小姐，與他婚配，真能替二人帶來永恆的幸福嗎？他滿腹哀愁，青萍的脾性，他尚未完全摸透，如果婚後的她暴露出大小姐咄咄逼人的強勢，他將為之奈何？既然已是夫妻，心中的疑惑還有什麼不能說出來的？他人尚可相勉，何況是他與她？要想婚後幸福圓滿，或許唯有用這闋詩來勸慰勉勵她了。

「黔婁固窮士，妻賢忘其貧。」嫁為我妻，就得像戰國時期魯人黔婁之妻一樣安貧樂道。黔婁之妻出身貴族、才貌雙絕，卻拒絕了眾多王孫公子的追求，嫁給了芒履布衣的黔婁，從此布衣蔬食、躬操井臼，與丈夫一同耕作，甘天下之淡味，安天下之卑位，既不為貧賤而憂愁，亦不為富貴而動心，是歷史上賢妻的典範。

「冀缺一農夫，妻敬儼如賓。」春秋時期的晉人冀缺只是一介農夫，可是他的妻子卻與他相敬如賓，從沒有輕視過一天到晚只知道在田裡種地鋤草的丈夫。這一切，都被晉國大夫臼季看在眼裡，他認為一個能夠與妻子以禮相待的人就一定擁有大德行，於是將冀缺推薦給晉文公助其治理國家，並被任命為下軍大夫。

「陶潛不營生，翟氏自爨薪。」東晉時期的陶淵明自從辭去彭澤令之後，就帶領家眷歸隱田園了。妻子翟氏是個有著高尚品格的女子，對於丈夫的選擇毫無怨言，卻甘心與他同甘共苦，一起耕種偕老，「夫耕於前，妻鋤於後」，每炊必定親自侍弄柴火煮飯，亦是古今賢德之妻的楷模。

第16章　贈內

「梁鴻不肯仕，孟光甘布裙。」梁鴻、孟光，是東漢時期的一對恩愛夫妻。梁鴻家貧博學，與妻孟光隱居霸陵山中，過洛陽而作〈五噫歌〉，諷刺統治者，為朝廷所忌，只得隱姓埋名逃往齊魯，後又前往吳地依附皋伯通，居廊下小屋內，為人傭工舂米。每歸，孟光為其具食，必舉案齊眉，以示敬愛。

「君雖不讀書，此事耳亦聞。至此千載後，傳是何如人？」青萍啊青萍，妳雖不喜讀書，可是這些典故，作為士家大族的千金小姐，定然不會陌生吧？他們的故事傳至今日有些已歷經千年，可能將他們操行沿續下來的又有幾人？

「人生未死間，不能忘其身。所須者衣食，不過飽與溫。」人生在世，自然不能忘卻其身，無法不愛惜自己的身體，不過人之一生，所需衣食，可以解決溫飽即可，沒有節制地追求物質享受定然不是志士廉人所為，我想婚後的妳也定然不會向我提出非分的要求吧？

「蔬食足充飢，何必膏粱珍？繒絮足禦寒，何必錦繡文？」普通的蔬食足以充飢，何必非要追求那些山珍海味享受口舌之快？廉價的繒絮已經足夠禦寒，何必非要穿著那些綾羅錦緞招搖過市？

「君家有貽訓，清白遺子孫。」君家乃是東漢太尉楊震的後人，自然不會不了解楊公生前的「清白」貽訓。楊公生性公廉、通曉經文，風雅清正、志存高遠，人稱「關西孔子」，由於他治家有方，家風嚴整，子孫常蔬食步行，多賢才，世代多出高官，妳雖身為女子，但亦不可忘記祖訓，這樣才能做一個賢德的妻子。

「我亦貞苦士，與君新結婚。」新婚之夜，就寫下這樣一闋冷漠得甚至不近人情的勸勉詩贈予妻子，白居易亦覺得自己有些過分。可是詩已寫至末尾，他亦無法收回，只好懷著一顆愧疚的心望向青萍，告訴她，自己之

第 4 卷　長恨歌：在天願作比翼鳥

　　所以如此勉勵她，皆因少時歷經戰爭，看多了世間人情冷暖，更親身經歷了貧苦困頓的生活，才更加明白幸福來之不易的道理。

　　「庶保貧與素，偕老同欣欣。」青萍啊青萍，這一生，只要安貧樂道，我和妳，就能永遠永遠不離不棄、生死相依、綿綿無盡，做一對恩愛逍遙的快活夫妻。

　　他輕輕放下筆墨，將那首墨跡未乾的詩箋遞到青萍手裡，卻看到她早已是潸然淚下。如果青萍真能像他詩中所要求的那樣做好一個舉案齊眉的妻子，他真的就能給她一份逍遙快樂的婚姻嗎？

　　他不知道。窗外，綿綿的春雨和著內心的傷痛與不捨不期而來，搖曳的燈火無法記錄他的點滴哀愁。大地於淚滴處滋生了片片晶瑩的花瓣，莫非，淚水的消逝也等同於愛情的葬禮？問世間情為何物？「情」之一字，對自己來說終究只有一次機會，更無法如花開花謝般周而復始，以後的以後，他該拿什麼來撫慰青萍那顆在新婚之夜就被他傷得支離破碎的心？

　　前世姻緣今生聚，但相思，莫相負。然，他和青萍，到底又是怎樣的一種緣分？被雨水洗過的夜少了許多擾人的喧囂，指間流淌的每一縷清風都在靜靜訴說著一個又一個悽美的故事。默默坐在窗前，在妻子的淚眼裡，沉霧又把他的思緒帶到符離城外某一個雨後的夜晚，像現在這樣，只是用手中的筆，刻下表面的淡然，只想等到天明，裝訂對湘靈散亂的思念。

Tips

　　元和二年末，白居易從盩厔回朝任職，於十一月授翰林學士。次年，即元和三年，三十七歲的白居易授左拾遺職，母親陳氏眼見兒子婚姻仍然無果，以死相逼，不得已下，白居易於當年娶同僚楊汝士之妹青萍為妻，徹底結束了單身漢的生活。

第16章　贈內

〈贈內〉是白居易新婚不久後寫給妻子楊氏的一首勸世詩，詩中不僅表達了詩人的人生態度，更勉勵妻子要學習古代那些賢惠婦女，安貧樂道，跟丈夫和睦相處，不要貪圖物質享受。由詩的內容可以推測，出身豪門貴冑的楊氏在他們新婚之際，尚不諳白居易情性，可能向他提出過某些物質生活方面的要求，而這些要求在白居易看來都是有違禮教和為妻之道的，所以就以詩信的形式對楊氏進行了勸告。

第4卷　長恨歌：在天願作比翼鳥

第 17 章　井底引銀瓶

井底引銀瓶，銀瓶欲上絲繩絕。
石上磨玉簪，玉簪欲成中央折。
瓶沉簪折知奈何？似妾今朝與君別。
憶昔在家為女時，人言舉動有殊姿。
嬋娟兩鬢秋蟬翼，宛轉雙蛾遠山色。
笑隨戲伴後園中，此時與君未相識。
妾弄青梅憑短牆，君騎白馬傍垂楊。
牆頭馬上遙相顧，一見知君即斷腸。
知君斷腸共君語，君指南山松柏樹。
感君松柏化為心，暗合雙鬟逐君去。
到君家舍五六年，君家大人頻有言。
聘則為妻奔是妾，不堪主祀奉蘋蘩。
終知君家不可住，其奈出門無去處。
豈無父母在高堂？亦有親情滿故鄉。
潛來更不通消息，今日悲羞歸不得。
為君一日恩，誤妾百年身。
寄言癡小人家女，慎勿將身輕許人！

—— 白居易〈井底引銀瓶〉

第 4 卷　長恨歌：在天願作比翼鳥

　　四月的天空依舊那麼湛藍，那麼清澈見底，輕風細語好似密布的柳絮，遮住整個蒼穹，同時也打亂平靜如水的生活。於是，無形之中便多了些落寞、多了絲憂愁，而那一回眸之間的捨不得放不下甚至荒蕪了半城煙沙。

　　漫天如洗的風華，將錯過生生拉開。他看不見她的身影，也聽不到她懷抱琵琶的音律，更摸不到她朝他走來的方向，終讓她在記憶中流淌成他今生最深的遺憾。從一開始相遇，或許就注定她於他而言只能是過客、只能是相視一笑的露水情緣、只能是撕心裂肺的陣痛、只能是笑中帶淚淚中含笑的惆悵、也只能是擦肩而過後永遠都無法抹去的遺憾。因為，錦瑟年華之外，她是他唯一的心傷。

　　她不再回應他肝腸寸斷的痴情信箋、她不再理睬他纏綿悱惻的情詩、她不再觸碰有關心情的任何文字，而他徹底崩潰如山倒，淚水突然失去了活力，一直在眼中打轉，卻不肯落下，終至凝結成愛的琥珀，重重砸在心坎上，讓心化為易碎的琉璃，只一瞬，便讓他粉身碎骨。

　　往事歷歷在目，昨日的經歷宛如舞臺上演繹的戲劇情節一一在他眼前重現，而他依舊孑然一身，孤孤單單地獨守在風的寂然中，聆聽心的顫抖，彷彿她所說的永遠就是今天，就是今天這般的孤寂與落寞。於是，終於開始明白，原來，咫尺與天涯的距離，只是一句話而已，如果當真，便真的從一開始就徹底輸掉了。

　　他想哭，卻沒有眼淚，只有悲傷掉落在深陷的眼眶中，捲著惆悵在風聲裡不停地打轉。柳絲飄飛，窗外的搗衣聲又在最不經意的時候震耳欲聾地響起，不知是誰家的思婦依然執著在井邊牽掛起遠出未歸的良人，那一聲聲不變的單調的節奏仿似火力威猛的炸藥，瞬間便炸裂開他的大腦，讓他頓時匍匐在地，哪怕再多聽一聲也會讓他痛不欲生，從此陷入萬劫不復

第17章　井底引銀瓶

的深淵。

　　此時此刻，記憶裡籠罩的全是她的影子，模糊的、清晰的、悲傷的、歡喜的、優雅的、沉靜的，排山倒海般向他襲來，不斷撕扯著他的靈魂，任面頰滾燙，燃燒又熄滅萌生的想念。湘靈啊湘靈，妳可知，我已經沉溺在妳的世界，深不見底，無可遏制。可是妳究竟在哪裡，還要用什麼方法來懲罰我對妳的背叛？

　　回憶的疼痛，是她無法想像的心酸，想要置之度外，完全是痴人說夢的天真與荒唐，一轉身，便是更加難以癒合的傷。即便如此，他卻依然拚盡全身的力氣去黏合那顆碎花如雨的心，不讓記憶也零落成破碎的碎片，未曾想，用力過猛，那些歡喜的憂傷的記憶最終還是碎成了碎片，每一個方寸間都擺滿了他的心痛。還記得，山花滿頭的時候，她滿眼深情地望向他並答應要陪他一生一世、與之偕老，可是春天來了又去，去了又來，這姹紫嫣紅開遍的陌上他又該去哪裡尋覓她的蹤跡？愛若是沒有勇氣，可否真誠告訴他，花已謝，而此情亦早就凋零輾落盡成泥？

　　過錯，只是短暫的失足；錯過，卻是永久的遺憾。他知道，錯過她，便是錯過生裡中最美的重生季節；而她知不知道，錯過他，即便重新收穫陽光，踏著幸福一路前行，也會越走越遠？倘若，人生是一輛馬車，那他們便是相對而行的路人，她從南方輕盈而至，他打北方匆匆而來，不經意的回眸，讓彼此深陷入柔情中而不願自拔；倘若，人生是一場沒有終點的旅途，那麼他願意不計一切代價地帶她一起奔赴前程，不問前塵舊事，不帶恩怨是非，只帶上一顆真心、一份真情。可是這份真心，她真的懂得，而所有的旁觀者又都能理解嗎？

　　其實，他一直都在錯過，錯過她的溫柔、錯過她的善良、錯過她的深情、錯過她點點滴滴的包容、錯過她絲絲縷縷的不捨。他似乎從來都沒有

第 4 卷　長恨歌：在天願作比翼鳥

　　真正用心珍惜過這段情，如若是，又為何一而再、再而三地錯過，卻放任她無休無止地為他傷情、傷心、傷淚？湘靈，愛原本是沒有對與錯的，是嗎？因為我從沒意識到自己會在愛裡犯錯，所以當妳決絕地離開時，我才會在痛定思痛後笑得那麼沒心沒肺、那麼狂妄如潮，可是妳知不知道，越是愛得深，越是傷得重，而我笑容的背後卻早已是傷痕累累？

　　或許，錯過便是最好的結果，否則這馬不停蹄的憂傷何時才是盡頭？當真心墜入懸崖之後，滿滿的的情濃於血，都在瞬間化為哀傷的淚水，顆顆滴落在掌心。遇見的時候，她是那麼的完美，溫暖如絢麗的花朵吐露的芳菲，搖曳下漫天的暗香，飄飛千里，轉瞬就明亮了他的眸光；卻不意，離開的時候，頃刻間便讓他背負如山的沉重，讓他再也不能伴著雲彩在天地間自由自在地追逐自己的幸福，一俾手，就看到花兒在眼底妖嬈而蒼涼地凋謝。

　　原來，花開不敗只是一個美好的童話，離別後，她與他執手相看的誓言，從此就像斷了線的風箏，再也找不回起初的原點。如果，愛是一個傳說，那麼，請允許他和它一起塵埃落定，但願他所有的卑微和忍耐能夠換回她的回首，讓他們再次淪落在彼此的天涯，各安宿命；如果，愛不是一個傳說，那麼，請把天地間累積的所有力量都賜予他，讓他有足夠的勇氣追逐到底，帶她去飛，帶她在流浪裡找到他們想要的永恆的歡喜。

　　夜深人靜後，冷風撬開虛掩的窗扉，肆無忌憚地吹打著他無眠的相思。想著她，披上一件單薄的外衣踏出書房，於月色朦朧中踩著遠處柔軟的旋律漸漸停下腳步，忍不住遙望那輪模糊的新月，卻不知誰又在心間念起了西風。她仍然固守在遙遠的地方將他痴痴等候，而他卻早已遠離了她的視線，怕只怕，這一刻，在那相思的水湄，輕風吹亂浮雲的美，又任如煙的往事沉重成她眉間眼角的傷，把溫暖的等待再次化成繞指的寒涼，只留下一句空等待在她口中唸唸有詞。

第17章　井底引銀瓶

　　萬家燈火早已熄滅在桑煙沉沒之後，長安城的星星卻依然閃爍著耀眼的光芒。抬頭，以九十度的視角透視黑暗的夜空，只聽見輕風在呢喃，那絲絲的絮語像極了情人的唸叨，隨著夜色的加重變得越來越清晰。噓，夜靜了、人走了、燈滅了、情斷了、茶涼了，似乎只欠一句再見，便可以與她相忘於江湖。然，若真的兩兩相忘，他便能歡喜如初了嗎？從遇見她的那一刻起，就注定他這輩子也不可能忘記她，即便喝過了孟婆湯，他也無法把她遺忘，哪怕是一分一秒的遺忘，而這就是愛的力量。

　　沿著曲折幽深的小徑繼續前行，彎身撿起一片凋零的玫瑰，那如火的顏色落在地面上，仿若蒼白了幾分，許是落下的時候沒人注意到，才遺散於無人知曉的角落，但為什麼又偏偏讓他遇見了這份殘缺的美？儘管落瓣失去了曾經的鮮妍，但在他眼裡卻仍是光彩奪目的，就像他們的愛情，因為無法聚首而變得日漸蒼白，但只要念起，那份曾經的擁有仍是彼此心中最深的春天。是啊，花開是春天，花落亦是春天，誰說愛情轉身之後就一定會面對蕭瑟的秋天？雖然春暖花開並不代表春的季節永遠都是明媚如花的冶豔，但只要心中有愛，哪怕花開到荼蘼，他和她也永遠都會是彼此眼中最絢美的那抹色彩。

　　再回首，寒風乍起，握在掌心的那瓣嬌媚終究還是隨風飄逝，微涼的指尖想要為它送行，卻分明感覺到一股無法逆轉的阻力擋在跟前，讓它無法不忍痛割愛。終於明白，花的歸宿不是掌心，是任由風牽引著，幾經輾轉，最後淪落在天涯海角，無怨無悔；而掌心，縱然握得再緊，終有一天它還是會毅然決然地離去，不歸屬於他的，再怎麼想挽留也是無力把握。輕嘆一聲，回頭，鬆手，掌心裡潮漲的液體在風中無聲地流淌，緩緩覆蓋過沾滿深情的指紋，彷彿在嘲笑自己年近不惑卻依然掙脫不了愛的桎梏。

　　想必是那一幕無奈的飄零惹他觸景生情，倏忽便又勾起了對往事的追憶，心底緊繃的那根思念的弦也跟著瞬間斷開，卻是今夜風涼，心也跟著

第4卷　長恨歌：在天願作比翼鳥

　　淒涼。邁著沉重的腳步，在惆悵與困惑中開啟回憶的枷鎖，看塵埃在眼前飛舞，忍不住溼了眼眸，而那些珍藏的微笑卻依舊如初，清淡的容顏亦依舊溫婉如初，唯有薄涼的情再一次被淚水凝結成珠，在深不見底的黑夜裡與寂寞共鳴。

　　抬頭，霧靄茫茫，伊人不再，情還飄浮，心已冷卻。或許，他還在期待著某一天，他們會在愛的轉角處相遇，然後驚喜著給彼此一個熱烈的擁抱，再含著熱淚揮手相送。於是，每天都帶著一絲微弱且薄渺的希望，在佛前祈求那一天的到來，不會讓心等得太久。此去經年，盼了日出，再盼日落；盼了春天，再盼冬季；盼了今年，再盼來年；盼了青絲，再盼白髮，只怕是此生再也等不到那一天。如煙火般炙熱的開始，如寒雪般冰冷的結束，誰都不曾說過離開，卻用行動定格了方向。此時此刻，她仍在符離的水畔固守一世，他卻在隔著千里之遙的長安城淪陷於一場沒有情愛的婚姻裡潸然，注定無法跨越障礙、注定無法相依相伴、注定無法恪守任何的承諾。

　　繾綣的時光在彼此的悲傷中匆匆掠過桃樹下的相逢，那一瓣桃花、一紙信箋、一縷清香、一段真情的告白、一雙溫暖的手掌，都一點一滴地記載著他們曾經攜手走過的歲月。也曾那麼用心地愛過，也曾那麼努力地付出過，每個白天黑夜、每個春夏秋冬、每個日落黃昏、每個黎明交替，無論身心有多疲憊，都不曾忘記將愛的天空塗滿繽紛的色彩，要讓她永遠都看得見明天的豔陽，永遠都在無憂無慮的歡喜中享受那般的溫暖與感動。

　　舊年的紅妝，攜著滿院的馨香飄過千里，緩緩落進他眺望了經年的眼，那一份關懷倍至的真情，轉瞬間便被他呵護地捧在手心，而她眼裡的澄澈，卻讓他忘了要把它在第一時間珍藏於心。擦肩的前一秒，他拉著她的手，呼喚著不要離開、不要離開，然而她最終還是從他的手心抽出了手，縱使淚花閃爍卻依舊決然轉身而去，從此，只與他陌路相隨。雨落，

第17章　井底引銀瓶

天灰，髮絲輕揚，冰了的雨迅速洗去一場場難以忘卻的畫面，隔開一句句纏綿悱惻的情話，讓他再一次陷入難耐的悲傷，所以儘管深深愛著，卻寧願相信那些情節都只是一場場拼湊而成的獨角戲，亦真亦假、亦虛亦實，而不願去相信真的曾經用心愛過。

若是心在回應，對於他不斷寄去符離的斷章殘句，她怎會無動於衷，怎會忍心讓他一而再再而三地傷心難過，又怎會決絕地轉身乃至消失匿跡，不再出現？多事之春，好似這漫天飛舞的雨點，剪碎了他模糊的身影，驚亂了他相思的目光，把所有曾經共有的記憶片段都擱淺在潮漲的淚水裡，卻是心涼如寒石，再也不復當初的溫暖。只是，真的怪得了她嗎？當初，她的決絕只是為了不讓他成為白家的不肖子孫，而他對她的背棄卻是無法掩飾的赤裸裸的絕情，以後的以後，他又該用怎樣的柔情歉意去面對她，撫平她那顆鮮血淋漓的心？

唉！他深深地嘆息。一段風輕雲淡的幸福時光，就這樣被荒年擱淺在思念之後，而眼前蒼老的年華儘管歷經歲月的磨礪，悄然遠離了與愛有關的縫口，也只不過是努力著讓塵封的往事不再浮現罷了。從古至今，但凡與情相連的人和事都是柔軟溫暖的，但也薄涼，禁不起太多的推敲，雖然他自始至終都深愛著她，未曾有過心的背叛，可是這些年來在這段感情裡他觸碰到的卻是冰冷的溫度，以至到現在都不敢抬起頭去接受陽光的照射，只怕一掙扎，便是滿滿的錐心刺骨的疼痛。

她走了，他還能拿什麼安慰她那顆受傷的心？終不過是且聽風吟，得過且過，枕著一泓相思的淚水在窗下不分晝夜地淺唱憂傷！抬頭，仰望那無邊無際的蒼穹，他看到的是一片茫茫的空洞與無明，即使心中還積澱著太多未曾說出的相思，也不敢輕易洩漏，更找不到傾訴的出口。於是，只好任由它們悄無聲息地溶於這深不見底的紅塵中，哪怕再也無法與深愛的人繾綣同行。

第4卷　長恨歌：在天願作比翼鳥

　　在時光傾心流淌的長河裡，他始終相信，總有一天，她會看見他多年的隱忍和空守，只是為了等待與她重逢的那一天，陪她看盡春日朝霞、秋日靜好。可是，如今他已有妻室，又該如何履行當初的諾言，讓她徹底明白他心底的疼、眸中的傷？西風掀起夜的寂寞，緩緩穿過他單薄的衣裳，這靜默的日子裡，該如何才能用一顆素白的痴心廝守那段傾心相知的年華，從此不再與孤單作伴，不再獨自舉杯暢飲，對酒當歌，欲語還休？

　　夢裡的桃花開了又落，落了又開，儘管說好這與離愁無關，但他淺淺的微笑裡仍是藏了深深的傷痛。十指解不開琴弦的心結，目光也繽紛不了歲月的蒼老，憔悴的面龐開始爬滿皺紋，不變的唯有他心底鬱積的愁怨，還有眉頭緊鎖的不甘與不捨。日日夜夜的輾轉無眠，思念的心全然不知窗外的世界早已在鶯歌燕舞的日子中過去了幾個輪迴，卻依舊在推窗而入的一絲涼風中把那情到深處的獨白唸了又唸，卻不意，目光也早就醉在了無法回望的回望裡，再也看不到那時花開的青青陌上桑，只能痛苦著在虛設的景裡固執地找尋著奼紫嫣紅開遍的溫暖。

　　涼風透心，思念再深，卻是無人問津；舉杯消愁，心復惆悵，更是無人來憐。明朝的杏花早已凋落在昨日的枝頭，借問酒家何處有，尋不見指路的牧童，卻看到漫天飛舞的模糊漲滿他的雙眼。此情飄渺，無處可寄，一曲梵音洗不斷陳年釀下的糾結，那一紙風月只好把自己深深埋進無人可以探知的未知世界裡，任夜的深沉打破心的寂靜，聽愛流散在雲雨愁裡，看情淪落在天涯海角，哪怕花開芳菲，也終於明白，那些在風中蕩氣迴腸的不過是些染盡滄桑的虛無罷了！

　　光陰輾轉，風剛剛落下帷幕，在他手心裡，便已然翻開了元和四年的日曆。在對湘靈不盡的相思裡，他和青萍已經成親一年。這一年，青萍為他生下女兒金鑾子；這一年，摯友李紳與元稹倡導新樂府運動，他亦積極響應，不畏權豪，揮筆寫下五十首《新樂府》諷喻詩，一氣呵成、氣貫長

第17章　井底引銀瓶

虹，將他不世的才華表現得淋漓盡致。

他寫了〈賣炭翁〉、他寫了〈上陽白髮人〉、他寫了〈陵園妾〉、他寫了〈鹽商婦〉、他寫了〈縛戎人〉、他寫了〈秦吉了〉、他寫了〈道州民〉、他寫了〈母別子〉……字字血淚、篇篇傷情，將造成百姓背井離鄉、長年處於水深火熱中的社會癥結的矛頭直接指向了當時的統治者，並把新樂府運動推向了高潮。一時間，當時的名流政客張籍、王建等人也紛紛加入新樂府詩歌的創作，對統治者的殘暴進行了無情的揭露與鞭策，因此引得權貴切齒側目、扼腕變色。

一篇篇新樂府詩從白府流傳了出去，青萍的心也一天比一天繃得更緊。在哥哥楊汝士的提醒下，她知道，丈夫這次可算是把統治階層的權貴通通得罪了，如若再不勸阻，非但官位不保，只怕還會引起政治清算，禍及無辜。該怎麼辦？青萍急得團團轉，想勸他，卻又怕與他發生直接衝突，於是一不做、二不休，乾脆趁其不備，將他書房裡新寫的詩篇一掃而光，抱到院中樹下，一燒了之。

她不知道，她燒的不僅僅是一篇篇飽蘸濃墨的詩書，更是他畢生的心血。她怎麼能眼睛都不眨一下就把他的詩賦給燒了？憤懣之下，他瞪著青萍，發了好大的脾氣，甚至對她說出了「休妻」二字。

「相公……你……你要休了我？」青萍潸然淚下地望向他，沒想到如此絕情的話他也能說出口來。

「妳知不知道這些詩賦對我來說有多重要？」他幾乎是咆哮著瞪著青萍，「那是我的命，是我的生命，妳知不知道？」

「難道在相公心裡，還有比妾身和金鑾子更重要的事物嗎？」青萍滿腹委屈地盯著他哽咽著，「青萍這麼做都是為了相公你好，可是相公卻毫不領情，還要休了妾身，相公你……」

第 4 卷　長恨歌：在天願作比翼鳥

「難道妳忘了新婚之夜我寫給妳的那首詩了嗎？」他目光如炬地瞪向她，「我勉勵妳做黔婁妻、孟光那樣的妻子，青史流芳，可是妳倒好，居然趁我不備，燒了我的詩賦，妳……」

「勉勵我？」青萍痛不欲生地望著他，渾身不住地打著顫，「勉勵我？相公你知不知道，新婚之夜，你那字字句句都浸著寒涼、透著冰意的勉勵，對妾身來說是多大的羞辱和傷害嗎？妾身不言語、不爭辯，是因為妾身一心一意只想做好相公的妻子，可是相公……這一年多來，相公到底為妾身做過些什麼，又為金鑾子做過些什麼？」

「我……」

「從一開始，你就認定我會是一個蠻橫不講理的女人，對嗎？」青萍痛徹心腑，搖著頭，任淚如雨下，「我知道，從始至終，你從沒愛過我，也沒想過要來愛我，所以新婚之夜你才會當著我的面寫下那樣冷漠絕情的詩來勉勵我，所以在我燒了你的詩後，你才會如此絕情地說要休了我。好，既然你從來都不曾愛過我，以後也不會愛上我，那麼，你就把我休了好了！」

「不，不是的，不是這樣的……」他驚惶失措地望向她，不知該如何掩飾自己的心虛。是的，青萍字字句句都說在他的心坎上，可是他為什麼不敢承認，不敢面對這鐵的事實？

「相公不敢了嗎？到底，是什麼理由讓你用八人抬的花轎把妾身娶進白家門來？是母親大人的一再進逼，還是相公無處可逃、情非得已的選擇？」

「不，青萍……不……」

「妾身只不過是個替代品。」她冷笑著，「不，妾身連個替代品都不是！青萍雖然自幼識字不多，無法與那些名動京師的才女相提並論，可是妾身也有著一顆敏感的心，妾身知道相公心裡想著些什麼，更知道你的心不在

第17章　井底引銀瓶

我這裡，可是，妾身無怨無悔，因為妾身明白嫁雞隨雞、嫁狗隨狗的道理，今生今世，就算相公永遠都不會憐憫青萍，無法讓自己愛上青萍，青萍也絕不會有半句怨言，可是相公你居然，居然……」

在妻子委屈的淚水中，他敗得一塌塗地。他知道，再多的辯解、再多的掩飾都是枉然，是他對不起她、是他連累了她、是他傷害了她，他又有什麼理由對著她咆哮，對她說出「休妻」那兩個絕情到底的字眼？

「青萍，我……」

「妾身不會恨你的。」她伸手輕輕拭去眼角的淚水，「如果相公已經決定要休了青萍，青萍一定不會心生怨恨，只是，只是金鑾子還小，青萍真的捨不得丟下她，青萍……」

「青萍！」他一把抓住她冰了的雙手，忍不住淚流滿面，「我……是我不好。真的，都是我不好，我不該對妳說出那麼絕情的話，我……」

「青萍知道，相公嗜文如命，可是青萍那麼做的確沒有任何惡意。妾身只是不想相公被那些朝中權貴視作眼中釘、肉中刺，不想看到相公遭受任何排擠打擊，可是妾身，妾身不知道該怎麼做才能幫到相公，所以……」

「我知道，我都知道。」他把她的手攢得更緊，「其實新婚之夜，我並不想寫那樣的詩給妳，可是，我也不知道自己是怎麼了，我……」

「相公只是想勉勵青萍做一個賢良的妻子，是青萍不好，青萍不該那麼對相公說話，傷了相公的心的。」

「青萍……」

詩文燒了，白居易和青萍的感情卻遭遇了明媚的豔陽天。從她憂傷的眉宇間，他讀懂了這個女人掩藏在清高冷傲後的善良與懦弱。自此，他開始無微不至地關懷起青萍生活中的點點滴滴，開始嘗試與她花前月下，與她分享每一份喜怒哀樂，他是真的把她當作了他的妻，他的賢內助。然

第 4 卷　長恨歌：在天願作比翼鳥

而，他的心終是被遠方的湘靈緊緊牽引著，無時無刻地不去想她、無時無刻地不去念她，每到闌珊夜，總是在痴痴聽著青萍彈響一曲〈長相思〉之際，任沉重的心彷彿飄零的花瓣，落在她遠方的煙水茫茫處。

聽說，她已離開了符離，和她體弱多病的老父，相互攙扶著，在一個無人的清晨，經過水畔的風車，和所有與他相關的痕跡漸行漸遠。消息傳來，心宛若被刀寸寸凌遲，痛不可當。大千世界，她一個弱質女子，能去向何方？何況還有她風燭殘年的老父親！湘靈啊湘靈，莫非，妳真要讓我為妳痛死、疼死嗎？

到底，與她的生離別，是誰釀成的錯？或許他們都沒有錯，錯就錯在命運不該如此安排，既讓他們相遇、相愛，卻又始終都不讓他們相守。愛到無路可退，莫非，只能退回千年之外的桃樹下，再繫一根紅線，等待來生的相遇？額上的記號是相處時刻下的最深的痕跡，所以，每一個花落的季節都會成為彼此思念中最顯眼的點綴，然而一回眸便又看到片片淪落於風中的楓葉，只怕那飄零的情轉瞬就溼了眼眸、亂了紅塵，讓他再次不由自主地踏足於水深火熱之中。

風撩起憂傷的記憶，淹沒昨日種種的不該、哀怨、束縛，若不是深情難訴，離別時又怎會苦不堪言？煙花漫天飛舞，卻不知誰的執著亂了誰的方寸；信箋鋪成畫卷，更不知誰的無心斷了誰的永恆。如果說春天也要在傷感蔓延的節奏中渡過，試問這世間還有多少個時候是明媚且帶著溫暖笑顏的？轉身而過後，不知去向的她會不會也和他一樣，總是守在百花齊放的午後等待著某個人的回首，繼而痛並歡笑著？

曾經，在洞開的窗戶下，他聽到風跟雨說：「我想隨你走遍這世間所有的山高水長，一生一世，可是周圍的阻力太大，無法與你並肩前行，所以只能沉默著在你身後追隨你的腳步，遠遠地看著你，但即便如此，也已

第17章　井底引銀瓶

足夠，也已安心。」也聽到雨跟風說：「心太累，情太重，我想放手讓愛走，可是思念依舊不肯罷休，在路上纏綿個不休，每走一步都是無法割捨的牽腸掛肚，既如此，便且行且珍惜吧。」於是，前進的路上，總是風隨雨行、雨落風退，雨不言，風亦不語，但兩顆心卻始終密不可分地交織在一起，哪怕經歷再多的坎坷，也發誓要在千山萬水的阻礙中纏纏綿綿到天涯。他知道，那便是風和雨的愛情，即便得不到祝福、即便相愛的路上充滿崎嶇、即便它們從不曾對彼此說出那個愛字，但依舊不妨礙它們彼此鍾情、彼此深愛。然而，他畢竟不是風，她也不是雨，又怎能伴隨天涯海角，在每一個路過的角落都相依相偎著取暖？

窗外，明媚的光線刺痛了他翹首以待的目光，那些反覆折疊好的思緒剎那被陽光打開，卻依舊沒有溫暖他那顆相思的心。於是，才開始意識到，冷冷的心房似乎好久都沒有被晾曬過，而那雙握不住愛情的手自她離去後便始終都是冰涼著的。原來，心的溫度是與氣候無關的，哪怕陽光再明媚、再燦爛，它依舊充滿了潮溼與陰霾，就那樣赤裸裸地被擺在藍天之下，接受著整個世界的拷問。聆聽風吟，他看見細碎的日光在眼底來回穿行，卻絲毫感覺不到它點滴的溫暖。到底，是他的心麻木了，還是他已經愛到支離破碎，心能夠裝下的也就只剩下潮溼與冰冷？

四季常開的花，此時也終於在他不捨的注視中慢慢凋謝了，彷彿預示了生命中本該出現的那場清歡，正以最冷漠的姿勢抽離他的魂魄。落花有意，流水無情，滾滾紅塵，心事無涯，愛，終是沒有永遠。所有的悲歡離合，只不過是一段刻骨銘心的記憶，何必念念不忘？所有的情深不悔，只不過是一場意外的遇見，何必夜夜難眠？所有的執手相望，只不過是一場青春的悸動，何必痴痴相守？然而，愛終歸是愛，如果把一切都看得風輕雲淡，這世間又哪有什麼感天動地、纏綿悱惻，甚至是驚心動魄的愛情故事？

第4卷　長恨歌：在天願作比翼鳥

每一種朝思暮想總是讓人撕心裂肺地疼。安靜的時光裡，那些絲絲縷縷、剪不斷理還亂的情愫，依舊緊緊地纏縛著他，由不得他不相思成災。仰望蒼穹，無語問天，若是她徹底消失了，他該拿什麼去回憶她，又該如何原諒自己？若是她不再出現，他該如何輕舞筆墨，又該如何在風中續寫那段沒有結局的傳奇？湘靈啊湘靈，今生今世，妳我的人生還有那麼漫長的道路要走，可不可以不要讓我一個人繼續孤單寂寞地蹣跚在無人喝采的路上？

抬頭，明媚的陽光透過古老的屋簷傾瀉而下，他茫然地站在門前蜿蜒的石子路上，任萬千思緒繞成一團，迅速腐蝕臉上傷感的笑容，心，依舊患得患失。也曾擁有過她溫柔的微笑，也曾擁有過她陽光般的溫暖，如今轉身之後卻不知該如何收藏，當一切都塵埃落定，再回首時，才發現，自古多情多煩憂。

一場冷雨，散落一季花開；一夜相思，吞噬滄海桑田。那片刻的寧靜，究竟何時才能在他蹙起的眉間回歸，而那些心痛，究竟會有誰來心疼，又會有誰來憐惜？花落的瞬間，她滿面的淚水，重重砸在他柔軟的心坎上，然而那雙蒼白的手，卻再也無法承受得住眼淚的重量，於是只好由著它涮涮齊落，於思念的風中，蘸著墨、濃著情，又在花箋上，為她，寫下一闋相思樂府：

井底引銀瓶，銀瓶欲上絲繩絕。

石上磨玉簪，玉簪欲成中央折。

瓶沉簪折知奈何？似妾今朝與君別。

憶昔在家為女時，人言舉動有殊姿。

嬋娟兩鬢秋蟬翼，宛轉雙蛾遠山色。

笑隨戲伴後園中，此時與君未相識。

第17章　井底引銀瓶

妾弄青梅憑短牆，君騎白馬傍垂楊。
牆頭馬上遙相顧，一見知君即斷腸。
知君斷腸共君語，君指南山松柏樹。
感君松柏化為心，暗合雙鬟逐君去。
到君家舍五六年，君家大人頻有言。
聘則為妻奔是妾，不堪主祀奉蘋蘩。
終知君家不可住，其奈出門無去處。
豈無父母在高堂？亦有親情滿故鄉。
潛來更不通消息，今日悲羞歸不得。
為君一日恩，誤妾百年身。
寄言癡小人家女，慎勿將身輕許人！

　　　　　　　　　　——白居易〈井底引銀瓶〉

「井底引銀瓶，銀瓶欲上絲繩絕。」指尖流沙，滴滴而落。他不是蝴蝶，無法飛越千山萬水去天涯海角看她，所以只能藉著那顆波動的心，感受著她的感受，痛苦著她的痛苦，只希望她流落的路上，他能與她並肩而行，分享她所有的悲歡離合，卻不意，一轉身便是悽風冷雨、燭淚落千行，往事不堪回首月明中。

端坐於繁花之中，聽一曲相思弦音，他嘴角微揚，吟著一絲淡淡的憂傷，懷著一份濃濃的思念，雙手合十，向窗外的流星許下心願，虔誠祈禱，遠方的她，一切安好。可是，遠離故土的她，真的可以安好嗎？藉著那彎朦朧的月色，想著她的溫婉，念著她的千好萬好，他唯有期待著在夢的路口與她相遇，然後用他思念的懷抱，將她冷了的心溫暖。

然而，他和她的這份癡戀、他和她的這份遭遇，終似那從井底提起的銀瓶，眼看著就要被拉上井口，卻不料在最關鍵的時候，突然遭遇了絲繩

第 4 卷　長恨歌：在天願作比翼鳥

斷絕瓶沉底的變故，再也沒了重見天日的機會，再也無法相逢。難道，這就是他們的情識，他到底該怎樣才能將那沉入井底的銀瓶打撈上來，又該怎樣才能重拾回他們那段逝去的情？

「石上磨玉簪，玉簪欲成中央折。」她走了，離開了符離，踏上了茫茫的飄流之路，從此失落在他的目光可以觸及的所有角落。花落，情斷，天涯路遠，春天裡四處飄散著殤的氣息，失去她的音訊，彷彿最美的風景錯失了最溫暖的季節，彷彿最真的情感流淌在最急的河流，無論他如何緊握一份淡定與從容，悲愴從不肯遲緩半步降臨，亦從不為他拯救絲毫的回憶。

卻原來，傳說中的幸福果真只是一種奢求、一種虛幻的心靈滿足，像是一朵遙不可及的天山雪蓮，可遠觀卻不可近距離索取。揮揮手，與往事作別，逼著自己不去回頭，只靜靜、遠遠地看著，淡淡、悠悠地唸著，輕輕、喃喃地呼喚著。可是，突然間，他又聽到了心裂心碎的聲音，是那樣清晰而無息、沉重且深遠。他知道，心，終於連同殘花一起，落成滿地的碎片，不是秋天的季節，卻有同樣的淒涼和悲傷逆流而上，沾染每一寸肌膚，掠過心河，任血紅的液體流淌乾淨、徹底，而他和她，終若在石上磨打的玉簪，看著很美，卻在就要打磨成功的時候戛然中斷，無法再續。

「瓶沉簪折知奈何？似妾今朝與君別。」瓶沉了、簪折了，一切的一切都宛若她今朝與他的訣別。當心與心的距離堆積成山山水水的層疊時，內心的波瀾跌宕起伏，它滋生絕望、蘊育落寞，一點一點吞噬手心裡僅有的餘溫，那滿腹的心事，卻是欲語還休，無人能懂。於是，終於日積月累成靈魂深處的金字塔，再由心生，流於筆尖，鋪排成一闋闋蒼白的文字，擺放在案頭，任人觀賞。

「憶昔在家為女時，人言舉動有殊姿。」想著她、念著她，總是無法抑

第17章　井底引銀瓶

制地悲痛莫名。曾經的她，青春年少，舉手投足皆有殊姿，他卻於眾多仰慕她的少年中獨沾那一抹春色。那一年，她以言語為他的文字增添色彩，他以淡笑還她痴心暗許，卻引來無數讚嘆者、羨慕者、嫉妒者、挑釁者，在心中將他暗暗詛了又咒。

「嬋娟兩鬢秋蟬翼，宛轉雙蛾遠山色。」她的美，沉魚落雁；她的媚，閉月羞花。鬢如秋蟬翼，眉若遠山色，只任他愛到海枯石爛，愛到天昏地暗，愛到沙漠變綠洲，愛得歇斯底里，無法阻止。

「笑隨戲伴後園中，此時與君未相識。」那年，她還未曾與他相識；那年，她還是懵懂無知的稚童，只知道跟隨同伴嬉戲於後園樹下石畔，無憂又無慮，肆意的笑容總是堆滿如花的面龐。而今，她已遠去，然，清醒之時，他還記得離別時最後的對白，風願意把愛停留在雨裡，只是雨承受不起，易碎的心靈太過脆弱，而他們亦太過天真，以為永遠有明天，不想昨日即是永遠。

「妾弄青梅憑短牆，君騎白馬傍垂楊。」又一年，她爬上短牆，伸手摘那樹上的青梅；他打馬而過，倚在綠柳垂絲畔，抬頭，笑看她驚慌的眼神。這個男人真是太放肆了，他怎麼可以目不轉睛地盯著她看？一定得給他點厲害看看才行！

她扔下新摘的梅子朝他頭上砸去，不意卻扔進他的懷中。他仍然掛著一臉的笑意，一手探入懷中，將青梅緊緊捏住，隨即送入口中，邊吃邊向她道聲珍重。

憶往事，惜前緣。然而，青春早已逝在歲月的流轉中，而今，黃昏風冷，吹裂他一顆完整的心，卻任他淚花閃爍在眼角，痛不欲生。滄海早已變桑田，阡陌縱橫的路上，他依舊獨行於沒有她的人生軌道上，冷漠的心，再找不回最初的溫暖，曼妙的風景裡，也看不到幸福的相隨。於是，

第4卷　長恨歌：在天願作比翼鳥

他們漸行漸遠，就這樣，慢慢把彼此丟了⋯⋯。

「牆頭馬上遙相顧，一見知君即斷腸。」就那樣，他們一個趴在牆頭，一個坐在馬背上，遙相望，顧盼生輝、含情脈脈。那一天，他溫柔的眸子漾起她腮上無邊春意，只一眼，她便知道他已為她斷腸。

是啊，他早已為她斷腸，今生今世，還有什麼能讓他為之痛不欲生？風捲簾幕，緩緩拂下離人痴心的淚水，轉瞬便清冷了一襟愁懷，回首，落紅碾作塵泥，往事如煙事事休，逝去的歲月要怎麼才能找得回來？她曾經的微笑，在回憶裡終還是散不開、丟不開，湘靈啊湘靈，難道，那些美好的回憶都只能在夢境中孤單著重演嗎？

「知君斷腸共君語，君指南山松柏樹。」知他斷腸共他語，牆頭的她已然被他的風流神采勾去了魂兒。她的純潔、明媚、溫柔、可人，都讓他浮想連翩，這樣的女子不正是他輾轉尋了千萬里要找的那個終身伴侶嗎？他指著南山上的松柏，對她許下鄭重的諾言，今生今世，愛她的心情同松柏，只是，她願意跟隨他一生一世，永遠都做他痴愛的那個女人嗎？

「感君松柏化為心，暗合雙鬟逐君去。」悠悠淺吟，深情對望，殘陽染紅了她的臉頰，青梅樹下、短牆之外，潺潺的流水中蕩起幸福的漣漪。她終於被他的誓言感動，暗暗梳起雙鬟，隨他而去，他亦輕手將她擁入懷中，那份深情、那抹眼神，在瞬間突然變得唯美而璀璨。

從此，她與他風花雪月；從此，她與他花前月下；從此，她與他舉案齊眉；從此，她與他夫唱婦隨⋯⋯然，這真的是他們曾經所經歷的嗎？不。這不是真的。那一年，他倒是鐵了心要與她攜手私奔，可是她卻斷然拒絕了他，不給他任何餘地。如果，他再多堅持一點；如果，風願意把愛停留在雲裡，他們是不是會有幸福的結局？

究竟，一路執著的追逐滿足了誰的慾望？一季無聲的守候感動了誰的

第17章 井底引銀瓶

淚眼？風雨中，窗外的那朵花兒似乎從來都不會為誰夭折落下，所以那季的繁花終究還是迷溼了思念的視線，從此，夜夜都浸在不盡的傷感中，只任他淚拋黎明。

「到君家舍五六年，君家大人頻有言。」她終是不肯與他私奔，因為她明白，那不應是一個舉止端莊的女子該做出來的事。於是，狠下心來與他訣別，不再與他相見、不再與他交談，紫陌紅塵的路上，只留他一人踽踽獨行在山水之間，任春花浪漫，獨遣一紙相思，在迷離的人生裡，用心感知她的一切。

他為她走走停停，或微笑、或哭泣、或麻木不仁，心底，終是烙上一個永遠無法彌合的傷。她走了，可是她心裡究竟想了些什麼？夜深映微涼，輾轉難入眠，才明白猜心真的很累，以無心之心猜無意之心，便是虛驚一場，到頭來彼此都成了受害者。太過在乎一個人的結果莫過於將簡單的事變得複雜，卻不知道，無意之中，早就驚了魂、動了心，成了罪。

溫度驟然下降，寒風吹過單薄的衣裳，迅速穿入體內，微涼的指尖瞬間刺痛乾燥的肌膚，一頷首，便看到有殷紅的血液從迎風攤開的傷口破裂而出，痛到極致。淚水在風中肆意地流淌，漫漫紅塵，他手寫他心，寫盡滄桑、寫盡酸甜、寫盡聚散離合、寫盡悲情人生，只是，終不知情歸何處！

湘靈，悵聲唸著她的名字，筆鋒一轉，意猶未盡，卻將手中情詩渲染成一首「止淫奔」的說教。眼前，突然閃過想像中不知名的女子，便為了那牆頭馬上的一瞥，就跟著那個男人去了他的家鄉，成了他的女人。然，到他家五六年，始終得不到姑翁的理解，無論她怎樣陪著小心，得到的仍是兩位老人如冰稜般冷凍犀利的言語責備。或許，這就是湘靈不願與他私奔的理由吧，沒有媒妁之言的婚姻，又如何會受到世人的尊重呢？湘靈不願成為被人輕賤的女子，亦不願他為她名譽受損，所以她選擇了退出，把

第 4 卷　長恨歌：在天願作比翼鳥

所有的痛苦都留給了自己。

「聘則為妻奔是妾，不堪主祀奉蘋蘩。」聘娶的才是妻子，自己跟進門來的自然就是妾室，又怎堪以女主人的身分祭祀祠堂裡的列祖列宗？想著湘靈的容顏，寫著那個莫須有女子的故事，他才思如泉湧，字字句句，都沐著深深的惆悵與失意。如果，他真的帶著湘靈私奔，不是要連累她成為受人唾棄的罪人嗎？難道，與心中珍愛的人生生離別，真的好過私奔嗎？

「終知君家不可住，其奈出門無去處。」那個女子在夫家遭受了無限白眼，心知丈夫的家中不是久留之地，可是除了那個家，她還能去哪裡？

是的，她還能去哪裡呢？還有她的湘靈，她又能去哪裡呢？如果有一天，他就站在湘靈的身後，任冷風吹乾潮溼的歲月，寄情那一縷殘破的明月光，她會不會突然轉過身來衝他微微一笑，然後迅速牽起他的手，帶他一起奔赴生命的終點？如果，如果……這世間根本就沒有如果，她走了，他只能默默目送她離去，任淚水氾濫，從此絕情天涯，只無語呢喃。

「豈無父母在高堂？亦有親情滿故鄉。」遠方的家鄉，亦有珍愛她的父母在高堂，亦有眷戀她的親人在。如果不是當初一時衝動，又何來今天受人輕賤的遭遇？

他在為故事裡出奔的女子感傷。然，未曾與他出奔的湘靈就沒有遭受別人的輕賤嗎？在母親眼裡，不管湘靈有多出色、有多自重，卻始終得不到她的垂青，始終是她眼裡一個卑微的笑話，甚至連那個女子的處境都還不如。或許，當初他再咬一咬牙，在母親面前動之以情、曉之以理，堅持娶她為妻，她也不會淪落到亡命天涯的田地吧？

「潛來更不通消息，今日悲羞歸不得。」私自出奔的女子，早已與娘家失去了聯繫，今日更是悲憤羞愧歸不得。該如何？該如何？他高舉著筆，為故事裡的女子傷心糾葛。或許，湘靈的決定是對的，離開他，便逃過了

第17章　井底引銀瓶

接受凌辱的命運,那麼,失去音訊的她現在究竟過得好還是不好?

夜半風冷,人寂寥。呼嘯的北風,裹著亙古的寂寞倏忽而來,他卻只能站在風中悽惶相迎。遙遠的彼岸總是有著太多的不捨與無法解除的糾纏,冥冥之中的注定總是與現實擦肩而過,然而,隨著時光的推移,那些早已堆積成山的諾言,卻在他的不得已中慢慢蛻變為不可一世的幽怨之聲,讓他再怎麼努力也無法把握自己的命運。

「為君一日恩,誤妾百年身。」只為那個男人一日的恩情,便誤了那女子百年之身。佇立窗前,感受被刺骨的冷風撕裂肌膚的疼痛,他把思念剪碎,化作繁星千點,伴月左右,一簾幽夢下,與遠方的她傾訴相思心語。然,遠方的遠方,到底有多遠?在這寂寂的夜裡,有誰會來為他的文字落一場繽紛花雨,點綴生命本不該有的灰色,替他抹去傷感、除去痴心,只餘一副行屍走肉的空殼,從此後不再為任何事悲痛難抑;又有誰會來為他的痴情鍍一層豁達,任他站在思念之門,冷眼看盡世間百態,卻仍以安然的姿勢暢遊人生?

「寄言痴小人家女,慎勿將身輕許人!」那女子終被馬背上的男子所誤,湘靈又何曾不是被他所誤?或許,無愛就會無慾;無求便會無痛。如果不曾愛過,不曾付出真心,又怎會將那枚苦果生生吞下?那出奔的女子為自己輕率的行為付出了代價,湘靈亦為她的痴心受到了懲罰,這世間的女子,如果不想受到傷害,就不要對任何人輕許芳心,否則,那女子和湘靈便是她們的榜樣!

Tips

元和四年,白居易與摯友李紳、元稹等人發起了以創作新題樂府詩為主要內容的詩歌革新運動,張藉、王建等詩人群起應和,即著名的「新樂

第4卷　長恨歌：在天願作比翼鳥

府運動」。所謂「新題樂府」，只是相對於古樂府而言，指的是一種用新題寫時事的樂府詩，不再以入樂與否作標準。新樂府詩始創於杜甫，為元結、顧況等繼承，又得到李紳、元稹的大力提倡，白居易更是將其推向了高潮，並創作了《新樂府》詩五十首，其間最著名的詩篇有〈上陽白髮人〉、〈賣炭翁〉及〈井底引銀瓶〉等。

〈井底引銀瓶〉，以「止淫奔」為主題，對當時的男女偷情私戀提出告誡。但此詩的內容與詩人早年的感傷情詩〈長相思〉等有著異曲同工之妙，亦應看作是白居易對與湘靈那段愛而不能的經歷有感而發，只不過詩人從道德立場對私奔進行了反省和勸戒，同時對女方的不幸表示了深切的同情。元代劇作家白樸曾根據這首詩的內容創作了雜劇《牆頭馬上》。

第18章　秋霽

> 金火不相待，炎涼雨中變。
> 林晴有殘蟬，巢冷無留燕。
> 沉吟卷長簟，惻愴收團扇。
> 向夕稍無泥，閒步青苔院。
> 月出砧杵動，家家擣秋練。
> 獨對多病妻，不能理針線。
> 冬衣殊未制，夏服行將綻。
> 何以迎早秋？一杯聊自勸。
>
> —— 白居易〈秋霽〉

元和五年，白居易由左拾遺改任京兆府戶曹參軍，由於他傑出的才幹和不世的文采，仍充翰林學士，得到替唐憲宗草擬詔書、參與國政的機會。然而就在他不畏權貴近臣、直言上書論事，準備在仕途上大展拳腳之際，來年，即元和六年，四月三日，已經精神失常的白母陳氏卻在長安宣平裡宅第看花時意外墜井身亡，時年五十七歲。白居易及時任浮梁縣主簿的長兄白幼文、時作祕書省校書郎的弟弟白行簡皆因母喪退居下邽紫蘭村宅。

那一年，白居易已屆不惑之年。陳氏的去世對白居易的打擊很大，悲痛之餘，他飽蘸深情寫下了緬懷母親的〈慈烏夜啼〉詩：

> 慈烏失其母，啞啞吐哀音。
> 晝夜不飛去，經年守故林。

第4卷　長恨歌：在天願作比翼鳥

> 夜夜夜半啼，聞者為沾襟。
> 聲中如告訴，未盡反哺心。
> 百鳥豈無母，爾獨哀怨深。
> 應是母慈重，使爾悲不任。
> 昔有吳起者，母歿喪不臨。
> 嗟哉斯徒輩，其心不如禽。
> 慈烏復慈烏，鳥中之曾參。
>
> ——白居易〈慈烏夜啼〉

因不堪承受喪母的悲痛，白居易很快病倒了。禍不單行，不久，他與青萍唯一的愛女金鑾子突患重病，醫藥無效，苟延殘喘未及十日便夭折了，尚不滿三週歲。他本是年近四旬才得此一女，自是嬌寵得無以復加，所以在元和五年，金鑾子週歲時，曾寫有〈金鑾子晬日〉詩，以表達他對女兒的愛憐珍惜之意：

> 行年欲四十，有女曰金鑾。
> 生來始週歲，學坐未能言。
> 慚非達者懷，未免俗情憐。
> 從此累身外，徒雲慰目前。
> 若無夭折患，則有婚嫁牽。
> 使我歸山計，應遲十五年。
>
> ——白居易〈金鑾子晬日〉

他怎麼也沒想到，女兒也會跟隨母親，一同去了另外的世界。母親與幼女的相繼去世，使他哀傷過度，精神世界瀕於崩潰。這一時期，他寫下了大量哀悼的詩作，以宣洩慈母愛女相繼凋喪的深切哀痛：

第 18 章　秋霽

豈料吾方病，翻悲汝不全。
臥驚從枕上，扶哭就燈前。
有女誠為累，無兒豈免憐。
病來才十日，養得已三年。
慈淚隨聲迸，悲腸遇物牽。
故衣猶架上，殘藥尚頭邊。
送出深村巷，看封小墓田。
莫言三里地，此別是終天。

——白居易〈病中哭金鑾子〉

衰病四十身，嬌痴三歲女。
非男猶勝無，慰情時一撫。
一朝舍我去，魂影無處所。
況念夭化時，嘔啞初學語。
始知骨肉愛，乃是憂悲聚。
唯思未有前，以理遣傷苦。
忘懷日已久，三度移寒暑。
今日一傷心，因逢舊乳母。
與爾為父子，八十有六旬。
忽然又不見，邇來三四春。
形質本非實，氣聚偶成身。
恩愛元是妄，緣合暫為親。
念茲庶有悟，聊用遣悲辛。
慚將理自奪，不是忘情人。

——白居易〈念金鑾子二首〉

第 4 卷　長恨歌：在天願作比翼鳥

四十未為老，憂傷早衰惡。
前歲二毛生，今年一齒落。
形骸日損耗，心事同蕭索。
夜寢與朝餐，其間味亦薄。
同歲崔舍人，容光方灼灼。
始知年與貌，衰盛隨憂樂。
畏老老轉迫，憂病病彌縛。
不畏復不憂，是除老病藥。
朝哭心所愛，暮哭心所親。
親覺零落盡，安用身獨存？
幾許平生歡，無限骨肉恩。
結為腸間痛，聚作鼻頭辛。
悲來四支緩，泣盡雙眸昏。
所以年四十，心如七十人。
我聞浮屠教，中有解脫門。
置心為止水，視身如浮雲。
抖擻垢穢衣，度脫生死輪。
胡為戀此苦，不去猶逡巡。
回念發弘願，願此見在身。
但受過去報，不結將來因。
誓以智慧水，永洗煩惱塵。
不將恩愛子，更種憂悲根！

—— 白居易〈自覺二首〉

第18章　秋霽

又至暮夏初秋。處理完母親和愛女的喪事後，一縷無端的空虛和無底的徬徨，更攪擾得白居易紊亂的心緒久久難以恢復平靜。

暮夏的夜，漸漸涼了，漫步於花前月下，心中累積的蒼涼可否能與冷月寒宮相提並論？抬頭，仰望有幾顆零星作陪的夜空，卻是浩瀚而空洞，如內心的悲傷一點一點蔓延。有人說，情到深處，剩下的便只有孤獨，然，是不是每一份用心付出的情感都會隨著流水逝去，再也回不來，最終只剩下失落與惆悵、淚水與淒涼？

心事如詩，卻無法在紫陌紅塵間輕盈地吟唱平仄，曾經的記憶，美好的、悲慟的，都隨著落落的風穿塵而過，在憂傷中細數那些輪迴中的陳年往事，每唸一次，便仿若唱響了一曲驪歌，再美好的景緻也無法抹去他心底最深的寒涼。於是，終於明白，情之一字，卻是真心與傷心的結合，心不動，則情不動；心若動，淚便千行。

夜，靜靜的；風，淡淡的；心，冷冷的。一層層的波浪、一疊疊的心傷、一滴滴的血淚。金鑾子啊金鑾子，我的愛女，我該如何放縱這份卑微的想念，又該如何收起這份如潮水般洶湧的父女情？總是勸自己要學會放手，閉上眼睛讓妳無牽無掛地走，多希望這人生只如初見，對妳，也不曾存在半點私心。

遠走的歲月，總是令人唏噓。星星閃爍的夜空，秋風拂落片片枯葉，任其翩舞於蒼穹，輕落在泥塵，而這份深沉的眷戀卻還是隱匿於胸口，揮之不去。愛如繁花，開時豔麗落時傷，那張鏡花水月般的容顏瞬間在眼前凝固，浪漫的夜空亦變成淒涼的冷雨漫天。

雁過長空，不留痕；魚翔碧波，不著跡。海未枯，石未爛，卻痛父女之情已隨敗葉散落在天涯海角。思念的時候，有淡淡的風，伴著稀稀的雨，一起吹入眼簾，閉上雙眼的那一瞬，他彷彿清晰地聽到了世界崩潰的聲音，是那麼的淒涼、那麼的無情，怎一個驚心動魄可以形容得盡？原

第4卷　長恨歌：在天願作比翼鳥

來，淚是鹹的，雨是碎的，心是傷的，回眸之間，與金鑾子的父女之情也早已化為灰燼，再也找尋不見。

風過無痕，心語無聲，凝望這滿天噼啪而落的雨滴，看它瞬間擊碎他柔弱的心扉，心終於被傷得徹底，血也流得一乾二淨，那是一種怎樣的心酸與悲痛，這世間究竟有沒有人能夠體會？她還不滿三週歲，還未享盡人間春色，還未得到父母足夠的憐愛，為什麼老天爺這麼殘忍，非要將她從自己身邊奪走，難道這就是他背叛湘靈的報應嗎？

報應，報應。他翕合著嘴唇，輕輕唸著。回頭，皎潔的月光穿過透明的窗戶，灑落在他墨跡未乾的紙箋上，那一鉤殘月，將黃昏與黎明切割成兩份相思，留一份在回憶中徘徊，留一份在來世中期盼，卻不知是誰拾起午夜落寞的情懷，將它折成一朵盛開的菊花，在他面前輕舞飛揚？凝了霜的心事，遇到溫暖的體溫，逐漸地融化，隨後便在這虛無縹緲的世界氤氳蒸騰，可他的心為何還是一如既往的冰涼？

想起夭折的女兒，他便無法克制地淚如泉湧。難道，當風箏厭倦了天空，就會義無反顧地墜入大海？難道，當蝴蝶放棄了嚮往，就會不顧生命地墜入懸崖？難道，當這份父女緣隨風散去，愛便會銷聲匿跡地退隱紅塵？

他不知道。他只知道，妻子青萍對金鑾子的思念與日俱深，漸至臥床不起，他終於接近崩潰的邊緣。她靜臥床上，每日每夜都以淚洗面，卻還要強打起精神勸他莫要悲傷。莫悲傷、莫難過、莫痛苦。可是，他又如何能做到對女兒的早逝無動於衷呢？

青萍的悲痛，他一點一點地瞧在了眼裡。這些年，他未曾給她足夠的愛，亦未曾給她過多的溫暖，現在，就連他們唯一的愛女他也無力保護，心裡對她的愧疚更是油然而生。到底，該怎樣，才能讓青萍從金鑾子夭折的悲悵中徹底走出來？

第18章　秋霽

「青萍……」他端著湯藥，輕輕走到她的床邊，一匙一匙地將那苦得難以入咽的藥湯舀起送到她微張的嘴邊，深情地凝視著她那雙失去神采的眼睛，哽咽著勸她：「來，快把藥喝了。」

青萍只是喝了一口，便伸手將藥碗輕輕推了開去。

「怎麼，很苦嗎？」他瞪大眼睛關切地望向她，「我已經準備好了糖水，喝完藥，再喝碗糖水就不覺得苦了的。」

「相公……」青萍感激地盯著他，「妾身……妾身還是放心不下金鑾子，不知道她在那邊到底過得好不好、吃不吃得飽、穿不穿得暖、有沒有人疼她？還有……」

「放心，有父親大人和母親大人在地下護佑，金鑾子一定會過得很幸福很快樂的。」

「真的？」青萍失去光澤的眼神立即露出一絲希望，「我們的金鑾子真會過上幸福快樂的日子？」

他強忍住悲痛，不住地點著頭：「母親大人在世時，最疼愛的便是金鑾子了，有她老人家保護，金鑾子在那邊是不會受到點滴委屈的。」

「可是……」青萍淚如雨下，「可是妾身就是放不下她，妾身真想，真想到地底下去看看她，真想……」

「妳胡思亂想些什麼？」他連忙騰出一隻手摀住她的嘴，「不許妳說不吉利的話！」

「青萍想金鑾子，青萍……」

「我們還年輕，還可以再生一大堆孩子不是？」他安慰著她，「等妳病好了，我們就去佛寺祈禱，祈禱菩薩讓金鑾子重新托生做我們的女兒，好不好？」

第 4 卷　長恨歌：在天願作比翼鳥

「讓金鑾子重新托生做我們的女兒？」

「嗯。」他重重點著頭，「心誠則靈，菩薩一定會答應我們的乞求的。不過，現在妳什麼都不用想，最緊要的就是趕緊養好病，病好了，我們才能一塊去佛寺祈禱啊！」

「說好了？」青萍瞪大眼睛盯向他，「你不騙我？」

「不騙妳。」他繼續端著湯藥湊到她嘴邊，「乖，先把藥喝了。喝完藥，病才能好得快。」

心在滴血。眼睜睜看著青萍為金鑾子的死不思茶飯、日益憔悴，他更加深深體會到母親陳氏昔日望子成龍的那片赤誠之心。其實母親並不是對湘靈這個人存在偏見，事實上她曾經很是喜歡湘靈，可是她不甘心，不甘心兒子的如花前程就此夭折在什麼也沒有的湘靈手中。在她眼裡，湘靈只是個世俗的鄉野村婦，沒有在朝為官的父兄、沒有豪門士族的背景，她又如何能把兒子的終身交到一個無法為他帶來光明與希望的女子手中？

母親為他選擇了青萍，那個有著高貴血統的豪門千金。現如今，她成了他的妻，並為他生下了唯一的女兒，可是如今她卻病倒了，甚至連說話的力氣都沒有。如果她有個什麼三長兩短，他如何對得起含辛茹苦將他養大的母親，又如何對得起剛剛夭折的女兒？

不，他絕不能看著青萍繼續萎靡不振下去。於是，他毫不猶豫地為她鋪開纖纖素紙，用柔情溫水，用感性的筆尖揮舞墨苔，讓那行雲流水的文字，在詩箋上輕彈著愛的足音，任心中的濃情抹著初秋的夜霜在她凝望的眼中次第漾開：

漠漠暗苔新雨地，

微微涼露欲秋天。

莫對月明思往事，

第18章　秋霽

損君顏色減君年。

―― 白居易〈贈內〉

「漠漠暗苔新雨地，微微涼露欲秋天。」又是一首〈贈內〉詩，卻比新婚之夜那一闋多了纏綿、多了溫情，亦多了她眉角溢開的笑靨。

那些沉澱在心底的情，都隨著階下的暗苔慢慢地變濃了，風中的微涼卻在不著痕跡地預示著又一個秋天的到來。金鑾子去了，然，秋天也跟著瘦了嗎，那些霜打的葉也跟著落了嗎？秋的季節，在四季裡如愛情一樣曲折柔美，落日的晚霞掛在天邊，他依舊站在雲朵裡，無可抑制地想念著他們的女兒，蟬鳴的背後，那裡有他最真的心傷，和一世不變的情懷。

「莫對月明思往事，損君顏色減君年。」那些密密麻麻的情愫，終於禁不住秋霜的誘惑，在一個相思的夜晚獨自飄零；那些紛紛擾擾的故事，終於禁不住愛的香薰，在一個惆悵的夜晚綻開繾綣。明媚的月色裡，所有過往的回憶都在她耷拉的眼皮底下潺潺流動起來，異常明晰深刻。然，每一次情不自禁的思量，都會摧折心肝，損耗了靚麗容顏，消減了青春芳華，只是這樣的痛心疾首，並不能喚回已經逝去的愛女，生命徒然的消耗，也不能令她獲得點滴安然。

振作起來吧，青萍！老天爺一定會憐憫我們，再賜我們一個聰敏機靈如金鑾子般的女兒的！他緊緊擁她入懷，在她額上輕輕吻著，青萍啊青萍，失去了女兒，妳還有我不是？請妳相信我，儘管從自至終，我都無法忘記湘靈，但是，如果時間允許，我一定願意就這樣擁著妳，陪妳慢慢變老，一輩子，訴說愛的天長地久……。

擁著她，暖著她，夜色掩蓋一切虛假和謊言，雨漸濃時，黑暗再次席捲而來，再次在深不見底的思念叫囂著夜的安寧。仰天長嘆一聲，心亂如麻，無處安放，卻有悠揚的旋律輕聲響起在雲端，傾耳聆聽，又是一曲

第 4 卷　長恨歌：在天願作比翼鳥

〈長相思〉。長相思、長相思，思不盡的是對女兒金鑾子的那份迷醉，卻驚醒了妻子黯淡眸中不止的淚，光影消失的那一刻，她用最華麗的錦被摀住一切疼痛，思念，在慌不擇路中死裡逃生，再回首，只是風已住，卻是雨未休。

金鑾子啊金鑾子，妳可知，妳的母親有多想妳？妳可知，妳的母親對妳的愛像烈火般在蔓延？妳可知，妳的母親對妳的情再有一萬年也不會更改？窗外的柔風捲著陌間的芳草，在寂寞中撫弄夜的媚影，妳聽，連草兒都在為妳母親感傷，可是，妳又如何捨得讓妳母親難過，捨得讓妳母親為妳淚流滿面、臥床不起？

望著鬢髮凌亂的青萍，他伸出雙手，將她瘦弱無骨的纖手緊緊暖在懷裡，淚水，宛若斷線的珍珠，連綿不斷。他真的不敢想像，不敢想像她的病情再這樣持續下去，會有怎樣的後果。青萍啊青萍，妳一定要好起來，一定！

靜靜凝望著這片被愛包裹的天空，沐著心空無法排遣的惆悵，他再次鋪開筆墨紙硯，在她錦繡床邊，和淚，寫下一首〈秋霽〉詩：

　　金火不相待，炎涼雨中變。
　　林晴有殘蟬，巢冷無留燕。
　　沉吟卷長簟，惻愴收團扇。
　　向夕稍無泥，閒步青苔院。
　　月出砧杵動，家家搗秋練。
　　獨對多病妻，不能理針線。
　　冬衣殊未制，夏服行將綻。
　　何以迎早秋？一杯聊自勸。

　　　　　　　　　　　　　　　── 白居易〈秋霽〉

第 18 章　秋霽

「金火不相待，炎涼雨中變。」淫雨菲菲裡，季節在他悲傷的眸裡更替，又一個夏天過去了，寒涼的秋天轉瞬已至。只是，在這傷心的日子裡，誰來撫他之面、慰他半世哀傷，又有誰來攜他之心，融他半世冰霜？

「林晴有殘蟬，巢冷無留燕。」林中尚留有殘夏蟬鳴叫的聲音，簷下燕巢卻早已不見了飛燕的身影。天冷了，是真的冷了。在這無盡的寒涼裡，究竟，還會有誰來扶他之肩，驅他一世沉寂？金鑾子已棄寵愛她的父親而去，這寂寞世間，只留他一世獨殤，和著青萍的淚水，在冷了的枝頭隨風搖曳。

「沉吟卷長簟，惻愴收團扇。」沉吟著捲起竹簟，惆悵著收起團扇，凝眸，夏天的一切已然消逝，空餘這淒冷的天幕，始終在眼前渾渾噩噩、昏昏沉沉地演繹無數的紅塵悲慟。

「向夕稍無泥，閒步青苔院。」秋雨初霽，伴著輕風細語的呢喃，一路追隨愛女的行蹤，信步青苔滿地的庭院，滿腹的哀傷卻是愈積愈深。深院孤煙之上，荒蕪了心境，驀然回首，嬌女何處有？金鑾子啊金鑾子，妳可知，妳的父親正從遠方匆匆而來，只為赴妳一面之約？而妳卻因害怕而拒絕穿過千山萬水的思念，只任我在夢中，用冰冷的指尖，在妳手心裡輕輕寫下深深的眷戀。

「月出砧杵動，家家搗秋練。」一陣陣搗衣的砧杵聲，隨輕彈的秋風踽踽獨行，穿透雲層，傳至他的耳畔。舉杯邀明月，卻是心無歸屬，獨醉的他即使笑到皮開肉綻、笑得沒心沒肺、笑得滿眼是淚，那家家門後搗秋練的女子也未曾有人能看到他心裡的淚水早已如河流般涓涓流淌。

「獨對多病妻，不能理針線。」獨對臥床不起的多病妻，看她連平日總是放不下的針線活都不能料理了，心中積澱的那份惆悵更是難以抑制。張開雙手，冰涼的指尖觸及肌膚的剎那，彷彿能感覺到有股寒氣直直地逼入

227

第 4 卷　長恨歌：在天願作比翼鳥

體內，讓他不由自主地打了個寒噤。緩緩，挪動腳步，倚窗而立，他在風雨中獨寄滿腹碎語，心事如蓮，卻嘆無人能懂。

「冬衣殊未制，夏服行將綻。」過冬的衣服還未縫製，夏天的衣服行將綻裂，如若青萍的病情持續沒有好轉，日子到底該如何繼續下去？窗外，偶爾拂來的輕風吹亂思緒，他開始覓起原本屬於自己的那份孤獨與寂寞，卻找不回一個人的逍遙與冷漠。

「何以迎早秋？一杯聊自勸。」知他者，為他心憂；不知他者，又有何求？望著病榻之上輾轉反側的青萍，他深深地嗟嘆，暗暗地鎖眉。從前，都是母親和她為他料理秋冬的衣物，而今，母親已經不在，家裡沒了她的操持，他一個人該如何守在無語的傷然裡迎候這早來的秋天？花開終是無果，痴心的人總是淪落在天涯海角。然而，即便注定要在風雨中穿梭，今生今世，他也要在愛也悠悠、情也悠悠的唸白中為她打開一扇心窗，演繹一段真心相守，同時，收起一地荒涼往事，把永恆珍藏在眉間眼梢，在她憔悴的目光裡，舉起酒杯，只與她攜手前行，再前行。

Tips

元和六年，精神失常的白母陳氏在長安宣平裡宅第看花時意外墜井身亡，時年五十七歲。白居易及時任浮梁縣主簿的長兄白幼文、時作祕書省校書郎的弟弟白行簡皆因母喪退居下邽紫蘭村宅。同年，白居易與楊氏所生唯一愛女金鑾子病逝，楊氏亦因為痛失嬌女一病不起，臥病在榻，〈秋霽〉詩即作於這期間，表達了白居易對家庭頻遭變故的深痛，以及對母親、女兒的追思，還有對妻子楊氏深深的歉意。其間，白居易還創作了〈慈烏夜啼〉、〈病中哭金鑾子〉、〈念金鑾子二首〉、〈自覺二首〉等諸多悼念母親及女兒的詩章，而另外一首寫給楊氏的〈贈內〉亦作於這段時間。

第 19 章　夜雨

> 我有所念人，隔在遠遠鄉。
> 我有所感事，結在深深腸。
> 鄉遠去不得，無日不瞻望。
> 腸結解不得，無夕不思量。
> 況此殘燈夜，獨宿在空堂。
> 秋天殊未曉，風雨正蒼蒼。
> 不學頭陀法，前心安可忘？
>
> ——白居易〈夜雨〉

深秋的軌跡，沾滿了他思念的淚雨，潮溼的心房鎖不住昔日的點滴歡樂，總是習慣活在遙遠的記憶裡，細細品味與她在一起的時光，任瘋狂的思念如同雨點，瞬間覆蓋住整個灰色的季節。

他知道，八月的天空，注定逃脫不了的離別的傷，縱是桂子飄香，亦未走出西樓碎夢、斷腸天涯的劫。秋雨如麻，情思千絲萬縷，一團亂似一團，日復一日、年復一年，無處可逃。

有多久沒再聽到她的消息了？她離開符離、流落天涯後，每一個夜晚他都會在半夢半醒間潸然淚下，都會在相思的菱花鏡中眼睜睜看著自己酸澀的淚水一點點流淌乾淨後，只剩下蒼白的黑眼圈守著孤悵的心，在靜默中獨自等待黎明的到來。夜裡的心痛，就如被撒了鹽的傷疤，在加速的呼吸中無休無止地糾纏著，每想一次，胸口便劇烈地痛一次，可是世上還沒有可以治癒他心痛的藥，所以只好一次又一次地忍受著這份刻骨銘心的疼。

第4卷　長恨歌：在天願作比翼鳥

　　光陰似箭，流年匆匆，想她的時候，他便站在時光的浪尖上，在回憶中靜靜聽她最後一次唱響的〈長相思〉，卻是聲聲碎心、句句滴血。也許所謂的山水茫茫，伊人何處尋，便是如此的悵然與刺心吧？飄渺的歲月、遺落的風車、牽手的浪漫、相愛的幸福，一點一滴，總是不適時宜地浮現眼前，任他潮漲的淚水奪眶而出，而每一次思念的盡頭，他亦總會忍不住地仰頭悵問蒼天：「究竟，要有多麼刻骨銘心，才能與她相濡以沫？到底，要有多麼堅強忍情，心才能夠禁得起淚水的重量？」

　　她走了，永遠永遠淡出了他的視線。只是一場毫無聲息的離別，卻讓心在剎那間碎成滿地的琉璃，一低頭便看到鮮血淋漓的傷；只是一段毫無回音的年華，卻讓滿腹的深情瞬間隔絕於世，自此後，生活便變得度日如年般漫長，只是一個毫無姿影的徘徊，卻讓身心迅速陷入寒川的冰點，從此，永遠都學不會微笑。可以說，她的離去，就是他的災難，可是他根本不知道這場災難什麼時候才可以過去，更不知道該如何走出這場災難。

　　雨落的時候，就是心冷的時候，然，這漫天飄飛的細雨中，她可知他心底始終盤旋不去的斷腸的滋味？他一直在想她，湘靈；他一直在找她，湘靈。可是她不在，他便像是天邊漂浮的雲朵，無處安身，只好永遠流浪在四季的邊緣，任心四處漫無目的地飄蕩。夢中，她笑的時候，他陪著她笑；她哭的時候，他陪著她哭；她笑看紅塵，他靜守花開花落；她坦然迎接風雨，他含笑守望幸福；她每走一步，他緊追一步，步步不相離，只怕再次把她丟失。然，每一次夢醒時分，就是他痛到無可救藥的劫數，看不到她，尋不見她，他唯有把頭低到不能再低的地方，在蹣跚的腳步下，用淚水祭奠他們彼此的錯失。

　　總以為，路的盡頭會出現他們執手而過的腳印，愛的路上他們亦會相扶相伴、相知相守、相憐相惜，一起陪著彼此慢慢變老，一起看著日出、守著日落、數著星星，而後，枕著彼此的名字安然入睡；總以為，雨後的

第19章　夜雨

彩虹是她心疼他的寓言，於是，傾盡心力奔赴未了的情緣，只求，此生無悔。可是，造化弄人，精心演繹的獨角戲竟以淚的告白，落下憂傷的帷幕，爾後，不如不遇，傾城之戀儼然變成空城一座。

縱然情深，奈何緣淺？或許，前生的他們本不相識，所以，即便今生遇見，亦不會相守到天長地久，更不知要拿什麼來廝守來世的相約。徒步西行，欲哭卻無淚，誰能知，他的夢，從此便要在陌生的角落輾轉成無依無靠的蒲公英，終日只在無人問津的荒野上方漫天飛舞，卻再也找不到歸路與去向？遙遠的遠方，伸手無法觸及的前景，在眼前飄渺迷離，淚，早已流乾，愛恨糾纏裡，誰又能懂他一地獨眠的相思，能渡他逃出這趟不過的災難？

灰暗的天空下，記得她曾說的永遠、記得她曾許諾的不離不棄、記得她昔日的點滴溫柔、記得她往日用愛心傳來的貼心溫度，雖然一切的一切早已成為過去，卻仍祈願所有的美好都能在時光的軌道中永恆成天荒地老的驚豔。夢醒時分，手心的汗水溼透心的左邊，看滿樓風雨婆娑成影，才明白此情已逝，伊人不在，一切的一切，終是回不來了。

葉聲落如雨，

月色白似霜。

夜深方獨臥，

誰為拂塵床？

——白居易〈秋夕〉

提筆為她，寫盡滿腔相思，訴盡無限衷腸；落筆為她，畫地為牢，執手相看，以亙古不變的痴守，等待一場淒涼的結局。

「葉聲落如雨，月色白似霜。」蕭瑟之秋，窗外的月色潔白如霜，落葉聲起如雨，微冷的肌膚被冷風吹過，彷彿有一種淡淡的薄涼，從心間緩緩

第4卷　長恨歌：在天願作比翼鳥

淌過。她已走得太遠，而他亦已忘卻溫暖的氣息，只能在夜深人靜的時候，獨自舔舐著憂傷，從不讓人知道，亦從不說出口，縱然有再多的安慰也是那樣的無力，那樣的無法企及。

笑，則世界陪他笑；哭，則只有自己哭。為什麼紅塵的天空總是少不了憂傷的伴舞，儘管一路走來，坎坷從未遺失、痛苦從未遠離，獨處的世界，仍是波瀾未平，依舊潮起？難道，愛一個人，真的就那麼那麼難嗎？

「夜深方獨臥，誰為拂塵床？」八月的寒涼纖薄且長，是他承擔不起的無怨無悔，怪只怪離別的時間太長太久，讓他對於人間冷暖，早已失去應有的知覺。夜深了，枕著她遠去的笑靨獨臥，心中升起莫名的惆悵，不知醒來後誰還會來為他拂拭床上的灰塵，更惹徬徨。

往事如煙，任心穿過九霄雲外輪迴的歲月，他靜靜倚在長安里弄的一端，遙望天涯海角處模糊不清的她，卻是忽遠忽近、漸行漸遠。輕風吹散所有的記憶，記憶裡所有的情感，情感中所蘊藏的真心，或許只需用一支生花妙筆，便可在天幕下描繪出五彩斑斕的色彩，但是他明白，再美好的感情、再真的心，只要她不在，最後畫出的也只能是絕望空城的黑白邊緣，和他倚在牆角站立成風的碎影。

落筆，化殤，終於明白，沒有誰會在誰的生命裡燦爛一生，而那個將愛的煙花一點一點地熄滅的人，在心底隱匿的傷也定然是深不見底的。他不知道，什麼是緣，亦不懂得該如何去珍惜，只是一味地知曉：若愛，便是一生一世；若愛，便是長長久久；若愛，便是不離不棄。筆墨薰香，她飄渺的身影再次從瘦了的指尖悄然溜走，剎那間，所有為她寫就的詩文都變得無人問津，在他眼底迅速蒼白成永恆的孤寂、亙古的災難。失去了她的陪伴，他的文字恰如一張廢紙，沾滿灰塵，每一個字、每一句話，都是沒有情感的心與情，是枯槁、是萎謝，即便與雨水融成一體，天涯海角走

第19章　夜雨

遍，也不能啟用曾經的勇氣與力量，又拿什麼去尋覓失散已久的她？

冷月當空，心涼似水。深夜的天空黯淡無光，案頭微弱的燈火在他眼前明明滅滅著，難以呼吸的心痛只能藉著零星碎語，一一鋪在愛的詩箋上，任由西風吹散、任由宿命安排，不能言語。她走了，他卻始終無法跟上她的腳步，只能沉溺在自己的世界裡無語傷然。猜不透她的心思，滄海桑田裡，只想赴一場千里迢迢的約會，與她在天涯海角裡攜手再看一次日出日落，共聽一曲溫柔纏綿的〈長相思〉，然，那些青春年華裡的錯失，又豈是幾行詩文、幾句戀歌便能詮釋挽回的？

愛太長，太累；路太難，太苦；心太痛，太冷。折疊的歲月是他抹不去的痕跡，輾轉在紫陌紅塵的千言萬語，終抵不過一句：「我是為你好。」到底，他們的離別，是他為她好，還是她為他好，才做出的決定？其實，他和她從未曾想要離開過彼此，可是為什麼這一句話卻在兜兜轉轉後成為他們最終錯過的理由？煙花冷卻，所有的用心良苦都只是一廂情願，所有的痴情守候都只是一齣沒有結局的空等，如果非要給愛情加一個注腳，那就是──一回錯，兩回錯，回回錯，世世錯！

墨香依舊氾濫在思緒膨脹的風中，淚水還是輪迴在無邊的寂寞中緩緩拋灑向那縷不會說話的明月光。他悵立窗下，依然緊鎖著眉頭，任那支生花的筆染了千頭萬緒的情絲，終不知該如何為她斷句。心有疼惜，是對她相思成災的憐，也是他自己肝腸寸斷的痛，那一縷縷揉不散化不開的柔情，終於在潸然淚下的眼底化作落花的碎片，漫天飄飛，不知去向，這往後，思念叢生的日子裡，又該叫他如何重新揀拾起那些早已破碎了的情，再累積成對她的萬般不悔？

寒涼深處誰知曉，情到濃時情自薄？無數個日日夜夜的期盼、無數個日日夜夜的篤定、無數個日日夜夜的念想，都在這午夜時分，瞬間沉入大

第 4 卷　長恨歌：在天願作比翼鳥

海，隨波逐浪，永不回頭。他花光所有的勇氣，只換成一個銷聲匿跡的答案；他傾盡此生的所有，原來也只是等來一場無人理睬的折子戲。最後的最後，戲落幕，她消失、他停留，那麼，誰又會來為他下一場繽紛雨點，洗去所有努力過的結果，從此，讓他的記憶中再也沒了她的存在？

能夠忘記嗎？輕輕唸著她的名字，悲痛再次深深攫著他感傷如河的心靈。時光的輪迴，反覆復反覆；與她的相約，分離復分離。然而，一再的轉身，依然無法讓他把她忘懷，心裡日夜牽掛惦念的依然是不知所蹤的她，卻怕銷魂人淪落在斷腸崖，再也不能回首相望。她走了，若是從此相忘於江湖，他該如何收藏她過往的笑顏？她走了，若是從此不再遇見，他該如何維持手心裡的溫度不再冷卻？她走了，若是從此背道而馳，她可否能告訴他，該如何才不會再想起她的所有所有？

愛如風，恨如雨，這滾滾紅塵，總是風雨交加，讓人又愛又恨。到底，相愛的人背負了怎樣的原罪，老天爺才要讓他們以相恨的代價去深愛對方？此去經年，文字早已成為愛恨裡無言的傾訴，然，寫滿萬遍有字情書，讀了又讀、刪了又刪、改了又改，那些曾經情深不悔的愛、山崩地裂的恨，最終還是被時間遺落在千里之外的河流中，一次又一次，被湍急的波濤迅速清洗過濾，終至逝去，一點點的蹤跡也找尋不見。

也許，愛與恨終不過是人世間的遊戲，愛得再撕心裂肺，恨得再咬牙切齒，在造物主的眼裡就是兒戲般的存在，從來都無關痛癢，更不是什麼緊要的事，也只有深陷其中的紅塵男女才會把它當回事，在恨裡愛得死去活來，又在愛裡恨得萬劫不復。真是這樣的嗎？難道這才是愛情的本相，所有的愛恨都只是兩個相愛的人一廂情願的誤會？那麼他對湘靈的愛又是什麼，是無明的不捨，還是劫數難逃的不甘？無論是不捨還是不甘，都不是他想要得到的答案，世事的本相太過深奧，是他永遠也無法企及的高度，所以他根本就不想弄明白，也無心去打探思索。他只知道，今生今

第19章　夜雨

世，他深深地愛上了那個叫湘靈的女子，愛得無法自拔、愛到相思成災，哪怕明明知道那是劫數，明明懂得一切都是虛幻，他也要付出一生的守候，傾盡所有地為她等待，或於喧囂的寂寞中過一生，或於寂寞的喧囂中等一生，他都願意。

　　紫陌紅塵，等待是一生最初的蒼老，她等不得，他盼不得。那種希望過後的絕望，讓心無法再去承擔一切，一轉身、一回眸，換來的卻是愛之深、痛之切。夜深人靜，指尖依舊捏著蘸滿濃墨的筆管，在孤單中收拾心碎的殘章，卻不意，當落筆聲響起在風過花隙的時候，有多大的希望，也就帶來了多深的痛楚。愛也不能，恨也不能，她決絕徹底的銷聲匿跡，他深感嘆服，卻原來，縱使筆尖纏綿再多的深情再多的不悔，終是敵不過時間的流逝，敵不過她毅然的轉身啊！

　　再回首，風也瀟瀟，雨也瀟瀟，一片寂寞深深地扣在了芭蕉葉上，讓他再也活不出一個瀟灑的樣子。「樂天哥哥，你在哪裡？」、「樂天哥哥，別走，不要離開我。」那些藏在歲月深處的聲聲的輕喚，總是縈繞在耳邊揮之不去，可是他而今卻再也找不見她當初的溫婉，更找不回那份相依相伴的聚首，唯餘遺憾總在眼前輕輕地飄浮、搖擺。

　　西風冷，癡心涼，望斷長空，卻是斷情又斷腸。想著她、念著她，泣到無聲，痛到無覺，愛情的世界裡，他早已頹廢成一棵蒼老的樹，再也葳蕤不了青蔥的歲月，更茂盛不了曾經的記憶。一抬眼，血落如雨，心也跟著碎了一地。嘆，紅塵萬丈裡所有的眷戀，終是曉風殘月，起舞弄清影，愛是錯，恨也是錯，執筆寫情、落筆寫心，只能為她再唱一闋〈夜雨〉殤：

　　我有所念人，隔在遠遠鄉。

　　我有所感事，結在深深腸。

　　鄉遠去不得，無日不瞻望。

第 4 卷　長恨歌：在天願作比翼鳥

> 腸結解不得，無夕不思量。
> 況此殘燈夜，獨宿在空堂。
> 秋天殊未曉，風雨正蒼蒼。
> 不學頭陀法，前心安可忘？
>
> ——白居易〈夜雨〉

「我有所念人，隔在遠遠鄉。」曾經，那些青春的日子裡，年少輕狂的他一直在深寂的荒年裡行走，直到遇見了她，才感受到陽光般的溫暖，而那年的春天，他亦永遠記得有一個叫湘靈的如花少女住進了他的心裡；而今，站在離別的風口浪尖，往事不堪回首，卻是無法與她揮手告別，只能在心底輕輕道聲珍重，只能任由思念的淚水在心底流了千里。

天知道，地知道，他心裡始終有一個地方，年復一年地安放著日夜思念牽掛的她，無論她在哪裡，哪怕與他相隔千里萬里，縱是在天涯海角，他也不會把她忘懷一二。然，遠去的她還能明白他這份未曾改變的情意嗎？

「我有所感事，結在深深腸。」她曾親口許諾，生為他人，死為他鬼，絕不他適；亦曾許諾，如果兩情相悅，縱是別離，亦會心有靈犀，以一紙書箋為思念的信物，任彼此於愛的桃花源處相逢。因此，他總是以時光為筆、以情緣為墨、以心情為字、以思念為文，在愛的廊簷，連成一串唯美的風鈴，每當輕風吹起的時候，便會奏響惺惺相惜的旋律，任他視若珍寶，永藏一生也都不捨不棄。

可她終究還是選擇了徹底退出了他的世界，不相見、不相言，飛鴿傳信、鴻音漸絕，甚至遠走天涯，也不給他任何重逢再續前緣的藉口。他不斷為她寫信、寫詩，終因不知她的去向無法寄出，只任心中的悲慟惆悵，結在九曲愁腸中，無法釋然。湘靈啊湘靈，妳到底去了哪裡，為什麼偏偏不肯給我片紙隻字安慰？

第 19 章　夜雨

「鄉遠去不得，無日不瞻望。」這世間的事，總是像極了花隨風飛、風吹葉落、葉伴花謝，飄飄緲緲，無所依伴。他還記得她的眼神、記得她的溫柔、記得她的所有，雖然無法知道她究竟去向何方，無法將心中所思所念用文字傳遞到她的手心，但還是想要請她相信，儘管他未曾傍她左右，但那顆心卻始終沒有離開過她半步，日日夜夜、歲歲年年。

是的，她的世界他一直都有來過，夢裡，或是那一張張墨跡飄香的素箋中。他一直在文字中惦記、在文字中念想、在文字中與她相依、在文字中感受她的點滴溫暖……如果，愛有天意，她能夠聽到他的心聲，那麼，他情願在今生的期盼中老去，只待來世再次與她纏綿繾綣，哪怕歷盡雪雨風霜，亦是無怨無悔。

「腸結解不得，無夕不思量。」想著她、念著她，總是愁腸百結，無法解開，這難熬的日子，沒有一個夜晚他不是懷著對她深深的思念在孤獨惆悵中度過的，怎不惹他思緒叢生？風漫過塵埃在窗前飛舞，雨透過柳絲荒蕪了心漠，昔日花團錦簇的城池早已寫滿了寂寞的悽楚，看雨落花飛，聽滿城悲嘯，嗚咽的依然是他那份深不見底的沉痛。獨守這蕭瑟落寞的空城，抬眼望向無邊無際的天幕，他在相思的風雨中悄然唸起這一季的溫暖獨白，不禁在心中暗暗起誓，若此生還能夠與她相遇，定然不負那一顆真心的託付，哪怕跌得粉身碎骨，也要與之傾情相守。

「況此殘燈夜，獨宿在空堂。」蕭條殘燈夜，悽風冷雨裡，獨宿在空空如也的廳堂，寂寞瞬間染了他一身。於是，更加無可救藥地想她。恍惚中，他素指輕拈，白衣飄飄，莞爾淺笑，眉目含情，卻看到她披肩的長髮一瀉千里，翩若驚鴻、婉若游龍，在他溫柔的眸光中款步走來。是她嗎？真的是她嗎？這不是在做夢嗎？

「秋天殊未曉，風雨正蒼蒼。」時光穿不斷回憶的風塵，深情依然流轉

第 4 卷　長恨歌：在天願作比翼鳥

在從前，刻骨的思念不是遙遠，昔日的承諾還是他心底最深的珍重。再回首，秋水長天，瀟瀟風雨在深夜裡徘徊搖曳，他邁著輕快的步伐與她擦肩而過，卻不料，只一個淺淡回眸，轉瞬間便又失其所在。湘靈，他大聲喚她的名字，放眼望去，眼前盡是一片看不清的芳草叢林，而伊人的倩影早已不在，空留他一人在寂寂的風中暗自臆想：有生之年，倘若再與她邂逅，必為無上的榮幸，如果還能夠與她相知相守在這滾滾紅塵裡，必將她小心翼翼地捧在手心，細心呵護，再也不讓她遭遇一絲一毫的委屈。

「不學頭陀法，前心安可忘？」相逢即為緣，緣來則惜。然，愛得刻骨銘心，緣盡後卻又如何才能順其自然地安之若素？夜未央，景如畫，聽風雨在耳邊細細地呢喃，這一聲仰天長嘆，又有誰來解他滿腹相思之苦？思念愈深，呼吸變得愈來愈急促，而她的身影卻在紊亂的思緒中漸行漸遠，只留給他一種說不清、道不明的感情盤旋在心頭，半分模糊、半分清晰。難道，非要藉助於佛法的力量，他能將那些深藏的痛苦記憶一筆鉤銷，從此永遠都不再念起？

Tips

　　白居易現存於世的〈夜雨〉詩有兩首，其中本章解析的這首亦是懷念湘靈所作。本詩具體創作時間不可考，但應在白居易為母守制期間，亦即元和六年至元和九年間，本文選取為元和六年所作。同時，〈秋夕〉亦作於此時間段內。

　　〈夜雨〉整首詩貫穿著白居易的大、簡、妙風格，雖是寫愛情、寫思念，但不像多數愛情詩一樣婉約，它大氣又不失細膩，不是刻意為之，而是一種情感之至，一種渾然天成。在描寫夜雨的場景時，只用了兩句話二十個字，但這二十個字卻是一字一珠，不寫思、不寫念、不寫人、不寫

第19章　夜雨

事,卻用簡潔的言語描繪了燈、堂、天、風雨等諸多意像。而最後兩句詩,可謂畫龍點睛之筆,又是直抒胸臆的寫法,把全詩像一首曲子一樣,推向高潮:想忘,又不能忘;想忘,又不敢忘,至此,一段刻骨銘心的愛情就在這無果的結局中謝幕。

第4卷　長恨歌：在天願作比翼鳥

第 20 章　感鏡

> 美人與我別，留鏡在匣中。
> 自從花顏去，秋水無芙蓉。
> 經年不開匣，紅埃覆青銅。
> 今朝一拂拭，自照憔悴容。
> 照罷重惆悵，背有雙盤龍。
>
> ——白居易〈感鏡〉

　　繾綣如水的月華，潮水般襲來，宛若一場湖藍的微雨，落滿被夜色透染的窗櫺。不經意間抬頭，一剎那的風景便嵌入星光閃爍的天幕間，恰如一筆婉約幽潤的小楷字，緩緩斜過漢時的花徑，倏忽落滿古樂府的平平仄仄。於是，夜，便在這突如其來的光亮中，變得分外溫柔清寂，而他的心也跟著明亮清晰起來。

　　這樣的時刻，總能觸碰到內心深處最隱逸的柔軟。就像她的名字，輕而易舉地便能點亮他散亂且虛迷的目光，而她唇邊的那抹微笑，卻如剎那花火，總是將他如夢的念想悄攏於指尖，爾後以蔓延的詩意，在天青色的畫幕上渲染到淋漓盡致。

　　湘靈，光陰已翻開元和八年的年輪，轉眼又是一個寒秋，妳可知四十二歲的我此刻窗前獨坐，一個人眺望這如夢如瀾的夜色，心底漫過的卻是無邊的深寂和落寞；又可知，月色如水下的滿城燈火，每一盞都透著暈黃的柔暖，而我，卻在這盛世傾城的暖意中，突然失了妳的音訊，只是痛斷肝腸？

第4卷　長恨歌：在天願作比翼鳥

　　夜，依然那麼深、依然那麼靜。秋季的風，輕輕柔柔，穿過她的黑髮、他的手，驀然闖入他迷亂而又茫然的眼簾。猶記得杏色初透、春暖花開的那一瞬，他和她初初相遇的場景，想來那瑩粉的桃花三千，恰是一筆染了春情的紅箋，輾轉了經年，依然未曾褪去當初的色彩與嬌羞。那年，生花的瘦筆，溫潤的掌心，還有她眉間的清歡，都在愛的水湄化作了清歌一曲，更在柳絲飄飛的柔軟裡成就了一段風花雪月的傳奇；而今，她卻在他不經意的疏淡裡，早已消逝得乾淨徹底，所有的念想也都隨風而逝，飄得那麼遠、那麼低、那麼深，只任無處投遞的隱慮和憂傷，一寸寸，沁入他的骨髓，令他痛到無藥可救。

　　思念總是在燈火闌珊後變得更加深不可測且不可抵擋，而她依然彷彿被籠罩了一層輕紗的玉人，離他最近的距離仍是一紙看不透望不穿的模糊。空濛冷寂的月色，像極了他心尖上孤獨的舞蹈，失去了她路上的消息，再也無法抵近她的柔暖，是否就意味著今生此情已盡？她走了，一切的美好與清芬，恰如童話般盛大落幕，偌大的世界，只留下一場空幻在他相思的指尖繼續演繹著虛假的真實，那一聲聲噓寒問暖也終於化成了他心底最深的荒唐與痛。

　　是從什麼時候開始，總有些淡淡的猶疑和空虛在心間徘徊，無論如何也揮之不去？是不是，轉身之後，所有的誓言，都會演變成流年盛放的煙火，剎那吐綻，又瞬間凋零？是不是，每一朵繽紛綺麗的煙花背後，飄墜的都是難以名狀的清涼與寂寥？愛已深，情已痴，兩個人越走越遠，兩顆心卻越走越近，既然今生今世早已注定他們無法相守，那麼就讓他痛到肝腸寸斷痛到撕心裂肺吧！

　　嘆，人生的每一次聚散離合，滾滾浮生中的每一次花開花落，都彷彿這滿城迷離的燈火，看上去是那麼的不真實，但一抵近便又滋生出那麼多那麼深真實的痛，讓你無法忽視它的存在，更不能以虛幻二字來麻痺欺騙

第20章　感鏡

自己的感覺。湘靈啊湘靈，大千世界，難道就沒了妳的容身之地，為什麼非要放任自己淪落到流落天涯、無家可歸的地步？莫非，這才是妳一直以來想要的選擇，才是妳心甘情願的嚮往？難道妳就不明白，我有多珍視妳、有多在乎妳，妳就這麼捨得讓我為妳難過、為妳心傷嗎？

　　遠處，一曲〈長相思〉在風的撫慰中倏忽傳來，在他耳畔循環往復著，那清揚幽潤、蒼涼孤寂的旋律直抵入心，再次惹翻他千絲萬縷的不甘與不捨。嗚咽的琵琶、瀰散的煙雨、飄渺的紅塵，將這明月流連的夜鋪陳得如訴如泣，恍惚間，所有的夢都在這曼妙的景緻中變得淡若輕痕。而那些閃爍如粼的記憶，卻又於瞬息之間一一撞入他的心扉，一回眸，便激起千萬里黃沙漫漫，只看到舊時的飛雁展翅在飛渡的流雲上，卻找不見她當初的溫婉與明媚，即使費盡心思，也只是抓了一把離別時的清寒照進了她蕭瑟悽楚的眼神裡。

　　一個人、一支筆、一箋紙、一盞燈、一座城。雕花的軒窗下，聽飄渺的弦音在塵埃裡搖落一個人的相思，他獨坐於靜夜的角落，看朔風在眼前悠然淡去，而那些幽幽暗暗的憂傷裡，卻落滿了盈然若雨的飄紅。一切，終如塵埃落定，回首間，一汪來自千里之外的煙波，正揉落點點滴滴思緒的碎片，與琉璃白的月色一起，瞬間漲滿他的心池。小窗、明月、夜，是他心底永恆的溫柔，而她便是那拂面的輕風，起於青萍之末，總能給他無可救藥的思念捎去一縷清涼，哪怕這清涼從來都是用更深、更痛的煎熬換取來的。她早已消逝在他的世界之外，可是他的念想依然隨著那即將遠逝的秋，在心底疊湧如瀾，每一起心動念，便惹他痛不欲生，但儘管如此，他還是不肯含著微笑把她忘記，為她，他寧可陷身刀山火海也不肯退縮半步，又哪懼世事浮沉、心痛欲裂？

　　歲月蹉跎、時光飛逝，那些相依相伴一起走過的過往，一如秋光。來得美，卻也走得飛快，即使偶爾想起記憶中的甜美，也是無法用心把玩和

第 4 卷　長恨歌：在天願作比翼鳥

細細咀嚼的。究竟，誰是誰生命裡的過客和點綴，誰又是誰生命裡的風景和伴侶，卻是無從說起，無法預料，哪怕是三生石上無字天書的注定也沒有做過任何的交待。這一年的這個秋天裡，秋光依然爛漫，依然溫暖，只是回憶有些支離破碎，但每每想起卻又如同一杯濃茶般充滿質感，所以儘管心痛心酸，他還是一而再、再而三地沉溺於對往事的追憶中，不肯罷休。

　　現實總是平淡無奇，卻如空氣般無法抽身，而未來卻又不敢想像，更不可期待。於是，回憶便成了他每天必做的功課。或許，緣分的起落，便是一朵花與一隻蝶的輪迴，可是為什麼，她轉身離去後卻一直沒有回來，莫非是注定的時間還沒到來嗎？他可以等的，冗長的寂寞中，他已經等了很久很久，莫非還怕自己等不下去嗎？既然是天注定的緣分，等再久也沒有關係，可是若是上天本未曾許下他們重逢或是團聚的緣，他又該到哪裡去討要一個能夠讓他信服的說法？

　　歲月的風，緩緩地、長長地吹過他駐足的深院，秋季的芳菲是繞指的晴柔，在微雨初晴的溫潤裡暗潛入心，只教他相思成愁。早已習慣於香薰的燈下，聆聽她柔情似水的心語，亦早已習慣於每一個無人知曉的角落，將她的名字塗滿他含笑的雙眸。為什麼，偏偏是一個轉身，就帶走了所有的快樂與歡喜，只能任由他在回憶中努力掙扎著追尋那些只屬於她的味道與微笑？他知道，他的每一次想念，都浸潤著她的心跳和呼吸，而這一段傾心的夢醉，更恰如蝶翼般美麗的嚮往，暗合宿命的索引，將痴痴的佇望和等待，在心間一一根植成籬，卻遺憾，重逢的驚喜，依然還是他眼底望不穿看不透的蒼白與荒蕪，而與她再度執手，更是他不敢奢望的遙不可及的夢。

　　月，圓了。這滿窗的明月，其實是懂他的，即便他漲潮的思緒開啟不了記憶的閘門，即便他冥想著她指尖的溫柔卻再也無法觸控，亦能讓他被

第20章　感鏡

這安靜而纖細的流光擁個滿懷，沒有悲喜，也不再有過多的憂鬱與愁悶。而這一切都因為他知道，她一直都在，從來都沒有走遠，一直都住在他的心尖。只是，雲水那端的她，能否感知他這份沉沉的牽盼，正如牆角瘋長的藤蘿，早已攀上了她半掩的窗臺？

再回首，一室清雅，滿窗靜幽。窗外，灰藍的天幕、默立的遠山、疏淡的星子、闌珊的燈火、斑駁的樹影、清芬的菊花、滴得出平靜的綠漪，以及盈然若語的淨月，都在這沉寂且微涼的夜色裡逐漸淡去。倏忽之間，紅塵已深，一顆顆調皮的石子，隨著手臂的上揚，劃著美麗的弧線，躍過湖心，蜻蜓點水般，在他眼中留下美好的瞬間。只是，也就只是一瞬間，湖面又恢復了往常的寧靜，何曾留下過絲毫痕跡？愛情亦然，過去了便過去了，這滾滾的紅塵裡，再執著、再堅持，到最後能夠被自己緊握在手的恐怕也只有瀰漫了一整個天地的空虛與空洞吧！

俱往矣！歲月的雕刀總是不著痕跡地鐫刻著世間的瑰麗與傳奇，然而璀璨過後，一切的喧囂與浮華便又都要歸於徹底的安寧與平靜，即便再心有不甘，也無法改變這古老而又悠久的自然定律。想來這世上所有的一切，終抵不過一場宿命的煙火，亦無法與似水流年做一次有力的抗衡，可是他依然篤定地堅信，她是他半世修來的餘生，未妨惆悵，亦能千里相隨，只是遠走天涯的她如何捨得讓他一個人沉陷在昨日的章節裡顧影自憐，又如何忍心讓他一個人焦灼憂慮，無聲無息地枯守在這傷城冷院中獨自徬徨？

到底，要怎麼做，才能追隨她的腳步，天涯海角永相隨？到底，要怎麼做，才能在轉身看不到她的時候，不再淚流滿面？或許，她的溫柔和隱忍已被他的無情和冷漠一點點消弭殆盡，所以才絕情如許，不留給他任何消息。可是，娶青萍為妻本非他願，那些年，他一直都在等，卻是她將他決絕地拒之門外，不留任何餘地，究竟，這一切的一切是她對他的報復，

第 4 卷　長恨歌：在天願作比翼鳥

還是……。

　　不！湘靈絕不是那種狹隘的女人！她是為了他好，她所做的一切，她所忍受的痛苦，都是為了成全他，成全他的幸福婚姻、成全他的錦繡前程。可是她知不知道，他要的並不是這些，他要的只是和她相依相偎一生一世，哪怕受盡世人冷落的目光、受盡親族的唾棄，他也早已做好了面對的準備？而她，最終還是走了，永遠、徹底地走出了他的世界，卻留給他一地的花謝凋零，還有一面鑄滿相思的青銅鏡。

　　青銅鏡？他怎麼忘了這東西呢？已經有多久沒看到那面青銅鏡了？一個月？兩個月？半年，還是一年？他緊蹙著眉頭輕輕搖著頭，立即踱到衣櫃前，迅速從衣服堆裡掏出一個古色古香的匣子來。還在，那鏡子還在！抱著鏡匣，他快步走到窗下，將匣子小心翼翼地放在案上，伸手拭去上面的灰塵，早已潸然淚下。

　　那是湘靈留給他的，可是他居然差點把它忘了！輕輕地，打開鏡匣，一面染了銅綠的鏡子立即閃入眼簾，帶著湘靈的氣息，和著他的淚水，瞬間溫暖了目光所及的所有角落。樂昌公主和徐德言分別經年尚能破鏡重圓，而今，他手裡緊緊攥著的卻是一面完整的青銅鏡，卻無法與湘靈團聚，內心的傷感油然而生，一觸即潰。

　　恍惚裡，前世今生的聲色光影，在眼前互動錯雜、繽紛閃耀，他從鏡子裡看到一座五彩斑斕的花園，聽到似天籟般的弦音隨風緩緩飄蕩於百花園中，輕輕劃過他柔軟的心田，漸漸漫起微微的波紋……當時，長河落日圓，高山流水、琴瑟相合，繁花似錦、百鳥爭鳴，她不由分說，拉起他的手便讓他坐在身畔的石上與之交談，話題也漸漸從眼前的風景過渡到他們本身，又由現在蔓延至過去與未來，而他侃侃而出的隻言片語早已讓她笑顏逐開、笑語如珠。

第20章　感鏡

　　是妳嗎，湘靈？妳可知，我是踏著前世的腳步涉水而來，只為今生能夠與妳相遇，許妳一座溫暖的城池，讓此生永遠都不離不棄？妳可知，我是塵埃裡的一朵曇花，在黑暗的夜晚獨自綻放，只為等待妳回眸一笑，還妳瞬間永恆？妳可知，我站在世界的盡頭，等待一場宿命的輪迴，僅僅只是為了替妳寫一首愛的情詩？是的，為妳寫詩，心細如髮、溫潤謙和的妳，又怎會不知道我又想鋪開紙箋，為妳寫一首無人能和的情詩？

　　鏡子在手中輕輕地挪移，眨眼之間，他又看到了一個沉甸甸的秋天。那是處一眼望不到邊際的原野，金黃色的麥浪，忽左忽右，忽東忽西，突地便讓他感覺到一種收穫的驚喜。然而，什麼時候，他才能像農人們那樣，也可以把希望播撒在芬芳的泥土裡，待麥子成熟後，再與她攜手在田野裡忙碌、撒歡？其實，愛情就像播種，春天裡，他歡喜著把愛情的種子撒在他和她的心裡，為什麼兜兜轉轉後到了秋天，他卻無法收穫哪怕是一點一滴的歡喜與明媚？是他扼殺了愛情的成果嗎？如若不是，又怎麼解釋他在她眼裡看到的希望，漸漸由奢望變成了最後無可挽回的絕望？

　　甩開心的桎梏，擺脫掉千篇一律的困惑，他在麥浪中恣意地奔跑，仿若在追逐著什麼，可是又顯得有些盲目與茫然。他是在追逐湘靈嗎？此時此刻，起伏的麥浪中，他是不是看到了自己正牽著她的手走在無邊的空闊裡，享受著那些收穫的喜悅？是的，他看到了，所以他堅定地穿梭在希望中不停地收集著歡喜與微笑，再也不願看到廢棄的荒蕪出現在這個世界。

　　她來了，小河靜了，他也跟著靜了；她來了，金黃色的麥浪消去了，他變得更加沉靜，而這一切只因為他知道，逝去的愛情又回來了。放眼望去，陽光明媚，碧波輕漾，此生有她，何懼冷暖浮沉？這一次，他說什麼也不會再讓她走出他的世界了！於是，他醉了、他笑了，在她一絲絲倦怠和無奈的眼神中，為她素墨畫心，左撇右捺，便在素箋上寫下一闋鑄滿相思的〈感鏡〉：

第 4 卷　長恨歌：在天願作比翼鳥

> 美人與我別，留鏡在匣中。
> 自從花顏去，秋水無芙蓉。
> 經年不開匣，紅埃覆青銅。
> 今朝一拂拭，自照憔悴容。
> 照罷重惆悵，背有雙盤龍。
>
> ──白居易〈感鏡〉

「美人與我別，留鏡在匣中。」曾經，別離的剎那，青春年少的她手持一面光潔如新的青銅鏡，輕輕放入匣中，深情款款地遞到他溫暖的指間，脈脈含羞，欲言又止。那一夜，他便把她的輪廓深深地刻在心裡，把她的柔情印在最心愛的紙箋上。從此，無論風雨陰晴、無論時光如何轉換，都會任它永恆在山高水長的明媚裡。

「自從花顏去，秋水無芙蓉。」她走後，秋水裡的芙蓉也失去了往昔嬌嫩的容顏，每一個雨天都成了他想念的季節，每一次想念都是他幸福淚花氾濫的時刻。站在風尖的浪口，一遍一遍地想她，任相思之淚化成天空之雨，瞬間鋪滿整個世界，他的心一次又一次地為她狂呼、為她悸動。如若，她看見雨水連夜纏綿、無休無止，那必定是他想她時落下的淚滴，它正以驕傲的姿態告訴她，他想她了。

「經年不開匣，紅埃覆青銅。」裝著青銅鏡的匣子已是經年未開，鏡面上已經覆了一層銅鏽，令他觸目心驚。難道真的早已將它忘卻？不，他輕輕搖著頭，這可是湘靈贈他的信物，即便夏雨雪、冬雷震震，他也無法忘記它的存在。是的，他只是刻意忽視它的存在，因為每次捧它入懷，便是刻骨的傷痛，可他還是沒能克制住看它的欲望，只能痛並笑著，輕輕走進她的夢境，撩起回憶，將她昔年的溫潤笑靨望了又望。

「今朝一拂拭，自照憔悴容。」輕輕擦拭著鏽跡斑斑的鏡面，他哀嘆著

第20章　感鏡

　　把那憔悴的面容照了又照。鏡子裡，風輕雲淡、碧空無瑕，一眼望過去，彷彿永遠看不到轉角，茫然的前方，卻有她在水中央，望著他淺淺淡淡地笑，連呼吸都可以聽到幸福的旋律。踩著秋的涼意，他對天空露出淡淡的微笑，其實一切都不重要的，只要她還在他的身邊，他就可以當什麼都沒發生過，不是嗎？然而她到底明不明白，她的幸福是他今生永恆的信仰，哪怕心如止水、波瀾不驚，哪怕再也不會去愛，他也要守護她一生的安然？

　　窗外的風緩緩吹過秋季的天空，在眼底交映出一道溫婉明媚的色彩，而愛的紫陌紅塵上，他正固守在人生的渡口搭起一座思念的城堡，緊連著長安與她的去處，雖然沒有溫暖的陽光灑落，卻有心靈的溫度一直在守候。湘靈啊湘靈，如果有一天，妳累了，只要回頭，就可以看見我一直守在妳的身後等著妳回來，看見我始終都流連在這裡續寫妳我的童話，如若妳不再怨了、不再恨了，那就趕緊回歸到有我的世界來吧！

　　「照罷重惆悵，背有雙盤龍。」放下鏡子，才發現一切的經歷都是虛幻，而他眼裡看到的景象又哪裡有半分湘靈溫柔繾綣的身影？心底，終是溢滿惆悵的情緒，不能自拔。再回首，山的彼岸依然是山，路的盡頭依然是路，而她的天涯海角卻是他沒有盡頭的思念，在寂寞的風中長長地延續著，在感傷的天空落下繽紛的色彩，點綴著他絢爛而又破碎的憂傷。

　　輕輕轉動鏡面，又看到鏡背的雙盤龍紋。雙盤龍？那可是一對相親相愛的龍族夫妻啊！原本他們也可以做一對幸福快樂直到永遠的夫妻的，可是……想著她、念著她，所有溫暖的、感動的、貼心的記憶，都在這寒冷的夜裡，再次填滿他薄涼的心。湘靈啊湘靈，如果記憶只能用來回憶，回憶只能用來懷念，那麼，可不可以允許我用一生的時間來緬懷妳給的傾城溫暖？如果時光已經走到世界的盡頭，依然沒有妳的身影，那麼，可不可

以允許我用最後的生命來維持這份痴情的延續，繼續在錦年之外、在天涯的路口等待與妳攜手到老？

Tips

　　這首〈感鏡〉的創作時間應與上首〈夜雨〉處於同一時段，即元和六年至元和九年間，亦是因思慕遠方的湘靈而作。白居易攬鏡思人，情感真摯動人，再次強烈地表達了他與湘靈之間那段刻骨銘心的愛情是如何的令他終身難忘、欲罷不能。

第 5 卷

斷腸人：就中腸斷是秋天

第 5 卷　斷腸人：就中腸斷是秋天

相遇是緣，相思漸纏，相見卻難，冥冥中這一場傾心的愛戀，終注定要淪爲曠世絕美的風花雪月，輕含煙雨情何限，不道春來晚，便只爲一場沉醉又何妨？怕只怕，酒醒時候人斷腸，無言獨上西樓，月如鉤，寂寞梧桐深院鎖清秋，剪不斷、理還亂，是離愁，別是一般滋味在心頭。

第 21 章　晝臥

抱枕無言語，

空房獨悄然。

誰知盡日臥，

非病亦非眠。

—— 白居易〈晝臥〉

驀開西窗，細碎斑駁的陽光如流水般淌了進來，不動聲色，一寸寸挪移著，剎那間，時光便好似陷入亙古的澄淨清洌中，竟有了些許微醺的慵懶和溫柔。面容憔悴的他偎著雕花的窗櫺，只伸手在落滿光影的花箋上輕輕地摩挲，再不肯向前一步。

於是，就看到那個婉約柔軟的女子，眉眼傳情，顧盼生輝，捧一盞思念浸潤開的花雕，遙對著符離的三月，一點點打撈起繾綣蒼涼的回憶。陽光不語，只在她微微蹙起的眉心安靜地傾聽，似片片潔白的飛羽，將她平和淡定的微笑暈染得光彩奪目卻又纖塵不現。而他，剎那之間，就被這精緻婉約且略帶詩意的靜默擊中，只待一聲淺淺的嘆息，在雲端跌破若水的情思，把心底雋永柔婉的時光，永遠都定格在這一瞬間。

自那年與她不期而遇驚若天人，到相識相知不分彼此，再到後來聽她在水湄輕唱一闋情意綿綿又空靈柔軟的曲調，心底對她竟有了莫名的牽念和疼惜。那位叫做湘靈的女子，對她的第一眼印象便是安然恬靜的，浪漫細膩的情思更如行雲流水一般，彷彿隨手一拾，就是一汪傾城的溫柔。

這樣的女子，無論風雨陰晴，總是幽靜柔美的。柔就柔到了骨子裡，

第 5 卷　斷腸人：就中腸斷是秋天

美則美到極致。所以初相遇，便義無反顧地深陷於她圓潤的歌喉，無法自拔，而一切都只為貪戀那一縷淡淡憂鬱的氣息，還有那一份繾綣若水的婉約風情。所有的故事，早在相遇之時便已清晰，只要有愛，他便不會逃離她的憂鬱，而她，在為他奏響心曲的時候，亦早已淪陷在他用文字建構的繁華裡，哪怕明知虛無，亦無法轉身。

湘靈，這女子連名字都帶著傳奇和美麗。不是水仙，就一定是青蓮，是那極鮮潤極清寂的一朵水生花，又彷彿是一幅淡到極致的水墨畫。那麼清靈幽靜、那麼素淡高雅，既有凌波微步的飄逸，又有美得令人心驚的姿容，只要想起，滿心都是柔柔暖暖的歡喜。那麼乾乾淨淨的水、那麼乾乾淨淨的花，讓人不由自主就聯想到一場乾乾淨淨的古典愛情，而那日的眼前，自然便有一種我見猶憐的婉約和書盈錦袖的悠然了。

從來花事浪漫，只向人前開三分，為愛痴狂、為愛沉溺的湘靈卻不知道凡事都要留一手的道理，愣是把俗世的愛情和煙火味一併揉落，不留絲毫的餘地，就那樣淺鋪深描在了她用心編織的光陰裡。那些雋永的情意、那些不倦的眷戀，就像一紙泛黃的書箋，總是蟄伏在季節深處的輪迴裡，任淡淡的感傷在記憶中悄悄流轉開來，在一把叫做歲月的雕刀上痴纏糾繞，片刻不得安閒，而她從未心生悔意，也不曾想過要為自己保留些什麼。

濃香馥郁的花雕在她手邊散發著特有的芬芳，沾惹了懷舊氣韻的時光在他眼裡蹉跎著煙雨紅塵。恍惚裡，常常見她一人就著幽暗的月光，懷抱琵琶，坐在斑駁的青石階上，於憂傷的苔影裡唱響一曲情深不悔的〈長相思〉。長相思啊長相思，琵琶舊了的弦在她纖弱的指間奏出古老的相思曲調，像一架永遠紡不完紗的紡車，伴著她幽怨的唱腔，在寂寂裡絮叨著流年的遠長；又像一支柔軟而堅硬的瘦筆，倏忽拉長了黑夜，拉醉了相思，最終便將那些平平仄仄的韻律拉成了一闋墨寫的憂傷。

第21章　畫臥

　　白天或是黑夜，雪雨或是冰霜，即便她不作一低頭的嬌羞，仍然會有一聲低低的輕嘆從琵琶弦裡傳來，任眉眼染上初起的楓露，一不小心便弄疼了一曲纏綿悱惻的〈孔雀東南飛〉。那時候的湘靈，徬徨復徬徨，卻不知道該如何收拾這突如其來的心傷，只能在寂寞中偎著雕花軒窗，握著一瓣寒梅的瘦骨，順著安靜的秋光，淡看微雨燕飛，將那些若有若無的清愁通通刻成古樂府上的一枚風月寶鑑，任一襲月涼的華衣漸漸氤氳，只餘闌珊的燈火伴她一起，等候他柳枝敲窗的聲音再度響起。

　　那一年、那一月、那一夜，他便是這樣執著地守著一份真愛，悄無聲息地隱匿在她花開幾度的窗前，只等回眸的剎那，所有的青蔥和美好飽蘸淡彩，凝眉一念，就有魂牽夢縈的暗香落滿他桃紅的心扉。而今，她遠去的身影，未曾明媚他如花的心事，也未曾冶豔他的目光，一頷首，卻換得一把沾滿愁緒、滴滿清淚的瑤琴，任他望斷天涯，終是彈不出一曲愛的清音，而帳外紅燭映照的，亦依舊是他滿枕相思生微寒的寂寞。

　　相思無度，前塵往事又在他潮起的淚光中緩緩漫過潮溼的心尖，任他滿裹著一身的惆悵，在困惑中飄搖。憶往昔，春花爛漫的季節，她在他眼前披一襲輕紗，悠然舞一曲〈霓裳〉，衣袂飄飄，宛若踏波而上的江妃，盛情綻放在奼紫嫣紅開遍的青蔥裡，飄緲而又嫋娜。林木蔥翠的花蔭下，她望著他淺笑盈盈，那依依的眷戀、繾綣的情話，迅速醉入心間，漾起一圈一圈的漣漪，是他和她心靈交會的波紋。過往的承諾，從不曾忘，也不敢忘，總是別上一朵思念的花，站在傾城的日光下，拈一指花團錦簇的夢，將她悄然等待。可惜再怎麼為之付出一顆真心，也等不來她為他繡下雙蝶翩躚的錦帛，只能任由他孤單著把滿腹的傷心，一而再、再而三地，潑墨在那些泛黃的紙箋上。

　　倚窗靜坐，嘆庭院深深，總是深到望不到邊際，望不到她回歸的身影。浮光掠影間，悠然地轉身，才驚覺，一切的一切，早已是繁華落盡，偌大

第 5 卷　斷腸人：就中腸斷是秋天

　　的空間只留下他一雙模湖的淚眼，依舊在風中悵惘這大好的年華歎這樣被擱淺在了深不可測的悲傷中，再也渡不至她蝶舞翩躚的彼岸。凝眸，眼前的世界變得荒蕪而蒼白、悲涼又悽楚，卻是花非花、霧非霧，連夢也變得更加恍惚不真實。湘靈啊湘靈，彼岸遙遙，妳可否聽得到，孤寂的西窗下，深情不悔的我依然為妳悵立風中，獨操一根清弦，把那不滅的相思唱了又唱，又可否看得到，煙波浩瀚的曲江畔，有一雙淚眼正吻著千杯不醉的酒意為妳痛斷肝腸？

　　回望她在春天的尾部踏碎寂寥落紅的那一笑，他終是躲不過莊周夢蝶的情緣，一任凝思滑落心頭，縈繞不退。於是，那些剛剛被隱匿的傷又在他的眼角眉梢不停地張揚開來，只一瞬，便打了他個措手不及。看窗外落英繽紛，想起那個立盡斜陽的夕照裡，她曾用溫柔挽起一把荷香，歡喜無限地用琵琶的音律拓下一頁秋波的清淨無為，然而回頭再看，當日的那份恬靜溫婉，卻早已釀成了他心底永遠都無法割去的破碎，一回眸，落入眼簾的唯有秋風秋雨愁煞人的傷愁與悲苦，還有他自己來不及退避的殘影。

　　或許，在她心裡，一直都有一個碧水蘭舟入畫舫的江南。那裡，有黛青如洗的簷瓦、有歲月斑駁映照的月明樓、有被淺藍色煙雨湮滅的尺素、有油紙傘下纖細柔弱的美豔，還有一道飄飄灑灑溶入水鄉的誓言。可是，那夢裡可曾有過他翩翩的身影，在她窗前歡喜明媚地走過？

　　歲月的筆鋒力透輪迴，每一個沉溺在紅塵的生命都無法躲開天的注定，所以只能俯首稱臣，心甘情願地接受命運的安排。然而，不接受又能如何？反抗嗎？掙扎嗎？這些他不是沒有試過，可是到最後不都以失敗的結果告終了嗎？還能怎樣，繼續抵抗下去，繼續跌得鼻青臉腫也不肯罷手？難道他還沒明白，這就是他的命，是他和湘靈的命，即便他掙扎得頭破血流、粉身碎骨，如果老天一開始就注定了他們的有緣無分，那麼為之進行再多的抵抗也都是無濟於事？是啊，這是他們的命，彼岸花開，世

第21章 畫臥

俗男女終究渡不過紅塵雲煙，他又何必糾結何必傷感？莫非，真要他赤手空拳地與命運抗爭到底，去爭取那永遠都不可能實現的願望？

不，夢想還沒有實現，不是因為上天的注定，而是他努力得還不夠。如果他肯繼續努力，那麼注定不注定又算得了什麼？然而，再多的勇氣也敵不過殘酷的現實，再多的掙扎也只是頹廢了他的希望。綰三千相思青絲，在花間穿行，流年依舊倒退著在眼底走遠，這浮生滾滾，依然是他一個人的情非得以。再回首，半窗清夢已惘然，那個沉靜溫婉的女子，早已在逝去的韶華裡學會了堅強和勇敢。只要心靈還是澄淨的、只要有一枚紅豆曾根植在相思的渡口、只要黎明時分還有一縷涼風能將滿腹繾綣的絮語攬入幽夢，那麼，所有的等待，都會鐫刻進每一個與他剎那交會的眼神中。可是，她究竟守在哪一處的風景裡遠遠眺望著他的清夢，為什麼每一個凝神的注目裡都只是她那縷飄渺虛幻的影，卻未曾讓他擁抱她真實的溫暖？

抬頭，問蒼穹大地，今朝，可否為他，覓一葉蘭舟，直抵有她的天涯彼岸？尋尋覓覓，覓覓尋尋，而最終，得到的卻仍是無言的回覆。於是，唯有和衣畫臥，在似夢非夢的情境裡繼續將她緬懷。雖然她已遠去，但他仍然堅信，那個眉眼純淨的女子，即便陷身在最深的塵埃裡，也能開出花一樣的溫柔嫵媚。就像她說竹子是草最高的夢想，青春的疼痛只有心知道一樣，再深的孤獨和憂傷，她都能採一枚明月洗滌乾淨，在寂寞的扉頁上獨自起舞，然後安靜地隱逸在清靈溫潤的歌喉裡，細心烹煮琴弦的詩意，以微笑遙望，那一朵靜若青蓮的心語。然，固守在傷城這端的他，終究也能像她那樣，默默無言，當月滿西樓之際，只把難言的惆悵、最美的風景，都梳理成歲月的滄桑，綰下一段婉轉纏綿的心事，不再悲哀嗎？

不，他做不到。枕著她的容顏入睡，他臥了又起、起了又臥，覓不到片刻的安寧。一葉綠意從青萍的七弦琴上波瀾不驚地掠過，片片楓紅已將

第 5 卷　斷腸人：就中腸斷是秋天

　　繞指的柔情悉數鏤空，只待一場青花煙雨來將他指尖的微涼剪破。此時此刻，心若冰凝，雙淚微垂，在她緣定三生的眉目相映裡，季節的相思已然崩落一地，而他也早已醉倒在了無痕的悲傷裡。

　　問世間，情為何物？卻都是，花非花、霧非霧！陌上飛花，是誰的衣袂飛揚，在妊紫嫣紅的芳菲裡灼痛了誰的纖柔芳心？琉璃波影裡，是誰在殘陽之下淺吟低唱，任一襲孤單的身影，在紫陌紅塵間悠然尋找著那一季的縈香，還有那一幅畫卷裡的盈盈笑意？風，輕輕吹過他斑白的鬢髮，素色的長袍掀起往昔的憶念。不曾想，一份情緣、一段依戀，終耗盡她如花的年華，在他記憶的時光流轉中，淡成了一抹幽幽的清風。

　　一念一回眸間，群芳已謝盡，縱是青絲飄揚、風光旖旎，寂寂裡，誰又能與他共賞？此時此刻，他唯一能做的，便是空對黃昏，任淚眼朦朧，伴著八月桂花香，坐在懷舊的時光裡，繼續為她寫一闋相思情話：

抱枕無言語，

空房獨悄然。

誰知盡日臥，

非病亦非眠。

—— 白居易〈晝臥〉

　　「抱枕無言語，空房獨悄然。」清風徐徐，黃昏裡，一輪夕照，換得他滿目金輝，卻不知是誰把牽掛悄悄繫於窗外枝上的繁花，依舊在盛開的思念裡默默地追憶她濃妝淡抹總相宜的旖旎風情。小軒窗，紅縵後，又是誰撫琴的身影在他眼前來去紛飛，只任那悽怨婉轉、纏綿悱惻的曲調，輕輕柔柔地潛入他的心間，恍惚間，便已惹他心念千千？

　　抱枕晝臥，無語眺望著水雲深處的天涯海角，他眉頭微蹙，任由那些意味深長的嘆息在深不見底的不捨中將往事翻閱了數遍，然後，以深情的

第21章　晝臥

眸光，與她隔著山高水長的距離遙遙相望，在萬丈紅塵裡重複著一次又一次的柳暗花明。輕輕，抹去印在歲月裡或明或暗的痕跡，想要在一份空明裡找尋失去已久的清歡。冷不妨，一縷悽婉的琴聲，頓然驚擾了一簾幽夢，一聲一聲，如泣如訴，把一懷的心事，通通化作繞在眉間的結，伴著古樂府的一闋憂傷，絮絮而來。轉瞬間，秋便在他眼裡更加深了。

　　想著她、念著她，寂寞空房獨悄然，整座長安城亦於不知不覺中陷入長久的凝思，以黯然的憂傷觸及他心底最柔軟的地方。遙望情路悠長，只此一去，是福？是禍？還是緣盡？誰也無從知曉，更無法打探。眉頭依舊鎖著深秋的冷風，看似輕盈，然而每一次蹙起，又都凝聚著揮之不去的傷感，有種撕心裂肺的痛始終沉溺在寂寞中無語輪迴。相思早已成災，愛的潮水輕輕掠過髮梢，記憶的碎片猶如排山倒海般洶湧侵襲而來，又一次在最不經意的時候擊穿他眼角的淚腺，只讓他痛不欲生。再回首，那些流年似水裡的如花美眷，或轉身，或消逝無蹤，而他這滿懷的深情與希望終是抵不過昔日裡的朝朝暮暮，只能在亙古的孤寂中隨風搖擺，怎麼也找不見該去的方向。

　　「誰知盡日臥，非病亦非眠。」隨著熟悉的旋律，跟著節拍，試圖追尋關於她遺失已久的點滴溫存，而後將之珍藏若寶，卻於天水相接的時候，恍然間發現，掌心攤開的不止是凌亂的掌紋，更是一段空城絕唱的開始。然而，故事的故事後面，他能看到的只有背影、只有轉身、只有離去——也只有離開，再無其他。

　　歷經折折疊疊的失而復得，此刻的心與情，再也無法平靜。痴痴遙望，黃昏裡最後一抹旖旎風情，醉意闌珊地聆聽那闋夕陽譜寫的天籟之音，卻不知她凝香的芳魂，將飛落誰的肩頭。萬事萬物，在他眼前不停地變幻，既然人生的腳步無法停歇，那麼就勇敢地走下去，儘管不知道沿途還會有怎樣的風景在前方等著他！

第 5 卷　斷腸人：就中腸斷是秋天

　　是的，他會一如既往地走下去的，去追尋有她的芬夢，有她的世界。可是，此去經年後的她，真能明白他的一片痴心嗎？盡日晝臥，非病非眠，只是為了想她，所以才任由衣不解帶的心事於眉間肆意飛揚，在黃昏的枝頭、在夢的盡頭，延續那場念念不忘的笙歌夢，要共她看晴朗的天、流動的雲、如絲的碧草、嬌豔欲滴的玫瑰，然後，擁著回憶，織字為夢，一起靜候那一片歸隱了的春天。

Tips

　　〈晝臥〉詩具體創作年分不可考，但應該在元和八年至元和九年之間。其時，白居易母服已除，卻因朝廷內部發生的各種政治鬥爭遭到打擊，而遲遲未獲援引還朝為官。這首詩即表達了白居易對初戀情人湘靈的思念，亦表現了一種不可名狀的被遺忘、被棄置的失落感。

第 22 章　暮立

黃昏獨立佛堂前，
滿地槐花滿樹蟬。
大抵四時心總苦，
就中腸斷是秋天。

—— 白居易〈暮立〉

　　風，在無邊的秋意中，搖曳、飛舞。發出來自遠古的聲音，深邃、冗長，帶著無邊的空靈。如同，曾經寂寞的，穿透他生命的每一條脈絡。

　　燃燒的歲月，已成灰燼，緩緩湮滅在紛繁紅塵之中，在清醒與沉醉的邊緣，傾聽藍天白雲迷離繾綣的低語。於是，有沉沉的痛楚，正漫過歲月、漫過紅塵、漫過他和她憂傷的眼眸，直沁他的心扉。然，此刻，為母服喪的他卻又能與誰共享一份柔情，在長安城的微雨中沉醉不願歸來？

　　黃昏的半邊，是她無言的溫柔，緊緊將深秋的氣息凝結，一回眸，便是他眼底兜兜轉轉的傷。此去經年，芳菲散去，物是人非，滿城的繁華落盡，曾經的奼紫嫣紅瞬間婆娑成影，只待在他心底永遠地空去。一杯清酒，換兩行濁淚；三千情緣，換一世飄零。她走了，風吹走了纏綿，雨帶走了歡喜。人生的路上，從此，少了一份真實，多了一種牽掛，而時光遺留下來的，除了心痛還有一份痛並快樂著的美好。

　　他不知道，許多年之後，她會不會攜著一縷明月光歡喜著回歸他的有情世界。但是他知道，只要心中還有愛，他依然會手捧一叢菊花，於伴風的傍晚，與夢中的她再度良宵，在四目相對的眸光裡劃下最真最深的感

第 5 卷　斷腸人：就中腸斷是秋天

動。凝眸，浮雲漫天，繞指而過的年華，於顫抖的筆尖下無力地劃過，剎那之間便在歲月的脈胳裡刻下深淺不一的離殤，模糊而又清晰，彷彿她眼角淌過的淚滴，永遠是他觸碰不到的真實。

風雨過後的黃昏，是如此的寂寥、如此的深沉、如此的空曠、如此的靜謐。沒有夕陽、沒有晚霞，更沒有彩虹，一切都如止水般恬淡安然。然，空氣中瀰漫的並不是花香的芬芳，也不是落葉的哀婉，而是她的似水柔情，正幽怨翻蹣地在他身邊輾轉徘徊了千百次。

與她的相遇恰似一場煙火的綻放，最美麗的片段往往也是最短暫的。於是，在彼此擦肩而過的錯失後，留給對方的便只剩下了昔日裡的種種溫存。爾今，他多想用溫暖的筆觸描繪笑靨如花的她，多想用彩色的花箋定格永恆的愛，多想用整顆心換取她微笑的幸福。然而，他們之間不僅隔著天涯海角的距離、隔著千萬里山高水長的路程，更隔著無法跨越的界線，所以，注定終還是要錯過一生。但是，他們的心卻依然近在咫尺，沒有絲毫的距離。於是，在這一刻，儘管已強逼著自己必須要咬著牙忍耐下去，不要輕易流露自己的情感，可是止不住的淚水依然掩飾不住奔騰而下的思念，它們正裹挾著千軍萬馬的濤聲瘋狂襲捲奔來。

曾經的曾經，他是她的幸福守護者，誓要為她踐守天長地久的諾言；而如今的如今，他只是與她擦肩而過的陌路過客，再也無法參與到她生命裡任何美麗的段落。昨日的種種，他已不記得有多少情還可以拿去交換，只知道這歲月變遷的流年裡，他們彼此錯失的東西已經太多太多，即便她肯轉身回來，他又該如何才能溫暖她那顆冰了的心？

她在的時候，他追逐；她不在的時候，他等待；她駐足的時候，他轉身；她離開的時候，他絕望。而今，她把自己隱匿在天涯海角背後，當一聲聲斷腸的呼喚一次又一次地被山水無情地吞噬後，終換得他滿心淒涼疲

第22章　暮立

憊，再不願涉足紅塵，更不願沾惹任何的眷戀，但還是會無可救藥地想她，不斷在風雨中接受著相思的錘鍊與各種情非得以的煎熬。

想念的季節，淚影早已熬成一紙婆娑，窗外的風花雪月再美，也不再是他眼中期盼的風景。而他亦早已習慣了一個人孤孤單單地走、一個人孤孤單單地唱，習慣了同樣孤孤單單的身影始終孤孤單單地伴著他度過無數個或喧囂或落寞的日日夜夜。她不在他身邊，他對什麼都無動於衷，彷彿這偌大的世界只剩下他一個人，也只裝得下他一個人。再多的絢爛、再多的精采，都不再與他相關，哪怕漫山遍野都是花開的嫵媚，在他看來亦不過只是一抹喧譁嘈雜的色彩罷了。於是，總是不由自主地守在自己的心情裡唸著自己的心語，旁若無人地活，把所有的繽紛與爛漫都過成了蒼白與荒蕪。

是的，他不想再與這個世界發生任何的瓜葛，也不願再為任何人浪費他曾經炙熱過的情感，即便對心中念念不忘的她，亦總是保持著若即若離的距離，就怕一旦落入相思的深淵，便是他萬劫不復的災難。然而，依然會為那句「生為你人，死為你鬼」的誓言，瞬間便毫無招架之力地被打翻他心底的五味油瓶，任復燃的思念在整個天地間熊熊燃起，最終燃成他一個人的煉獄、燃成他一個人的天荒地老。但是，也僅僅是在剎那之間後，一回頭，時間便淹滅了所有念想，他再一次回到了那個只屬於他一個人的孤孤單單的世界裡。

曾經，因為與她同守一份承諾，在流年的光陰裡穿梭，從來都不曾覺得寂寞，也未曾感到絲毫的疲憊。如果說愛情是源源不斷的小溪，緣分則是偶爾投到溪水中蕩起陣陣漣漪的石子；如果說愛情是一道美麗的風景，緣分則是偶爾光顧的浪跡四方的旅人，有緣人自會發現，無緣者任他尋情千百度也會錯過。起初的起初，他以為相愛很簡單，所以總是讓她受傷，有一天她終於選擇了放手、選擇了轉身，那一刻他才知道她對他有多重

第 5 卷　斷腸人：就中腸斷是秋天

要，也才明白失去了她，愛情再美也是枉然，而他緊握在手的也只是一紙空洞的虛幻。

多想可以再次擁她入懷，輕輕撩開她柔軟的秀髮，在她耳邊，訴說不盡的情話，吐露無限的相思。可是而今他卻再也無法做到，甚至連想一想都是荒唐的罪過。也許到了最後，他和她，終是有緣無分，可是他卻不知道，這一生，到底該是去感激上蒼讓他們彼此相識，還是怨恨蒼天讓他們悵然相離。或許愛情便是這樣，酸甜苦辣、悲歡離合，盡在其中，一個「緣」字更是每段刻骨銘心的愛情之所以無法白頭到老的終極解釋，但也是最完美的藉口。其實他不信緣的，那只不過是佛經強行灌輸給世人的概念，又怎麼算得了數、當得了真？

什麼緣字？原來一切的一切都只是自欺欺人！大千世界，人來人往，遇見與錯過一直在不停地上演，有誰能承諾天長地久的陪伴，又有誰能兌現不離不棄的初衷？

細碎的殘陽，緩緩穿過指縫，陰影層層疊疊而起，終在他眼底堆砌成一個空洞、黑暗、微涼的城堡。很久之前，當他住進去那個城堡以後，便沒有再出來過。起初的時候裡面的世界很美，耀眼的光線彷彿一道絢麗的彩虹，總是輕輕劃過眼前，倏忽便照亮整座空城，驚豔他無數的期待與盼望。然而他也知道，她不在，一切都是虛幻，都是空中樓閣，都是他在痛苦裡想像出來的繁華綺麗，一轉身，便只剩下深深的空洞與無底的黑暗，想再出來卻是難上加難。

走在路上，他帶著滿身滿心的傷痕，跨越過重重阻礙，朝著陽光灑落的方向奔跑，薄涼的時光在眼前悠悠晃過，卻怎麼也追不上她遺落的溫婉與明媚。花開花謝，四季在滾滾紅塵裡輪迴周轉著時間的軌道，卻轉動不了他的心思，無論身在何處，那縷深情不悔的想念總會讓他周身的肌膚都

第22章　暮立

透著隱隱的疼痛，更無時無刻地不在撕扯著他那顆早已不堪一擊的破碎的心。回眸，城堡外的歲月依然靜好，菊花依然芬芳，只是那滿園的落英繽紛裡，金黃色的天際下卻再也看不到伊人回歸的蹤跡。

日盼夜盼，早望晚望，恨不能穿過數十座城池，與她相約在黃昏的牆角下，攜手共醉良辰，靜看這落日餘輝的燦爛。那山、那水、那叢林啊，又怎知他心急如波濤，陣陣狂潮，正在內心的孤城裡無休無止地翻騰不盡？時光荏苒、光陰似水，這一季，她依然不在。誰來救贖他的傾城愛戀？誰來呼喚他的至愛之人？誰來溫暖他的荒涼空城？誰又來見證他的痴情守望？

水流花逝，指尖微涼，承諾仍在水雲間飄緲氤氳，回頭看，曾經的一切，什麼都不曾走遠，而她絕望的眼神最是無辜。聽清風在耳邊呢喃，彷彿又聽到她當初的殷殷叮嚀，為什麼，他經歷了如此這般的痛苦與煎熬，卻還是不能換來她風輕雲淡的一笑？此情不渝，今生不換，卻怕，天依舊還是那片天，並沒有因為他的幻想而增添一絲瑰麗的色彩；地依舊還是那方地，並沒有因為他的一往情深而減少任何的面積；人依舊還是那在水一方的伊人，也並沒有因為他的真心相對而匆匆地來，赴他一面之約，在千年相遇的歡喜裡與他把盞成夢。

花開的季節，她盛裝出現；花落的時候，他無依無靠。幾重天，幾重雨，都在寂寞回首中，那曾經相依相伴的影，都掉入思念來不及追憶的深淵裡去了嗎？前方的旅途，依然很遠，他無法不丟開一些想念，無法不背上行囊，義無反顧地踏開腳步朝前方未知的方向行進，但他依然不捨，捨不下那些正被他遠遠拋在腦後的過去，所以總是在不斷回頭，回頭看與她攜手走過的每一段路程，把他們每一個並行或是交叉的腳印都珍藏在他淚水模糊的眼裡，然而努力了許久，掙扎了無數次，卻還是不能找見她那時分分秒秒都追隨在他身邊的倩影。

第5卷　斷腸人：就中腸斷是秋天

　　此時此刻，真的好想好想她，即便她化風成雨，在他窗前悄然經過，也好過他怎麼想方設法也無法抵近她的明媚。淚水總是在最想念的時候讓幸福這個詞變得更有意義也更加遙不可及，無論他看不看得見、聽不聽得到，它們依舊如蓮花盛開在雲端，朵朵妖豔欲滴，只是一伸手，觸碰到的又無一例外的總是一如既往的空虛。嘆，飄零的日子總是躲不過那份源於內心的依戀和深藏的情懷。於是，每當傾城的日光在眼前這座寂寞城池的角落緩緩流瀉而下的時刻，他便總會幻想著身邊有一個小鳥依人的她，正陪他沐浴著溫婉的秋光，於他從容不迫的笑容裡輕拈一片落葉，用她的柔軟繫上千萬個安之若素的心願，一伸手便可以讓他觸及到永恆的幸福。

　　因為愛，所以魂不守舍。因為思念，所以每個寂寞昏黃的傍晚，他遠眺千里的目光似乎就生長在窗下，總是在目不轉睛地仰望，那清澈的雙眸流露出三生三世不相離的期盼與興奮，每一個注視都在盼她帶著滿臉的笑容盈盈地走來，為他解開心底所有的結，呵護他們永恆的幸福。湘靈，妳在哪？為什麼不肯說話也不肯回來？都說愛情易碎、相思難繼，想必是情到深處只餘麻木，要不又怎麼解釋他對她滿腔不變的痴纏？情的路上，很多人用盡一生的努力也換不回昨日的容顏，莫非，他也要步上前人的後路，只能在風塵中默默咀嚼他一個人的心傷？雖然自始至終，她只留給過他一句誓言，讓他不再在乎經歷的所有悲傷與疼痛。但是他卻一直想還給她一份坦然，讓她的生活不再過得戰戰兢兢、如履薄冰，可是她不肯回來，他這份心願又如何能夠實現？或許是患得患失的心情，總是反反覆覆地糾纏他的身心，以至於對杳無音訊的她，從來都沒有產生過任何的刻骨恨意，而是更加不顧一切地想要保護她，想與她續寫童話的結局，想牽著她的手走過人生的每一個階段，想看著他們青絲變白髮時還能相互攙扶著竊竊私語，然，這份心意，遠在天涯海角的她又如何體會得了？

　　「花開堪折直須折，莫待花落空折枝。」裹著深深的惆悵，繼續在霧裡

第22章　暮立

看花，用一雙無神的眼睛在無邊無際的雲海中探尋她的蹤跡，卻忽地憶起同時代女詩人杜秋〈金縷衣〉中的這兩句詩，心裡更是湧起無限失意。是啊，花開堪折直須折！人們期待花開時，自會盡心盡力，付出全部的努力，心繫於斯、情注於斯，或許正因為此，等待的日子總是一片馥郁；及至花開，卻又往往懈怠，只顧流連花前，對花兒百般欣賞，卻難賦予全部熱情，追逐花開似成最初目的。莫待花落空折枝！花總會落，當趁花開之際，擷取它的美麗芬芳，莫待空了枝再去後悔。

　　杜秋的詩句深深觸動著白居易的心。花開當珍惜，珍惜曾經的付出、珍惜緣分的不易、珍惜花開的絢麗……花開時，不必去想花落，只要用心收藏每個風和日麗的日子，用心呵護每縷刻骨真情就好。哪怕風雨肆虐、哪怕流年暗換，只要緣分的天空深佇心海，花亦會永恆於心底，不是嗎？嘆只嘆，他沒有在花開的季節好好珍惜和她的感情，沒能及時把她的真心捧在手心珍而重之，卻等到她已不再出現在他的世界才去遺憾、才去唏噓，又有什麼用呢？她已遠去，隱身在他不知道的山高水長裡，這份緣的延續，又該如何來用心經營？只怕再多的悲悵、再多的後悔，也只是自欺欺人罷了！

　　唉！他深深地嘆息。如果愛有天意，他和她，是不是就不會有今天這樣無法相守的結局？如果愛有永遠，是不是就不會總為了她陷入不休不眠的無望？如果愛有真心，是不是就不會讓一份愛變成血流成河的災？如果愛有童話，是不是就不會在沒有她的日子裡孤獨終老一生？或許是，或許不是，但不管怎樣，而今的他卻只能站在她的世界之外，以陌生人的名義輕輕抹去世俗的眼光，拉開回憶的匣門，重新溫存那些關於幸福的碎片、關於愛的箴言，卻無法抵近她的溫婉與柔媚。

　　相識、相知、相愛，緣分天成。情到深處時，那無盡的馨香與柔暖，都來自期待的心靈，更來自奉獻的高尚。愛的天地裡，假若幸福只是一個

第5卷　斷腸人：就中腸斷是秋天

　　傳說，那麼他願意傾盡所有，只換一場虛幻的夢境，至少夢中的他不會因她而掉一滴眼淚；假若永恆只是一個傳說，那麼他願意花光青春年華，換一場沒有結局的等待，至少他用心付出過，而她也給過他機會，他們都不會遺憾；假若歡喜只是一個傳說，那麼他願意用上一生的時間，去堅守這座思念的城堡，讓愛永遠都不再流散於他漣漣的淚水裡。

　　或許，每一場遇見都有不同的對白、每一個故事都有不同的情節、每一個童話都有不同的追逐，而每一個結束都是一樣的不幸。正如他遇見她之後，總是演繹著主角與配角的轉換，然，每一次都是不約而同地以悲傷落幕。是他太過執著，還是她太過淡然，抑或是善緣便是如此，總是在顛沛流離過後才能讓他們看見幸福來過的足跡？老天爺為什麼就不能讓他早一些看到幸福的真諦，為什麼等他剛剛明白、剛剛懂得，一回首，卻發現，他們早已各自散落在無法彼此抵近的天涯與海角？

　　其實，他奢求的不多，僅僅是她的一個溫暖懷抱，再多一點，便是她能攥緊他的手，陪他走完這悲喜的一生。別再讓他一個人孤孤單單地消失於茫茫人海中、別再讓他擁抱著憂傷入睡、別再讓他半夜驚醒、別再讓他沒有她的音訊，只想以心為畫筆，趁花開，描摹她的點滴溫存，讓她永遠盛開於他的心底，僅此而已。

　　可是，他到底該如何才能珍藏這份全心的愛、全意的情？又該如何告訴她，今生與她傾心相知，定不負傾城換她笑顏？凝眸，清風拂動枝葉，搖搖晃晃地飄蕩著花香，那紫陌紅塵的心上人兒，可知道，他在想她？是的，他又在想她，無法自拔、無可救藥，只能繼續鋪開詩箋，任微涼入心，用筆墨在她明明滅滅的眸光裡替她守一座城池，一直等她回來：

　　黃昏獨立佛堂前，

　　滿地槐花滿樹蟬。

第22章 暮立

大抵四時心總苦，

就中腸斷是秋天。

——白居易〈暮立〉

「黃昏獨立佛堂前，滿地槐花滿樹蟬。」一直以來都喜歡一個人靜靜地用文字記錄下心中的點滴情懷，就像這個秋日的黃昏，他獨立佛堂前，一個人依舊不慌不忙地在夕照中找尋著窗外偶爾拂來的一陣清風，只因他知道，那便是古樂府某一段章節裡逃逸出的亮麗風景。

想刻意忘卻某些情感，卻總是歷歷在目呈現在眼前。昨日的他丟失了太多太多，總以為太過美好的東西，不適合經歷，最後只能在心底深處慢慢遺忘，而今日窗外落盡的槐花和鳴噪個不停的秋蟬卻又於不經意間撕裂了他長長短短的傷疤，深深淺淺，只是無人能知。

無緣對面不相逢，有緣無分亦是竹籃打水一場空！寂寞總是讓人趨於冷靜，陷入沉思，也能使人撥開眼前的迷霧，在茫然無緒的紛亂中看清周圍的一切，用乾淨的心情去梳理凌亂的生活。此時此刻，他佇立在寂寞孤獨的佛堂裡，堂前有他的影子，與母親陳氏的靈位形影相伴，心裡填滿說不清道不明的悽楚。是母親的忍情迫使他與湘靈生離別，更讓湘靈淪落天涯不知去向，可是母親那麼做也是為了他好啊！到底，孰對孰錯，他已分不太清，他只是太想她了，想得淚流滿面，卻不知遠方的她是否也為他淚眼濛然。湘靈啊湘靈，如果妳也為我流出了眼淚，在磅礡的雨後讓所有的泥濘都變成了一曲相思，那麼，就請妳把我譜進妳最不捨的那一頁，在越來越遠的黃昏裡，在我無法觸及的距離裡，再眺望一次那漸漸飄逝的風景吧！

「大抵四時心總苦，就中腸斷是秋天。」萬事隨緣，紅塵如夢，緣如水，這世間，有幾人真正解得其中滋味？情絲總是在心間纏纏繞繞，最終

第 5 卷　斷腸人：就中腸斷是秋天

　　都糾結成指間悠悠繁繁的牽絆。所謂執手相望，只不過是想讓距離更近一點，讓彼此的心貼得更近一些，讓愛如細水長流，然而幸福終如一絲模糊的剪影，儘管早就掠過他的門前，卻不帶任何的痕跡。痴情的心，盼啊盼；堅守的情，等啊等，百年一遇是相知，千年難逢成永久，如果真的可以，他願意把心掏出來交給她，讓它陪著她幸福展顏，陪著她悲喜與共，陪著她度過生命的最後一刻……。

　　緣來緣去緣如水，花開花落終有時。失去她的音訊轉眼間已有數個年頭，但曾經的一幕幕溫情還是依然如故地徘徊在他心間，無論春夏，不分秋冬。一年四季，想著她、念著她，痛苦、痛悲、痛心、痛恨失去自己，情深緣淺不得已，心，總是莫名的疼痛，在每個日落的傍晚，卻還是不懂該如何去珍惜。風過處，秋又深了。情，萌於心，長於意，每逢這樣的季節，人更是斷腸，思念便又見縫插針地招搖而來。一種相思，兩處閒愁，三份惦念，無孔不入地侵襲著他的心海，原來此情無計可消除，才下眉頭，卻上心頭，也只有枕著她的名字入眠，才能微笑著安然入睡。

Tips

　　元和九年，白居易正當四十二歲的盛年，又正值朝廷致力於平藩的用人之際，而他卻於除服後久滯下邽渭村，不能起復回朝、一展壯聲，於是，一向以曠達自詡的他開始沉不住氣了。〈暮立〉正是創作於這個時期，與〈晝臥〉一樣，既表達了他政治上的失意，又體現了他對遠走天涯、不知去向的湘靈深深的懷念及擔憂。

第 23 章　夜坐

庭前盡日立到夜，

燈下有時坐徹明。

此情不語何人會？

時復長吁一兩聲。

── 白居易〈夜坐〉

　　窗外，凜冽的寒風裏挾著零星的碎雨，頻頻來襲，鉛灰色的雲層略帶一絲水湄的煙青，以不羈的姿態驀地便闖入了他的眼簾。昔日深綠淺碧的柳梢禁不住這般薄涼的相逼，瑟瑟顫抖著，容顏日漸枯槁憔悴，枝頭打著旋兒的輕絮紛飛如絲，撲簌簌散落了一地，更惹得他愁緒叢生。

　　落寞的靈魂，在深夜沉寂而詭祕的面紗下遊蕩，尋找曾經迷失過的路途、尋找曾經流連過的街頭巷尾。然而，那顆已破碎到襤褸的情心終究還是癱瘓在追尋她足跡的路上，再也找不到心靈的歸宿。曾經的舊夢，已在漸行漸遠的歲月中飄零，於風中孤單地旋舞，那行滿載塵埃的相思淚依舊執著地匍匐於溫潤的大地，仔細聆聽，淚水中仍有花開花落的聲音在耳畔徐徐響起。

　　在無數個幽幽長長的暗夜裡，究竟是誰總在撥動著心的琴弦，奏起一曲悲傷的歌？又是誰總在將那些白天凋零、夜晚綻放的往事，一遍又一遍地塗抹潤色？這紅塵世間，短暫的歡愉之後，必定會有長長的痛苦，伴隨著生命的起起落落，在眼前迂迴縈繞，可他依然無法揣測到未來到底會是如何的模樣，更不知道，在沒了喧囂、沒了紛擾、沒了痛苦之後，她暢暖

第5卷　斷腸人：就中腸斷是秋天

的懷，可否還能讓他一寐千古。

　　歲月在無情的變遷中慢慢流逝，容顏在流逝的歲月中慢慢蒼老，心情在蒼老的容顏中慢慢荒蕪，而牽念亦在心情的荒蕪中慢慢黯然。或許，再濃烈的情感也禁不起歲月的消磨，會漸漸地平淡；或許，再執著的情感也禁不起時光的洗禮，會漸漸地倦怠。時光便這樣在瘦了的指尖滑落，容顏就這樣在蹙起的眉間改變，曾經的許多舊夢終在歲月無情的漂洗中漸漸褪去了原有的色澤和光鮮。可是，無論掠過多少歲月的風塵、浮過多少世事的滄桑，心中那份甸甸的記憶亦不會隨著那份漸漸遠去的時光褪色，反而會變得愈加鮮明，綻放出煙花般的璀璨與華彩。

　　記憶就是一支神來之筆，它會在某一個特定的時間、某一個特定的空間，把心靈的色澤和韻味渲染得淋漓盡致。即便事過境遷，只要一念頓生，那些鐫刻在生命版圖上的印記便會被剎那啟動，栩栩如生地呈現於眼前，怎麼也揮之不去。在輾轉難眠的夜裡，它們會從記憶裡一躍出，不由分說地跳上他冰冷的床頭，前赴後繼，紛湧而至，更會毫不吝嗇地在他枕畔燃起一堆篝火，把他潮溼的心靈烘暖，一直伴他到黎明，到天涯，由不得他不去相思。

　　無數個思念的夜晚，輾轉的夢都是他流淚的眼。黑色的天幕，深邃幽暗，其間密布的點點繁星，猶如老天爺點燃的一堆堆靈火，它們是在召喚他苦難而跟蹌的靈魂嗎？抬頭，偶爾會見到一顆流星從天邊迅速劃過，每到此時，他便會在心底不由自主地問著自己，是不是人世間又隕落了一顆原本美麗而又精采的生命？如果是，那消逝的生命究竟是在遙遠的遠方還是就在他的眼前？有時候會突發奇想，以為那顆墜落的流星是她，心便會生出撕裂般的疼痛。他不要她死，不要她消逝無蹤，如果可以，就讓他代替她去承受這世間所有的輪迴之苦，讓他在她看不見的地方墜落成一顆永不再見的流星吧！

第23章　夜坐

　　回首這半生經歷的風風雨雨、聚聚散散、生生死死，才知道生命竟是如此的無奈，如此的滄桑。情感在經意或不經意自制的天塹中無法踰越，靈智便在落寞中失去了秀色，而他和她也成了擦肩而過的錯失。放眼望去，心底錯落的情致便是窗外霏霏的微雨，為她、為他，淋漓了一整個世界的纏綿悱惻，飄飄緲緲，裊裊不盡，而想她依然是他每天必做的功課，想來，下半輩子他也無法拒絕這日復一日、年復一年的相思。

　　皎潔的月光溫柔地灑滿了他周身，所有的力氣都凝結成一滴淚珠，悄悄懸掛在眼瞼上，只要輕輕一眨，便會無聲地落下。淚流滿面裡，又見小橋流水，又見落紅無數，卻不知那些深深淺淺的足履，究竟載過多少共舞的時光，長髮當風的歲月，又錯過多少無望的守候，只留下無邊的遺憾在他心頭糾葛纏繞。

　　緣，只可遇，不可求！泗渡的靈魂，縱唸了千萬遍的經文，依然日夜不能安歇。沒有風，也沒有她的夜晚，這無邊無際的痛楚，恰似一片潮起的汪洋，氾濫於生命的每一寸肌膚，敲擊著靈魂深處的每一扇窗櫺。抬首，多想留住漫漫歲月中那份關懷與感動，多想化作一陣清風，始終都被她牽引著，無論到達哪裡，也無論在哪個驛站停留。然而，西風散盡後，他終於明白，他和她依然不能長相廝守，只能在無盡的失落與模糊的淚眼中揮手作別，因為唯有這樣，才能讓最後一曲相思的輓歌，為他們曾經擁有的一切悲歡離合，在每一個寒徹骨的夜晚悠悠響起，才能讓他緊緊握住他從來都不曾想要遺忘的過去。或許，這就是他們的命，誰也無力更無法改變。

　　翻開抽屜，揀出無數封發黃的信箋，那是她正青春芳華時寫給他的信。每一封信、每一張紙，都掠過她淡淡的心情，在相思裡寫滿對他的問候與關懷；每一句話、每一個字，都含著她濃濃的思念，在輕風裡搖過他輕輕的夢。手捧信箋，淚落橫陳，卻不知，遠方的她撫風弄月，究竟又是

第 5 卷　斷腸人：就中腸斷是秋天

在為誰單弦獨奏。

　　院外，梧桐蒼褐的枝幹頂著疏落的枯葉，在他優柔的目光裡，以飽經霜雪的遒勁刺破風的柔軟和堅硬，安靜而沉默地朝向天空凝神遠眺，瞬間便多了一份蒼涼與蕭瑟。這個季節，終於在溼冷的寒風瀟雨和青黃相接的草色裡變得逐漸肅殺起來，飽蘸一筆深冬的意蘊，時光，便在它皴裂的皺褶和鬚髮的斑駁裡交織重疊著，慢慢蒼老下去，每一次長風穿過，都有悄然而至的窸窸窣窣，彷彿是一場場無憑的私語和嘆息，渲染出一些年代久遠的細枝末節。而他和她的那些陳年故事便在這絮絮低語裡一寸寸加長、變深，在他迷茫的眼神裡更顯蒼涼、深邃。

　　人去庭空，掩映於青松古柏之下的白府大宅，一如既往的清寂冷落。微雨淅瀝，彷彿蓄滿柔軟清潤的琴聲，漚開一指冰涼的水意，以瀰散的喋語輕拍著歲月的窗扉。思緒忽遠忽近，如同深藏在夢裡的一尾魚兒，輕輕遊弋，然後被簷雨的滴答悄斂於指尖，吐露出一串串模糊不清的顫音。於是，某些淡若輕痕的憂傷，便不動聲色地從季節的骨縫裡漫溢位來，水草一樣，迅速長滿光陰的兩岸。

　　整座白府宛若遲暮的長者，低垂冥想的頭顱和飄逸的長鬚，獨坐於偶然途徑的風寒裡，微微俯身，眼皮沉重又酸澀。而他，獨坐於流水的歲月中，讓視線緩緩穿越被雨水濡溼的天空，如同一位參禪的高僧，在這個微雨的冬日淡然入定。那裡，有緩緩平移的青煙，流瀉出一脈無法言說的幽潤，當所有的思緒變成一隻青鳥，掠翅斜飛過季節的窗臺時，他驀地關上窗戶，讓它永遠陷落在不可名狀的疼痛和溫柔裡。爾後，那顆悸動的心便又開始了漫長的沉寂，寂靜、無聲，即使山崩地裂、海枯石爛，依然波瀾不驚。

　　湘靈。輕輕唸著她的名字，思念像是一條懸在半空中的琴弦，此端是

第23章　夜坐

他訴不完的癡語，彼端是她望不斷的天涯，雖彼此交織著，卻不知道如何才能夠相伴到老。或許，今生今世，不會再有相遇的一天，因為心從不曾離開；或許，今生今世，不會再有落淚的瞬間，因為心一直在珍惜；或許，今生今世，不會再有錯過的年月，因為情始終都在，永遠都在。只是，那一年的花開之季，那一年的離別之際，終是他這一生的終點之站，相遇當時為端，相離那時為盡，怎讓他不心傷難禁？

也許，一開始便是錯；也許，一開始便是迷離。而今的而今，當他轉身看不到她的時候，是不是抬頭，眼淚就不會掉下來？不，他輕輕搖著頭，滿含著兩汪熱淚，在泛黃的詩箋上再次為她寫下一首悽婉的傷心情詩〈夜坐〉，在文字裡與她共滄桑，在寂寞裡與她同憂傷：

庭前盡日立到夜，

燈下有時坐徹明。

此情不語何人會？

時復長吁一兩聲。

—— 白居易〈夜坐〉

「庭前盡日立到夜，燈下有時坐徹明。」迷離，使愛情的方向失去了定義，一錯便是經年。自此後，誰還會收藏他一路的微笑，誰又會為她綻放滿園春色？

相遇太美，誰能說不是緣分？相知如花，誰能說不是注定？相伴如水，誰能說不是心靈的交會？相離如淚，誰又能說不是宿命的安排？糾纏的情、疲憊的心，是否應該找個安靜的角落，獨自訴說悲歡離合的斷章？他不知道，他只知道，夜，是他排遣相思最好的突破口。

一個人，獨坐在庭前，從日出到日落，從天明到暗夜。握一把月色，卻抓到靈魂深處的空虛與寂寞，驀然回首，窗外的塵世紛擾，都已與他無

第 5 卷　斷腸人：就中腸斷是秋天

關。他明白，燈火闌珊裡，月斜夜已深，窗簾嚴絲合縫地貼攏，所有的寥落與傷痕，都會在這漫無邊際的黑夜裡逐漸平復。

獨坐時，沒有人會來敲門，也沒有人會來驚擾，思緒會漫無邊際地瀰散開來，這是完全屬於他的時刻，不需要任何人的認同，也不需要任何人的憐憫。雖然四周是那麼的安靜、那麼的清冷，卻往往又總帶著些溫柔的憂傷和甜蜜，讓他在回憶中能夠慢慢抵近最真實的自己，認清形勢，明白自己接下來要怎麼做才是對的。原來，這世間的所有前塵過往，終不過只是一瞬的經歷，如果不是痛到無法再活下去，又何必繼續糾纏執著下去？

想著她，所有淪落於寂靜和久遠裡的角落，都在昏黃的燈火下逐漸明亮起來，而那些朦朧曖昧的意象，亦總是輕易便開啟塵封的心門，讓人欲罷不能。曾被刻意塵封的情，漸漸復燃，念著她，他情願一直守著燈兒坐到天明，因為只有這樣，他才能找到一生中最溫暖的記憶。

「此情不語何人會？時復長吁一兩聲。」徘徊著，在心裡剪下一段有她的美麗時光，於燈火裡染亮夜色，卻不知這滿腹的深情最終該歸往何處。有關愛的天荒地老、有關情的長相廝守、有關心的執手相望、有關淚的相濡以沫，他都不知道該如何抉擇、如何退讓、如何參與。或許，無論怎樣選擇，傷害都在所難免，若是如此，又何必傷人又傷己？

對她深深的眷戀，究竟何人才能懂得？對她痴痴的情心，究竟誰人才能體會？花開的時候花最美，是鮮妍，也是繽紛，花落的時候卻只能面對不期而至的枯萎與凋殘，這是自然的定律，也是情愛紅塵的法則，即便心有不甘，任誰也不能更改。放眼望去，風勁花殘，愛情葬身於落紅之下，而他滿心的悵惘和眼角滑落的淚珠依舊是風兒吹不去的無奈與悽然。思念日深，不由得長長吁嘆，願只願，來世的他是她窗前的梅花一朵，花瓣上寫滿他們的因緣，即便無法永遠相守，也要用他的清麗，芬芳她每一天的

第23章　夜　坐

期盼與清歡，不再讓她為他心生疼惜。湘靈啊湘靈，我對妳的愛，就像一滴水匯入大海，千百年的尋覓，只為遇見那一刻的交融，在觸碰不到的地方，上窮碧落下黃泉，沉澱亙古不變的思念，熾熱如火的情愛。可是，何年何月，我才能漸漸流淌成妳的夢？

Tips

　　這首詩同樣創作於元和九年，與上兩首詩表現了同一主題。因思慕湘靈，起坐不能平，表達了他內心對遺棄湘靈的深深懊悔及無盡惆悵。

第 5 卷　斷腸人：就中腸斷是秋天

第 24 章　有感

絕弦與斷絲,

猶有卻續時。

唯有衷腸斷,

應無續得期。

—— 白居易〈有感〉

兩兩相望的,總是兩顆相愛的心;兩兩相忘的,卻是兩顆痛到肝腸寸斷的心。癡情總是不改,思念總是在心底洶湧澎湃,那三生石上刻下的愛的箴言,是不是都只是上天一廂情願的注定?彼此凝望的目光,在妊紫嫣紅的芬芳裡交錯,誰也不願在無語的轉身之後化作今生的蹉跎與哀傷,卻不料,軒窗月影下,夜風依舊薄涼,一滴淚的跌落,便驚起了飛花萬朵。那一瞬,心痛,終是碎了她,醉了他,一如既往地在日漸荒涼的城裡紛飛如夢,讓他來不及偽裝,更來不及嘆息。

細雨輕風,總是送走一段明媚如花的歲月,又迎來一個春暖花開的季節,而人生亦大抵如此,總是曲曲折折、層層疊疊地,在滾滾紅塵裡來回上演著那些或相同或相似的故事。漫步阡陌之上,依然想與她執手,卻發現她早已穿破雲煙踏浪而去,於是只能枕著一懷惆悵,在寂寞中為她寫詩,念她一切安好。然後,在流年的光影裡,用心珍藏起那份曾經的美好,不再讓它們沾染點滴的悲哀。

光線兜兜轉轉,始終帶著一筆渲開的水痕,在窗口迂迴縈繞,抬眼望去,那並不局促的書房卻略顯昏黃和陰暗。湖藍的瓷瓶裡,幾支緋色的春

第 5 卷　斷腸人：就中腸斷是秋天

梅依然靠近暗香，開出細碎綿密的溫軟，於是，他把它們想像成某個朝代的仕女，正相攜著，風華無限地轉過歲月的長廊，隱約間有環珮叮噹以及羅裙的窸窣聲響，伴著軟語輕笑款款而來。那裡陽光靜好，等她們抵達雕花砌香的深闊庭院時，屋角的櫻花和杏花紛紛撩人地綻開，牆頭一叢嫵媚的薔薇亦探出胭脂粉白的臉兒，與窗前火紅的玫瑰眉目相映。轉角處，翡綠的竹枝隨手一筆，就在她們含情的眉目中把清風逸骨刻進了牆上的卷軸；幽暗裡，珠簾半開半合，可以瞥見一把閒閒擱置的古琴，或許撫琴的女子剛剛起身，爐中尚有餘音共著裊裊的薰香，一併融入這錯落的光影流年。

回首，一池澄碧的畫屏，漾開淺醉微醺的漣漪，久遠的時空裡，擾人的香氣襲來，杏黃的薄衫和雪白的紗裙上便落滿了紫色的蝴蝶。風，長長地吹過，吹動她們烏黑的秀髮和舒盈飄香的裙裾，還有婉轉翠微的歌聲。那一群玲瓏嫵媚的女子，邁著從容優雅的蓮步，緩緩步入時光深處，當他把思緒收回，她們便在他眼底永久娟潔地存在。

時間便在這樣恬淡柔美的冥想裡，被他細緻地分開，從腦海裡飛出一些無法想像的美好和傷悲。彷彿雨水穿透年久月深的蒼苔，從某個禪院的飛簷處滴落下來，發出木魚敲出的冗長單一的誦音，又如從古樂府詩裡走失的情節，被雨水湮染，墨跡蒼黃而斑駁，且模糊不清。當他微闔雙目，便一廂情願地以為這是個幽深的長夢，很靜，靜得能在清涼的水湄，將寡淡的時間也品出些許微溫且潤澤的餘味。

驀然回首，春回春又去。淡藍色的陽光灼傷了眼眸，望著無邊無際的蒼穹，憶著她一臉花開的微笑，想著她淡淡的不言不語，內心依然惆悵萬分。她依然靜立水中央，抬起頭，朝遠方眺望，眺望那無人知曉的遠方，而後，轉身而來的卻是溢滿淚水的面龐。原來，她的微笑，只是用來看的，而不是真正的快樂，若是如此，那該如何讓她綻放如花的笑顏？

第24章　有感

　　很多時候，他都情願在這樣狹長安靜的時刻，獨自凝眉，沉默而安靜地坐在籐椅上，讓思緒變成穿越時空的魔鏡，幫他打開塵封已久的過往。然後，目光一寸一寸地，輕拂那些風雲變幻的盛世浮章，任所有的潮起潮落都如過眼雲煙，在風雨飄搖的輪迴裡逍遙悲愴。

　　情似游絲，人若飛絮，他想，他的腳步，一定會沿著那些黛瓦青磚的古蹟，走過昔日繁華、走過深幽清寂的青石小巷，一路無痕；塵心漸涼，歲華漸暮，他想，他的目光，一定會穿越那些被風雨剝蝕後鏽跡斑斑的層樓深院，穿越灰綠的苔痕、古舊蒼老的城牆，然後再穿越爬滿綠蘿和紫色牽牛花的籬欄，穿越白鳥銜起的水色時光，抵達被月色映照的某個寂靜的村莊，那裡便是他和湘靈初遇的符離。

　　符離，那是在夢裡，她笑靨依舊溫婉的地方。那裡，成片成片的春花開得正好，一朵就深了一季；那裡，波光瀲灩的河水緩緩流淌著溫暖和柔軟，水草豐茂、花香襲人；那裡，淡若輕痕的炊煙在薄暮裡悠悠升起，牧童的影子和笛聲被夕照拉得長長的，正踏著滿地冷月悄然歸去；那裡，有她在流水邊踟躕徘徊，以無悔和執著，等待順水而下的那葉蘭舟，而蘭舟之上那個玉樹臨風的白衣男子白居易，卻不是她生命裡的過客。

　　心如蝶舞，夢碎天涯。一切的一切，皆因他走得太久，縱然歷經千百次輪迴，還是來不及欣賞她的美、她的靜，那匆匆的腳步終被疲累禁錮，無法與她再共。再回首，一切都來不及了，如果真的可以忘記，他願意徹底忘記；如果真的還有來生，他願意繼續等候。可是上天的注定裡，還依然會有他們的明天嗎？

　　情有多深，夢就有多長。當歲月與緣分密謀著，不動聲色地囚他於指尖，他想他一定會變成一頁泛黃的古卷，就那樣靜靜地躺在那裡，一動不動，只待冥冥之中的那隻手，用晴和溫潤來翻閱，當雪藏於扉頁上的靈魂

第 5 卷　斷腸人：就中腸斷是秋天

　　被悄然開啟的那一瞬，他定然會瀟灑溫柔地站定，望向她微微一笑，為她送去傾城的溫暖。

　　只是，她早已遠去，而今的他只能躲在幽暗的夜裡細細地審視自己，任翻騰的思緒恣意流瀉，無人能懂，也不需要任何人去解讀。他知道，其實每對情侶都是彼此生命中的過客，無論是長久的相擁還是短暫的相處，最終都會歸於永久的寧靜和孤寂。所以，不想去刻意打破內心深處的那份從容，只想把默默的祈盼擱置在心中，任時光流逝，任歲月荏苒，哪怕今生注定他要與孤單寂寞永久相隨，也不會祈望在這喧囂冷漠的塵世間有人能懂。如果有人能懂，那也是在夢裡，在春回的夢裡。

　　夢裡春回，曲江兩岸已是楊柳依依、細雨綿綿，而他眼裡望見的卻是一泓清流、兩處離愁。月夜裡，孤單的舟楫在碧波中輕輕蕩漾著。此時，岸邊忽然有琴瑟之聲在風中悠悠響起，聲聲入耳、絲絲不絕，宛如天籟之音，一點點地縈繞於心，那可是在水一方的湘靈又撥響了那管思念的琵琶？

　　夢裡春回，花開無度，寂寞是春天裡最絢爛妖嬈的花朵，總是千嬌百媚地盛放在每一個無法安然入眠的暗夜裡。而蒼茫的夜色則是一片廣闊而幽暗的心海，在深邃中透著詭異，在濃烈中透著寒涼，像鬼魅一樣任寂寞在其間沉淪，一點一點地吞噬著他的安然與清歡，讓他再也找不見湘靈在花間輕舞飛揚的身影。

　　夢裡春回，花落無數，在依稀的夢裡，她是那一束隔山隔水隔世的彼岸花，雖然仍舊在亙古的荒蕪中綻放如荼。可是，卻只能靜靜地守望在與他生生相錯的輪迴裡。沒有今天，也沒有明天；沒有今生，也沒有來世，有的只是長長久久的對視、眺望，以及再也望不到彼此的悵惘與失落。

　　幾許柔情幾許愁，幾度相思幾度殤。失去了她，愛情的羽翼，終於在

第24章　有感

　　思念的心緒裡跌破曾經的等待，他薄如蟬翼的心，亦終於淪陷在深不可測的寂寞中，漸漸支離破碎。原來，比煙花寂寞的是她，而比她更寂寞的是他，怎不令人愁腸百斷？其實，他一直都在她的世界裡執著地守候，等著她靠在肩上訴說相思的那一天早早到來，從此不再讓她流淚、不再讓她難過。然，他又比誰都明白，只怕那一天，他等到青絲變白髮也不會等來，更不會收穫他想要的結果。於是，只好在靜謐中痴守這份半世的情緣，去等待很久很久以後，她再和他相遇在路上的機緣。

　　他愛她，可是她不信；他恨她，可是他不信。花若開，此情必可待，花若謝，此意無人知，又教他如何向她傳達愛的訊息？他不後悔在千萬人之中只鍾愛她一人，也不後悔在千萬場遇見裡只鍾情與她相遇的畫面，更不後悔為她耗盡畢生心血，只為與她廝守地久天長。但是，他不要她許他一個永遠，他不要活在她「生為你人，死為你鬼」的誓言中，他不要她時而失蹤、時而出現，只希望她安靜地守在他身邊，哪怕一句話不說也好。

　　深夜裡，滿天的繁星閃爍著耀眼的光芒，獨自漫步於清清冷冷的曲江畔。他一路埋首走著，當額頭撞上牆壁的時候才恍然發現，自己已走進一條深不見底的衖衕，踏上一條不歸路。遠處，東風吹散瀟瀟煙雨織成的簾幕，悠揚的琴聲嘎然而止，他終是凋零在她的指尖，痛不可當。湘靈啊湘靈，轉身而過後，妳我曾經路過的十里長亭何日才能回返？當歲月在彼此的窺視中繾綣起前世的芳夢，眉尖的硃砂一點成劫，妳青絲染霞的從前，又該向風雪裡凝望誰忘卻的前緣？

　　沿著灰色的牆壁，醉了的他順勢躺倒在腳下冰涼的青石板上。此時此刻，地面的溫度與心的溫度吻合，回首曾經滄海，卻是往事如煙。愛過流年的她，愛錯交換的心，即使付出了全部，也不是自己想要的結果，那般咫尺的距離隨著時光的流逝，被拉得越來越遠，直至淚水模糊了雙眼，再也看不見她的去向。愛來過，又走了，他帶著天涯海角的距離，一次又一

第 5 卷　斷腸人：就中腸斷是秋天

次地在紅塵中捕風捉影，打探她的點滴消息，怎奈世事無常，怎麼也尋她不見，所以只能於心冷處，和著斷了的琴弦，把思念吟成一箋刻骨銘心的〈有感〉小詩，任其在春風裡迴旋、起舞：

> 絕弦與斷絲，
>
> 猶有卻續時。
>
> 唯有衷腸斷，
>
> 應無續得期。

—— 白居易〈有感〉

「絕弦與斷絲，猶有卻續時。」弦絕絲斷，還有機會續補，情緣斷了，又要拿什麼來彌補？燈火已闌珊，此情終不渝，一個人徘徊在時光深處，獨守這一份難耐的寂寞，一遍遍地聽著她藏身紅塵之外的悽婉長嘆，卻教他想盡了辦法也無法填補她那顆破碎到無法收拾的心。

落花憔悴了想她的容顏，淚眼沉醉了他長久的想念。此時此刻，耳畔飄過九天雲上的梵音，將思念在冷月中調成漫天飛舞的殘曲，不讓他有機會唱完整一首守望的歌，而長安城繁雜的聲音亦將他紛亂的思緒拒絕於千里之外，只任寂寞開遍他的周身，與星星閃爍的光蒙格格不入。

相遇是緣，相思漸苦，相見卻難，冥冥中這一場傾心的愛戀，終究注定要淪為曠世絕美的風花雪月。輕含著江南的煙雨，沉醉在每一個轉角的街口，不道春來晚，只惜人來遲。若真是醉了倒也罷了，怕只怕，半醉半醒，風一吹便吹得人斷腸，到最後，又只能無言獨上西樓，看新月如鉤，看寂寞梧桐深院鎖清秋。依舊是，剪不斷，理還亂，是離愁，別是一般滋味在心頭。

「唯有衷腸斷，應無續得期。」春天來了，她走了，終歸只不過是增添了更多的迷惘，還有那無法言說的傷悲、撕心裂肺般的絕望，只任他腸斷

天涯。然而,愛的心早已被扯爛過無數回,又有什麼好怕的?

琴弦斷了,尚有補救的方法,可是情腸斷了,又如何能續?傷與痛,在歲月的流逝裡一再肆虐蔓延,可有誰能讀懂他的淚,又有誰能看透他的心?她突兀地放手,讓他站立不穩,終至靈魂抽離了身子,四處擴散,想要去尋找昔日那個最熟悉的倩影,然,最漫長的等待換來的卻是最堅決的轉身,越是心急如焚,結果越是讓人絕望。

或許,她的離去,終於換得他可以不再愛得那樣疲憊、痛得那樣難以呼吸,可終究還是迅速濡溼了他整顆心房。想著她、夢著她,風在吹,雨在下,無休無止的淚水奔騰而落,這芳草萋萋的季節裡,究竟是誰的心,轉瞬便碎成了漫天飛舞的殘花,片片殷紅滴血?

Tips

〈有感〉詩作於元和九年,從「絕弦」、「斷絲」入手,描述了他和湘靈愛而不能的愛情悲劇。然絕弦與斷絲尚能以膠相續,而斷了的愛情卻永無相續之期,全詩不著一「痛」,無一「傷」字,卻於字裡行間浸染著濃濃的愁緒。

第 5 卷　斷腸人：就中腸斷是秋天

第6卷
燕子樓：秋來只為一人長

第6卷　燕子樓：秋來只爲一人長

　　幾度風雨，幾度春秋，暗湧的激情於似水流年中悄然逝去，再回首，她依然笑靨如花，而他卻兩鬢添霜。閒落燈花處，那些美到蝕骨的白牡丹，總是隨風徜徉，任清新馥郁的幽香撲面而來。揮揮手，送走憂傷，撫平痛楚，抹去印記，無論心中有多少難言的隱忍，在此時，只想與她琴瑟合音，共奏愛的永恆……。

第 25 章　答勸酒

莫怪近來都不飲，

幾回因醉卻沾巾。

誰料平生狂酒客，

如今變作酒悲人。

──── 白居易〈答勸酒〉

夜，漸漸變深；月，依然明亮。

　　靜坐窗下，聽妻青萍撫琴一曲，四十三歲的白居易在孤獨中享受著一種寂寞的美。日曆在翻飛，西元 814 年馬上就要落下最後的帷幕，成為永久的過去。心，不禁有些悵然。抬手間，在那些被翻開的塵封了許久的書頁裡，他漸漸觸碰到了曾經歲月的流痕。於是，那些人、那些事，便又清晰如昨地浮上了他的心頭。

　　記憶裡那一縷最真的情語，在夜晚的輕風裡飄浮，湘靈的舉手投足、一顰一笑，始終在生活的某個角落裡如影隨形，再次在這悠悠琴聲裡浮現。往日的心思，亦隨著月光緩緩地流瀉，在夜色裡放飛所有的心疼與不捨，一回頭，彷彿看見自己的影子，正攙扶著一顆顫動的心，於幽幽琴聲裡輕輕地哭泣。然而，顫抖的眼淚，怎能把握這緣分天定的恩賜，在人世的苦海裡去體會最真實的感覺、最浪漫的愛？

　　或許，明天就是一個晴朗的春，桃紅柳綠、鳥語花香，那翩躚的蝶舞，對影成雙，是他永遠的守望，更是他等待了無數個日日夜夜盼來的清歡。可是他也知道，她不在，他就是遠處枝頭那隻孤單的蝶，在無人問津

第6卷　燕子樓：秋來只為一人長

的角落默默守候著屬於他的季節，卻始終都弄不清屬於他的另一隻蝶會在哪一處的山高水長裡將他悄然等待，要與他雙宿雙棲飛躍這五彩斑斕的紅塵。

　　多年以前，也是在這樣的夜裡，那時還有微涼的雨絲飄過窗臺，隨落葉一起在空中飛舞旋轉。她則望向他莞爾一笑，溫柔地伸出雙手，輕輕擁抱著他，讓他靜靜依靠在她的肩頭。那一夜，周圍的一切都在閃爍耀眼的光芒，所有的色彩都停留在他們身邊，抒發著說不盡的甜蜜幻想。他和她緊緊擁抱著，任憑冰冷的雨滴打在溫熱的手上，任憑雨珠順著臉頰不停滑落，打溼彼此的衣襟，始終渾然不覺。可是，她終究還是離他遠去，此時此刻，他只希望蒼天能讓彼此的愛延續下去，能讓他的夢深藏在她的心裡，一直蔓延，直至地老天荒。

　　往事彷彿老去的暮靄，輕薄如紗，恍惚若夢，他依然清晰記得那個飄雨的夜晚，依然記得他們曾經的愛戀。失去她所有的音訊，惆悵裡，他一直渴望著一個關於她的遇見，遇見幸福、遇見溫柔、遇見那笑容綻放的面龐。那應是一個陽光四溢的午後，她緊緊偎靠在他的肩頭，坐在楊柳依依的曲江水畔，任明媚的陽光透過柳梢灑在那洋溢著微笑的臉上，在他耳畔說著不盡的相思話。

　　湘靈，此去經年，應是良辰美景依舊。可是妳卻遠遠地走了，獨留熱切的笑容在我青春的回憶裡，徒然換得我一次又一次的潸然淚下。妳藕荷色的長裙、純真無瑕的面龐、溫柔覥腆的情話、嫵媚動人的的神采、如水輕柔的眼神，依然深刻在我的記憶裡經久不散，散發著清新甜美的味道，可是妳到底去了哪？為什麼不肯再回到我的世界？為什麼連妳的去向都不讓我知道？妳可知道，因為妳的出現，這渾濁的世界才在我眼裡變得漸漸清晰？又可知道，失去妳的日子裡，我總是一個人徘徊在街頭，只想被妳那雙溼熱的手緊緊握住，給我溫暖、給我欣喜？

第25章　答勸酒

　　回眸，當心靈的繁花在蕭蕭冬色中悉數落盡，他終是弄不明白這世間還有什麼可以用來慰籍漸已殘碎的靈魂。很想就此停歇、很想就此憩息，任一切紛繁的過往如流水一般從記憶的河床上奔湧而去，越行越遠，直至遠到天涯，遠到海角，再也無影又無蹤。

　　疲憊的靈魂已經無法承載人世更多的悲歡與離合。很想一個人默默地遠去，在連綿不斷的細雨裡，在隨風搖曳的燭光裡，在生命從此不再輪迴的暗夜裡。然，對她的思念卻是一張布滿細密孔眼的濾網，歡樂的部分會隨著荏苒的時光慢慢散去，進而淡出記憶的漩渦，不再盤踞在生命的年輪裡，而痛苦的部分則被過濾積存在記憶的樊籠中，久而久之便如一罈封存的烈酒，越釀越濃。

　　青萍的琴聲依舊，一曲〈長相思〉長長久久地蕩漾在耳畔，激起他心底無數漣漪。青萍是個好女人，他本無心傷她，可是他明白，自己永遠都無法做到像愛湘靈那樣愛她，也無法為她寫出那樣深情悲切的詩句來。是的，他和青萍這一生只注定了夫妻之緣，而他和湘靈卻注定了終生的情緣，可是為什麼，他最愛的人卻不肯再為他停留？不肯再安之若素地坐在他對面，為他彈一曲〈長相思〉呢？

　　她走了，她「生為你人，死為你鬼」的誓言卻永久地留駐在他心底。她發誓終身不嫁，可是為什麼又要離他而去？他本做好與之私奔的打算，而她卻在最後關頭毅然決然地回絕，從此與他咫尺天涯、視若罔聞，難道這就是她對他的愛嗎？不，他不應該懷疑她對自己的痴心，她只是為了他好。她希望他在母親陳氏的安排下娶一個門當戶對的妻子、希望他擁有一個幸福甜美的家庭、希望他有一個如花似錦的前程、希望他有朝一日飛黃騰達、位極人臣，不辜負白氏家族對他的殷殷期盼。可是，他真的幸福了嗎？他真的飛黃騰達了嗎？

第 6 卷　燕子樓：秋來只爲一人長

不，他什麼也沒有。母親去了、女兒去了，妻子青萍又體弱多病，一切的一切都與她為他設計的人生差了許多。然，她知不知道，此時此刻，他比任何時候都更想要依賴她？他需要有一個人陪他一起，說點什麼、做點什麼，或者什麼都不需要說，什麼也不需要做，只要給他一個慰藉的擁抱和溫熱的胸膛就好，而這個人除了她還能會是誰？

湘靈啊湘靈，妳再不回來，我真就要崩潰了！妳知不知道，我現在過的日子並非妳所想像的那般幸福、那般甜美。朝廷裡的官員整天爾虞我詐、你爭我奪，不鬥個魚死網破，誓不罷休，可是那些安分守己的臣僚，他們又做錯了什麼？為什麼大官僚階級的鬥爭進行到白熱化的時候，每次都要犧牲掉一群毫不相干的人？

妳知道，早在去年，元和八年的秋天，我就已經除服，可是就因為長安城裡那些明爭暗鬥，我遲遲沒有接到重新任命的詔書，不得不繼續留滯在這下邽紫蘭村。可是，朝廷現在正積極籌劃對發生兵叛的淮西用兵，正是用人之際，我又怎能長久滯留在此，對外面發生的事不聞不問？

妳知道，我歷來都是討厭戰爭的。從小到大，我經歷了太多太多的戰爭，目睹了太多太多的生離死別。從洛陽到符離，從符離到越中，從越中到襄陽，每天都能看到背井離鄉逃難的人，餓死、凍死的人更是不計其數，路邊白骨纍纍，城中瘟疫肆行。可是，叛亂還是在持續，朝廷更是在不斷地派兵平叛。然而，這些舉措又有什麼用呢？以暴制暴，深受其苦的只能是身陷兵亂之地的老百姓們！那些當權者只想著戰爭，只想著爭權奪利，可有誰設身處地地替那些老百姓們想過？他們知不知道，戰火一旦蔓延，會有多少無辜的百姓會死於這場變亂，又有多少百姓會無家可歸？

可是說這些又有什麼用？我現在無官一身輕，根本就沒有機會在朝堂上向皇上進言。因為宰相李絳曾經和我同為翰林僚屬，所以主張以武力削

第25章　答勸酒

藩並與李絳不和的宰甫李吉甫一向視我為眼中釘、肉中刺，除去喪服一年半之後，我還是沒能起復回朝！他們是在怕我。是的，他們怕我向皇上上書阻止這場戰爭，難道他們就不明白「水能載舟，亦能覆舟」的道理？拿數萬百姓的生命去作賭注，即使打敗了淮西叛將，又能如何？

元和九年二月，李絳罷相，守禮部尚書，李吉甫的勢力空前強大。而就在李絳罷相的次日，曾被左拾遺任上的白居易竭力聲討過的權宦吐突承璀自淮南監軍召回長安任命為左神策中尉，朝野上下更是陷入一片烏煙瘴氣之中。輾轉至冬，白居易仍然困守下邽紫蘭村，未能接到回朝任命，心緒自是起伏難平。壯志未酬身先老，憂國憂民的白居易深為自己不能在政治上有所作為、不能替老百姓做主、不能阻止即將發生在淮西大地上的戰火而自責。可是，他又能如何呢？因為與宦官勢力作對，早在元和五年，喪妻不久的摯友元稹就被貶至江陵，至今未能返還長安。而今，雖然權相李吉甫已於同年十月去世，而吐突承璀正是炙手可熱、權傾朝野之際，加之他於元和四年與李紳、元稹共同發起的新樂府運動把朝中重臣得罪了個遍，自是無人願意伸出援手，引他入朝，陷入內外交困之中。

湘靈啊湘靈！想著她、念著她，把那個遠去女子的芳名在心底喊了又喊、喚了又喚，唯願時光能把他與她共有的一切剪影，永遠儲存在記憶深處。知音少，弦斷誰人聽？或許，一生中會有很多朋友，然而，卻沒幾個是真正能懂自己的。除了她，還有誰更能理解他？更能體會他此刻起伏不平的心緒？這世間也只有她才會給他一個淡然的眼神，緩緩對他說著：「你聽，你聽……。」

是的，他在聽。聽那流水三丈的無奈，聲聲都是嘆息，陣陣都是難以呼吸的痛，而她只能在沉默中沉默著；聽那花開遍地的歡喜，片片都是笑語，四周亦是抹不去的倩影，而她也只能留下無聲的祝福；聽那癡情纏綿的糾結，夜夜都是無眠，日日都是說不完的唔唔私語，而她依舊只能默默

第6卷　燕子樓：秋來只爲一人長

陪伴，從不開言。

　　或許，有些話從不需要明言，只要心有靈犀，定會明瞭，正如她沉默中的所有語言、他文字裡的所有情感，他懂，她亦懂。凝眸，風吹散了一地的落花，他在餘輝中看見她一邊牽著幸福的手，一邊微笑著朝他走來，輕風的呢喃，是她相思的心語，她無需言語，亦無需解釋，他便知曉。所有的一切都會因為她的存在而變得美好。盼只盼，起風的日子裡，有她陪著；盼只盼，下雨的日子裡，有她陪著；盼只盼，陽光明媚的日子裡，依然還有她陪著。那種隱隱再現的感覺似乎從未曾在心頭消失過，不管是曾經、現在，還是以後。

　　夜，已經很深很深；黑暗，也已經很深很深。此刻，站在黑暗的此端遠眺黑暗的彼端，竟然看見前生的眷戀在今世的塵埃中一路搖曳，漸至飄散。黑暗中，所有斑駁的往事都猶如妖嬈的彼岸花，在競相開放著，雖然風情萬種，卻是染了寂寞無邊。

　　曾經非常貪戀黑暗，貪戀黑暗中的冷寂、黑暗中的悽清、黑暗中的深邃，心念成灰的時候，彷彿只有黑暗才是他孤單的靈魂唯一可以休憩的地方。然，在這樣寂靜的夜晚，一切的無奈和傷感都如潮汐般肆虐著奔湧而來，充斥著整個空間，久久驅散不去，此時靈智亦如空中的浮雲，不知何去何從，只是漫無目的地遊走於深邃的天穹。於是，一種心情，便如火一般氾濫成災，焚燒著他靈魂深處的春夏秋冬，使心靈的花卉草木瞬間零落成泥，卻還是不明瞭，究竟是愛已成灰，還是心已成灰。

　　自她走後，無情的雨總是輕輕打醒夢裡的他，讓淚變得如同雨水一樣的冰，縱有柔情萬種的守候、佳期如夢的等待，也只是將一切伴隨他的情念化作冷雨，成就了一個心酸的浪漫。鏡裡的自己，日益憔悴，淚水融化不了萬般無奈，驀然回首，卻看見她一張模糊不清的笑臉。原來，一切的

第25章　答勸酒

一切都已燒成了灰燼,記憶亦變得漠然,他又該如何才能讓顛沛流離的情心在歷經十數載磨礪之後變得輕柔溫暖,少些浮躁、少些憂鬱?

一曲琴音,洞徹古今,隨他孤單的身影徘徊在幽幽深院,悽悽切切復錚錚。面對她的銷聲匿跡,他心痛莫名、肝腸寸斷;面對青萍低眉間的溫婉,他左右為難、話在心口難開。朋友的酒宴推了又推,燈紅酒綠的煙花地也少了他的足跡,他把自己包裹得嚴嚴實實,完完全全地藏在了悲傷的角落裡,只用這夜色輕輕包圍他的思念,就著青萍悽婉的琴聲,再次為她寫下一闋寂寞斷腸詩:

莫怪近來都不飲,
幾回因醉卻沾巾。
誰料平生狂酒客,
如今變作酒悲人。

——白居易〈答勸酒〉

「莫怪近來都不飲,幾回因醉卻沾巾。」緣聚緣散,緣生緣滅。心灰了,連酒也都懶得飲了,莫非,就這麼憔悴著傷心著一直到老?

曾經,只想在醉鄉里尋她千百度,卻不料舉杯消愁愁更愁,只是淚沾巾;曾經,醉眼矇矓裡,看到的都是和她一起走過的漫長歲月、一起走過的遙遠路途,亦真亦幻,彷彿就在昨日,又彷彿已是隔世的輪迴;曾經,醉酒後的他,在靈魂與軀體的間隙裡,看到了陳舊的年輪在被層層撕裂,看到了羸弱的心房在被片片剝離,零落散亂,攜帶著一路的風塵,無數次地重複演繹著塵世的虛偽和迷亂。

流年似水,記憶恰似一座深不見底的峽谷,漫長而悠遠、黑暗而幽深,雖歷經歲月的變遷,卻仍然無法抹淨那些明明滅滅的痕跡。所以,只想趕在天明之前盡量去想念,在幻覺裡找到一個絕對安靜的角落,然後枕

第6卷　燕子樓：秋來只爲一人長

著她笑靨如花的容顏再做一個甜甜美美的夢，於夢境中梳理寂寞，靜默與她的遇見。

「誰料平生狂酒客，如今變作酒悲人。」一頁宣紙，滴了墨，把心中的思念寫了千遍萬遍，卻是誰，在風中洇開一滴情淚，迷濛了雙眼。從此，天上人間，只傳唱她一個人的婉約，又是誰，詩吟佳人春，詞賦佳人秋，畫染佳人眉，曲傳佳人笑，把一個向來嗜酒的狂客，生生變作一喝酒就悲傷的人，以至於不再流連於風花雪月的花街柳巷，也不再沉溺在阿軟的歡聲笑語裡肆意狂飲？

一點點愛的記憶，一處處情的遺跡，儘管一直在風雨中穿梭飄搖，卻依然歷久彌新，整整復斜斜，都在他回望的眼底平鋪成一段水墨留白。推開落鎖的門扉，任記憶在斑駁的苔痕裡穿越時空，尋一管經脈，溯流而上。觸碰歲月靜淌的河流，他看到，別離或重逢，都是生命篇章裡的一幕劇情，綿長且輕淺，心，不禁生出幾份釋然。然，愛斷情傷之後則是綿延不絕的痛楚，如漫天的沙塵，鋪天蓋地地籠罩在他生命的每一寸空間，她走了，在他心底紛紛剝落而下的只是記憶裡殘缺的枯萎碎片，而最雋永的詮釋則鐫刻在峽谷深處的枯藤上，除了他，永遠不會有人能看到，也沒有人能讀懂。

文字與心聲一樣，只可意會，不可言傳。在青萍十指纖纖下裊飛的琴音裡，他孤獨的思緒飄飛在幽暗的角落，彷彿行走在異界的天庭，看雲霧飄渺，才終於相信，一切的過往，就如海底的泥沙，淒寂清冷不見天日，且終有一天會被歲月厚重的陰翳遮蓋，繼而掩埋，直至永久的沉溺。或許，她還會回來；或許，她永遠不會回來。凜冽寒風過處，遍地落葉無數，再回首，與她的過往早是曲終人散、恍如隔世，只是，又有誰知，她曾經的絢爛嫵媚究竟是為誰而綻放，他如今的飄逝零落又是為誰而殘敗？

第25章　答勸酒

　　深邃悽婉的夜裡，依然無法安然入眠，只因心底的最後一抹眷戀，是他今生永遠無法治療的沉痾。而就在這孤寂的夜裡，在新任宰相韋貫之及好友禮部侍郎崔群的幫助下，他終於接到出任太子左贊善大夫的詔書。左贊善大夫？那可是正五品上的官階！可是他心裡怎麼也高興不起來，雖然得以起復，可以每天參與朝謁，實際上卻是個無所事事的閒官，又如何能讓他大展鴻圖，想老百姓之所想，替老百姓分憂解愁呢？

　　湘靈啊湘靈，難道這就是我的宿命？冬天即將過去，春天就要來了，那是一個萬物復甦的季節。只是，那時的她，還會出現在他的世界裡嗎？她可知，他只想用僅有的溫度去溫暖她那冰凍三尺的心靈，卻又怕驚醒了她的春夢？或許，一切都是冥冥之中的注定，命運的軌跡誰也無法改寫，錯過的人和事就此永遠地錯過，倒也不失為好的結局，可他還是盼望在那桃紅柳綠的季節裡描摹下渴望的曾經，以追溯的姿勢，等待她悽美的轉身，即使她不再歸來，他亦將執筆在手，以一首絕句，寫下她一生的傳奇，以沉眠的方式，在她懷中永生。因為，他愛她，永遠，永遠。

Tips

　　〈答勸酒〉具體創作時間待考，但應在元和九年至元和十年間。筆者傾向於元和十年初，白居易結束近四年之久的閒居生活，回長安出任太子左贊善大夫後。左贊善大夫雖是正五品上的官階，其實卻是個閒職，拿現代話來說，相當於太子府的辦公室主任，專門負責規諷太子，但是每天都要朝參，號稱常參官。其時，白居易居於位於長安城東南隅曲江畔的昭國坊，由於居處僻遠，每天都要冒著風寒早朝，詩人頗感不便，加上對這一閒職的不滿，曾寫有諸多發洩牢騷的詩章，其中包括寫給時任國子助教李紳的〈初授贊善大夫早朝寄李二十助教〉，寫給時任監察御史元宗簡的〈朝

第 6 卷　燕子樓：秋來只爲一人長

回書寄元八〉，以及〈重到華陽觀舊居〉、〈白牡丹〉、〈答勸酒〉等。本章所解析〈答勸酒〉因內文情節需要，被調至元和九年末所作，特此說明。

第 26 章　白牡丹

白花冷澹無人愛，

亦占芳名道牡丹。

應似東宮白贊善，

被人還喚作朝官。

—— 白居易〈白牡丹〉

　　花開幾度，歲月悠悠。時已四月，所有的花兒，好似都趕著要去奔赴一場隆重的花事，只任他孤身坐在一段暮春與初夏的錦帛裡，尋找牡丹花在疏影暗香間散發出來的獨特韻味。柔軟的陽光映在他清瘦的面龐上，脆弱的微笑禁不起清風的吹撫，劃過的瞬間，淚滴早已落在回憶的深淵。歲月如此靜好，只是再次揚臉望向湛藍的天空時，心底湧起的卻是一股無法言明的艱澀。

　　陌上，雲在笑，花弄影，蝶兒在花間翩然起舞，那落滿小徑的花兒，可是他遠走天涯的湘靈？凝眸望去，尋來覓去，何時，映入他眼簾的，盡是那團團簇簇的白牡丹？傳說中，白牡丹會為人帶來一生一世的幸福。那麼，這些花姿爛漫、綺麗動人的花兒，是否已爬上她日夜守望的籬笆牆？若是，就請那遠方的佳人掬一捧芳馨，沾花香滿懷，把這各色各樣的素白的牡丹，全部都鐫刻進心底吧！

　　喧囂的長安城住著寂寞惆悵的他，在那燈紅酒綠、醉生夢死的浮華中與形形色色的人緩緩進行著分離相聚，如若行屍走肉。時光短暫或是漫長，於他而言，或許只是一些擺設，繁亂的思緒，如千萬髮絲纏繞，終是

第6卷　燕子樓：秋來只爲一人長

　　剪不斷，理還亂。站在時光的尾端，他翹首回望，舊日時光裡的珍藏早已堆積成山，唯有無語成安然地坐在城池的一端，靜觀那冰山轟塌的場景才能讓他找到生命裡的一絲牽掛。然，曾經牽手走過的花徑，卻在失去記憶之後長滿了荒草，讓生命措手不及地錯過與她相遇的剎那。所謂深淵，所謂谷底，所謂刺心，亦是接踵而至。

　　伸手抽出案底泛黃的素箋，想著她的容顏在空白處輕描淡寫，顫抖著揮出一轍，提筆與落筆之間的距離僅僅只是一秒，卻改寫了故事的結局。他知道，他和她，終是背道而馳。從此，無論是在天涯，還是在海角，再也難聞其聲，難見其人，當初攜手遇見的那些芳草萋萋的風景亦全部退出了他的世界，而那篇還沒寫完的長相廝守卻在他的漣漣淚光中被畫成了無人信服的童話。昔日相知如故，卻嘆僅僅只是一個回眸，便換得今朝的含淚轉身，若早知如此，倒不如從未相逢。

　　清風一曲惹人醉，醉了是動情的人，還有那顆相思的心。站在急速前行的時光河流中，也曾倚著流年輾轉的日子，朝朝暮暮地期期盼盼，以為風起的時候是想念，雨落的時候是念想，飄雪的時候是刻骨銘心，晴天的時候是歡顏綻放。然而，他卻忘記了心的角落還住著未曾遺忘的往事，無論他是否傾其所有，都無法抹去走過的印跡。

　　自醉的時候總是會忘卻時間的存在，當堅定的雙腿邁著沉重的步伐，踱著千秋的光陰恍然停下時，回憶中的她是否依舊笑如春風？回首，掬起明月落下的影子，跟隨輕風一路前行，浮雲眼下的形形色色都淹沒在他的傷心裡。細細品嘗嘴裡溢位的酸澀味道，踩著城下不知是誰遺落的風箏，迎著大地，他站立成樹的龐然，只想於風裡大醉一場，像風箏一樣飛越藍天，和她一起翱翔。然，回望裡卻始終不見她的蹤影，心，終是忍不住地疼痛起來。如果，這場生命旅程中的飛翔沒有她的參與，那麼，清風一醉，他又能與誰共舞？

第26章　白牡丹

　　抬頭，蔚藍的天空在眼底移出大片大片的白雲，有意無意地爬過頭頂，緩緩飄向遠處的青山。而他傷了的心卻在大聲吶喊：「即是過往，又何須遮住燦爛的明天？」側目，淺笑，眼裡卻多了一絲瑩瑩的淚光，那是對她的想念。在他心底，遠去的她是一首詩，更是一闋詞，迷離而悠遠，溫婉而柔軟，若碰上煙雨時節，總想那一篙撐過去，映入眼簾的便會是碧水藍天、柳絲拂面。只是，他的不捨、他的多情又可曾是她佇立遠方的眺望與期待？

　　那些寂寂的巷子，是她心甘情願把自己隱匿起來的地方，他尋找了經年依然無法找出她的身影。於是，只能一如既往地穿行其間，為不驚動她，總是躡手躡腳地走過，每一次徘徊，足音都是輕輕的。然而這一次，踩在青石板鋪成的巷道上，冷不妨還是驚了某扇軒窗後的落寞，側耳傾聽，一聲輕嘆緩緩跌落在風中，彷彿有久遠的遺忘正穿過老去的時光翩然而來，一點點地生發、一點點地茁壯，只片刻的工夫便將一場隔世離空的守望，寫在了冷寂的心底。那一聲嘆息，悠悠幽幽，柔柔糯糯，似是風聲踩響了時光深處的琴音，驚醒的也只是些塵封的舊事，然，那些傷殘的舊事裡究竟又有多少是他緊密相關的呢？

　　她居住的地方，每到黃昏時分，想必一定會有一抹橘黃色的斜陽，投在一扇古老的雕花窗櫺上，而窗內則有她對鏡描眉貼花黃、輕暈胭脂，嫵媚瞬間便洇了淡淡桃紅。他踮起腳尖輕輕地嘆，在幻境中將她思了又思、念了又念。或許，此時此刻，她正執了羅扇、翹了蘭花指，就這樣裊裊婷婷地從屋裡走出，髻邊的蘭花，在路過他身畔時，留下暗香一縷，經久不散。那安靜的時光裡，除了她，還有一池安靜的荷，正如火如荼地開放在湖心，若他循香而至，在她流光溢彩的眸光中，定然會於心湖的漣漪中流轉出一出感天動地的千古絕唱、纏綿悱惻的傳世愛情。

　　可是，她在哪裡呢？她早已離開了符離，淪落不知去向，他又該去哪

第6卷　燕子樓：秋來只爲一人長

裡將她倩麗的身影尋尋覓覓？那迎風綻放的白牡丹是否能將她輕倩的笑容捎回他的身邊？他找不見她，所以只能一次又一次地閒步陌上，在白牡丹鋪天蓋地的芬芳裡，拾取關於她的所有記憶。一朵朵、一瓣瓣，柔美輕盈、絢麗曼妙的白牡丹，在如雪的陽光裡，更讓人覺得驚豔、美不勝收，如此靜好雅致的美景，自然而然地便惹得他的心也隨之沉醉，只是不知，那朵朵潔白的花兒到底是白牡丹，還是他心裡惦念了許久的那個溫暖明媚的湘靈？抑或，湘靈原本就是天上的牡丹仙子，只是憐憫他的一腔痴誠，才帶著繽紛的花語，帶著幸福的期望，踏山涉水、穿塵而來，可是為什麼兜兜轉轉之後她又消逝得無影無蹤，不再顧及他的感受了呢？

佇立花間，他思念如雨。拈一抹暗香，盈滿袖嫵媚的風，就在牡丹傾城的花語中，回想她那比花兒還燦爛的溫暖笑靨，暖意與芬芳，頓時幽幽散落在他的心間。想她定是柔美婉轉的琴曲，在爛漫旖旎的季節裡，突然止不住地涓涓流過，緩緩流淌至他心間；想她定是輕柔淡定的月光，在寂靜的夜，陪他聽一曲望月情懷；想她定是綿綿密密的雨絲，在清涼的初夏，灑下一簾的清新。想著想著，這切切的心情，早就被白牡丹裝滿了他的眉間心上。

踩著清幽的青石板前行，風兒在思念中傳遞著燕語呢喃聲，聲聲都是他痴情的延續。沿著散發著泥土清香的小徑，細數柔柔的心語，卻看到她臉上寫滿笑意，隨風在樹下蕩起鞦韆，裙裾翩翩，歡快得如同一條不知疲倦的小溪。他就那樣靜靜地看著她，凝望之處，她綻放的笑靨，從他明亮的眸子裡，一點一點地浸潤至心底。回首與她走過的日子，美麗與憂傷、幸福與痛苦，剎那間便都在眼底交替前行。

那一年、那一月、那一天，她在他的心曲裡陷落，他在她的深情裡陶醉；這一年、這一月、這一天，他卻不知道是該幸福地流淚還是無語而泣。只想著在愛的征途上前行，卻忘記了這條路是否還有盡頭。也許這就

第26章　白牡丹

是愛的鬼魅，容不得陷落其間的人們多想什麼，愛了便是愛了，任誰也轉不脫這塵緣的牽絆，明知沒有歸期，卻依然故我、一往直前地走著。

湘靈啊湘靈，妳到底去向了何方？他瞪大眼睛望著暗香四起的白牡丹，心，莫名地疼痛起來。妳知不知道，妳走了，我的心從此變得飄遙無依？妳可知道，妳走後，我總是沐浴著恐懼，怕妳再也不會回來，如果妳永不回來，我又該拿什麼來洗濯妳在我心裡留下的痕跡？妳說過的，在符離那個風清月朗的夜裡，妳說，這世上沒有人比妳更愛我，妳不會無緣無故地遠去，因為愛已在妳的靈魂裡流動；妳還說，因為有了愛，妳會一輩子用心守候著我，哪怕再遙遠的距離，在妳眼裡都會是咫尺之近，哪怕一抬首看到的是落英繽紛的蕭瑟，妳也會讓它們變成漫天飛舞的浪漫，任其盈滿我們的懷抱。可是妳為什麼還是要用不辭而別、消逝無蹤在我心裡種下痛苦，任那甜蜜與酸楚，無時無刻地不糾纏吞噬著我？

求求妳，別再這樣折磨我了，好不好？當想念妳成為一種痛楚的時候，才知道愛有多真又有多深，妳不在，我早已跌進無法自救的深淵。隔山隔水，望斷天涯，只因我知道自己注視的並不僅僅是我一個人的希望，更多的卻是佇立在天涯盡頭的妳。憶往昔，桃花叢中，鞦韆飛舞時，妳一下一下地靠近那些碧綠的枝葉，可知那一剎，藍天、清風、麗日，都是開在我心上的玫瑰，柔美而又多姿？然，時過境遷，妳又打算何日歸來，再為我跳一曲〈霓裳羽衣〉、唱一闋〈長相思〉呢？

曾經，妳我借風放飛愛的紙鳶，那騰空飛起的不僅是希望與歡快，還有綿綿不盡的相思。那時的妳，迎風漾起一張天真無邪的笑臉，放任青澀懵懂的情懷在暮春初夏的季節裡出走，放任那顆少女的春心遠行在我的天涯，把六朝的煙雨都珍藏成妳我共同擁有的芬夢；而我，卻在妳不知疲倦的笑靨裡催落了五月的花瓣雨、渲染了天邊的彩虹，任心流瀉成一汪碧水寫下的綠色憧憬，幸福得一塌糊塗。只是，時過境遷，而今，少了妳的作

第6卷　燕子樓：秋來只爲一人長

伴，我只能獨自一人孤單地穿行在暮春的季節裡，即便沐浴著大好的春光，心情卻非比四月的陽光燦爛，只是蒼白一片。風過處，牡丹花素白淺醉，花瓣紛飛，拈花間香滿衣袖，綻放的熱情隨風激揚，醉人心扉，我卻難以攬住那一抹淡雅幽香，只能把所有的感知，和著飄飛的白牡丹，一點一點地記錄在素箋之上，為妳，亦為那冷澹無人愛的白牡丹：

白花冷澹無人愛，

亦占芳名道牡丹。

應似東宮白贊善，

被人還喚作朝官。

—— 白居易〈白牡丹〉

望空興嘆，卻盼來一場毫無防備的瓢潑大雨。暮春初夏的雨，來得快，去得也快。然而，只是匆匆一幕，改變的卻不止是天空的顏色，還有他紊亂的心緒。密密麻麻的雨絲似是斷了線的珍珠，在他清瘦的面龐上鋪成一場穿越時空的相思淚，縱是兩岸相隔，騰空的思念亦在瞬間便貫穿了他的身心。

沿著花徑，穿過雨簾，他默然轉身，直接往書房深處走去，長吁短嘆中才明白，原來落下的不是雨水，是淚水；沖洗的不是記憶，是美好，殘留的不是永恆，而是無法彌補的遺憾。寂靜的雨季，只剩下他呼吸的疼痛，如果不是相隔遙遙，愛的路上，她是否還會在他的思念中始終相伴左右？

他不知道。一切都是未知。鋪開素白的詩箋，輕握生花妙筆，他在案邊跟隨花舞的旋律寫下心中所思所想。浩瀚無邊的蒼穹，始終容忍不了他的再度瘋狂，寒涼的肌膚彷彿被細針穿過，濃烈的血腥味頓時瀰漫了整個房間。窗外，風還在吹，雨還在下；屋內，心在流血，十指絞痛。此時此

第 26 章　白牡丹

刻，除了那遠在天涯的湘靈，又有誰會懂得，他寂寂的守候只為尋她一抹芳蹤，曾經那麼熟悉地落入眼前，而今卻是物是人非、無從憐取？

素箋上跳躍的文字，不知不覺間便墜入他情感的空間，無論是旋轉還是平放，都無法安置那顆躁動不安的心。湘靈啊湘靈，妳可知，因為相遇，就有了思念，因為世間有妳這樣的女子，才有了我一世的感動？陌上花開緩緩歸，花自飄零水自流，想妳，已經成為一種習慣，幸福與否，只在轉念之間。

有妳的日子，生活就是溪畔陽光下盛開的白牡丹，迎著春風，揣著夢想，用生命抒寫著一首首雋永纏綿的詩。想妳的感覺很浪漫，滿眼都是幸福翻飛、快樂輕揚；想妳的感覺也很痛，那日漸瘦削的雙肩、日益憔悴的臉頰，恐怕也唯有妳才能知曉。只是，當我的思念越過妳窗下的籬笆牆，輕輕拂過妳如花的面頰之際，妳又可曾會把我深深淺淺地憶起？

湘靈，妳已走得太久太久，而我也已等了妳太久太久。妳不在的日子裡，我在下邽為母守喪；妳消失的日子裡，我在下邽默默等妳。一年又一年、一季又一季，直等到我回赴長安，直等到我在曲江池畔的昭國坊安頓好家眷，直等到我被詔授太子左贊善大夫，而妳卻始終未能再度出現。太子左贊善大夫，品秩為正五品上，可是我怎麼也高興不起來，不是因為官職卑微，而是這閒職毫無建功立業的機會，更無法直抒胸臆，指斥朝廷內外的不良風氣。世風日下，還能如何？有個官職，也總好過在下邽守著一大家子人喝西北風強得多。可是，沒有妳的日子裡，即便做上當朝宰相，又有什麼值得慶幸的呢？

「白花冷澹無人愛，亦占芳名道牡丹。」心靈的短笛，把深情的思念輕揉成縷縷不斷的笛聲，放飛在無邊無際的水雲間，似她往日悠悠琴聲的附和，亦是他多情的心在輕撫她曾經的滄海桑田，飄渺若雲煙，翩然似蝶

第6卷　燕子樓：秋來只爲一人長

影。思念的日子，總是簫聲漫漫、笛聲悠揚，而她的笑、她殷殷叮囑的話語，都在他瘦了的指尖下悄然入詩，然，寫來唸去，終還是逃脫不了一個愁字再加一個痛字。

望向窗外零落無人珍愛的白牡丹，卻是相思無語，唯有持久的沉默相伴。在那嬌嫩的花瓣片片飛舞之際，氾濫的淚水終於停止了呼吸，不再滾滾四溢，陌上桑田亦於風中沉吟著紅塵無悔，封鎖住回憶的鎖眼，再也無法將之開啟。嘆，白色的落花雖然清幽冷淡無人憐視，卻也占得牡丹的芳名豔聲，而他心底空裝著湘靈的倩影，卻是無法將她吹彈可破的肌膚再次輕撫，這樣虛無的相思，即便長到天長地久又有何用？

情愫依舊在心靈深處蔓延滋生，似莫名的感應、似前世今生的緣分，他卻無法用一行行冰冷的文字來表達出對她的依戀，更無法在筆尖輕輕敲響耳畔的時候，用一箋輕薄的素紙就梳理出感情的脈絡。許多次，他都在幻境中無言地望著她，一如她曾經深情凝望著他，用灼熱的眼神告訴他，她對他的愛有多深有多真。在那些凝望而淚的日子裡，在那些無語的守望裡，他總是幸福並痛苦著，既嚮往重逢又懼怕被傷害，心裡便多了份沉重的牽掛，時常隱隱作痛，讓人百轉千迴，夢裡夢外地翹首。

「應似東宮白贊善，被人還喚作朝官。」白牡丹靜靜飄飛在窗前，任一眼清涼輕輕掠過他的心底，鋪滿落花的小徑間，那一顆含在眼簾間的淚珠和即將滑落的心思，便沿著一抹溫暖的思念輕輕蕩漾在他的心灣。

清泉汩汩，青山幽幽，靜靜聆聽掠過耳畔的瑟瑟風聲，他彷彿嗅到她遠方的思念已在初夏的風裡輕舞飛揚。只是，當輕風低鳴之際，她是否還能夠像從前那樣，分辨出哪是風聲，哪是他想她的心音？又可知，那滿目飄飛、無人問津的白牡丹恰似他東宮白贊善，雖被人喚作朝官，卻是無人將他放在眼裡？

第26章　白牡丹

是的，他和白牡丹有著相似的際遇，一個空有國花的名聲，卻是牡丹中最不起眼的一族；一個空有朝官的聲名，無奈卻是個閒職，彷彿朝堂之上的擺設，只好過一具行屍走肉，終擺脫不了任人擺布的命運。然，今天得到的這一切不都是母親陳氏對他的殷殷期許嗎？母親一直希望他出人頭地，將來出將入相，可是經歷人生起落之後的他雖然位列朝官之列，卻從未感受到一絲一毫的快感，而這所有的所有，又都是湘靈的隱忍與淚水換來的，她離開他只是為了他好，為了讓他擁有世人眼裡所謂的幸福與快樂。可是，他真的幸福了嗎？

不！他一點也不幸福！湘靈，妳離去的決定是錯的！妳用自己的忍辱負重換來我錦繡前程，可是這一切在我眼裡終不過只是鏡花水月罷了！為什麼直到現在，妳都不明白我要的幸福是什麼，還不明白這世間真正的幸福是什麼呢？映在別人眼眸裡的並不是我想要的幸福，那些真正的幸福應該是烙在彼此的心裡，訴之不盡、寫之不完的，這樣的情懷只有妳懂我懂，可是妳為什麼偏偏還是選擇了遠遁？

掬一捧碧水輕煙，譜一曲纏綿詩行，盈盈的詩句裡，往事被悄然風乾，文字在幸福的邊緣徘徊，空留千年的遺憾，俯拾可得的只是裹挾了無數隱恨的瓣瓣白牡丹。回眸，長安的細雨，在他憂傷的眼底瞬間溼了秦時的羽衣、唐時的羅扇，只留下一汪清眸在飄涼了的風中看塵煙四起的今昔。彎腰，揀起滿目的綠肥紅瘦，於一闋漸漸老去的詞裡醒來或者睡去，卻只有靜謐的溫馨，伴著古時女子的嘆息，在他傷感的心頭悠然升起。夢裡的那朵白牡丹、那輪皎潔的月光、那枝帶露的梨花，依舊都在她流轉的眼波裡沉醉，帶著雨意橫斜的故事，於他煙波浩渺的記憶裡不斷地浮起、落下，直至安靜。

第 6 卷　燕子樓：秋來只為一人長

Tips

　　元和九年冬，白居易結束近四年之久的閒居生活，從下邽回至京師長安，出任太子左贊善大夫。因為左贊善大夫只是一個無足輕重的閒職，白居易心中自是多有不滿。在他寫給時任國子助教李紳的〈初授贊善大夫早朝寄李二十助教〉中就曾流露出掩抑不住的滿腹牢騷：「病身初謁青宮日，衰貌新垂白髮年。寂寞曹司非熟地，蕭條風雪是寒天。遠坊早起常侵鼓，瘦馬行遲苦費鞭。一種共君官職冷，不如猶得日高眠。」

　　元和十年初，白居易的摯友元稹、劉禹錫等人先後從貶謫之地重返長安。一時間，一眾詩友遊走於京師度過了歡欣而又愉悅的詩酒生活，然，好景不長，劉禹錫、柳宗元等人因得罪執政再次被貶，元稹也因受到牽連繼貶荒僻之地的通州。這首〈白牡丹〉即作於其時，表露了作者不甘投閒置散的憂鬱情緒，怨憤之情更是溢於言表。同時段的詩作還有〈重到華陽觀舊居〉：「憶昔初年三十二，當時秋思已難堪。若為重入華陽院，病鬢愁心四十三。」以及寄給元宗簡的〈朝歸書寄元八〉：「進入閣前拜，退就廊下餐。歸來昭國裡，人臥馬歇鞍。卻睡至日午，起坐心浩然。況當好時節，雨後清和天。柿樹綠陰合，王家庭院寬。瓶中戶縣酒，牆上終南山。獨眠仍獨坐，開衿當風前。禪僧與詩客，次第來相看。要語連夜語，須眠終日眠。除非奉朝謁，此外無別牽。年長身且健，官貧心甚安。幸無急病痛，不至苦飢寒。自此聊以適，外緣不能乾。唯應靜者信，難為動者言。臺中元侍御，早晚作郎官。未作郎官際，無人相伴閒。」

第 27 章　燕子樓

> 滿床明月滿簾霜,被冷燈殘拂臥床。
> 燕子樓中霜月夜,秋來只為一人長。
> 鈿暈羅衫色似煙,幾回欲著即潸然。
> 自從不舞霓裳曲,疊在空箱十一年。
> 今春有客洛陽回,曾到尚書墓上來。
> 見說白楊堪作柱,爭教紅粉不成灰?
>
> ——白居易〈燕子樓三首〉

　　無眠的夜晚,一輪明月散發著如煙似霧般的迷濛清輝,伴他靜坐窗下,執著守望那心底的一簾幽夢。輕撫思念的琴弦,心與心的交融瞬時成就了一闋高山的迴響,宛若行雲流水,在寧靜中重複著亙古的詠唱,才明白,紅塵萬千,他仍然只願候她一人,只願為她碾盡一池墨香。

　　她始終逗留在他的文字裡捨不得遠離,成為他驀然回首時的那盞闌珊燈火。她在他的文字裡不變的癡情,溫暖了他的身心、美麗了他的文墨;他為她動了心、傾了情、醉了紅塵,只想邀天上的清月入壺,就著那份流淌著的夜色輕煮,任她香飄萬里,獨醉在那柔情蜜意裡。然後,溫一壺酒,與月對盞,把想她念她的字字句句飽蘸濃情,寫進紅塵的最深處。

　　他知道,任時光輾轉飛逝、任春秋幾度輪迴,他和她前世佇立奈何橋上的深情癡望、喝下孟婆湯前的誓言,都只是為了今生的相逢與不曾錯過。究竟,是前世的約定,還是今生的情緣,才讓彼此在紅塵深處有了一見傾心的相遇?或許是有了那次滿含深情的凝視與渴望,才喚起了心底久

第6卷　燕子樓：秋來只爲一人長

違的柔情,而筆下的詩文卻是無法描繪前世今生情緣的瑰夢。湘靈啊湘靈,今生裡如果不曾有妳來過,那將是我流年中最蒼白的一幕,可是妳為什麼來了又要走,什麼連句招呼都不打一聲?

　　花開幾度,歲月更迭,黛色的夜幕碾過萬千的滾滾紅塵。晨風拂曉中,他枕著她曾經的歡顏淺笑,淚沾衣襟,宛如在風雨中跌跌撞撞一路漂泊而來的小舟,在歲月的風口浪尖承受著狂風暴雨的吹打,卻依然執著地尋覓著那可以讓他停泊的港灣。她就是他靈魂歸依的港灣,自看到她第一眼時,他便知道她是他今生今世的守候,所以無論她走得多遠、逃得多久,他都願意用盡所有的溫柔,穿越她心的隧道,讓淡淡的回眸在怦然心動中酣暢淋漓,默默等待她的歸期。

　　她說過,春天來了、百花綻放之際,她就會來長安看他。那時,杏花微雨正濡溼符離的風景,也潤了遠方一抹眉端的欣喜。她淡淡地說著,他指端的期盼卻一日日凋零,待到初夏時,春天的花已在記憶裡舊了顏色,偶爾會在陽光下翻晒,卻只剩下一抹落寞殘紅在孤單冷寂中痴痴地追憶著舊時的春傷。於是,不斷在夢境裡揣想她淪落天涯後短暫居住過的城池,卻從來不敢也無從靠近,甚至刻意疏離,因為害怕心底的想念,終將落入現實的腳邊,變得與想像不符,白白任他念想了這許多年。

　　她說過,離開他是為了成全他,為了讓他謀取錦繡前程。她不想拖累他,所以徹底走出他的世界,沒捎來任何消息,更沒遺下隻紙片言。她是鐵了心要與他分道揚鑣,既然如此,找到她又將奈之若何?再次相逢,欣喜過後,面臨的會不會是一場更大的失望?他輕輕地嘆,若不想失望,恐怕唯有將希望留在心底,一直不去觸及,權且當想像是真實,就當自欺,就當自圓其說。然,他還是無可救藥地想她,無時無刻不。每個孤寂靜謐的夜裡,遠處緩緩流淌的琴音便會在指間氤氳繚繞著,輕輕飄進他憂鬱的心海,而在搖曳的燭光下,他仍端坐案邊守候著悠然一方的她,浸潤在她

第27章　燕子樓

如陽光般暖暖的微笑裡，把對她的思念寫進一彎冷清的月光，任淡淡的一縷暗香盈滿心房，只想與她相濡以沫，直至老去。

窗外，微風裏挾著十里柔情，撞擊著他惆悵的心扉。頷首沉思，人生如夢如幻、似煙似霧，而她什麼時候才能明白，他內心深處的美麗和寂寞，一直都希望有她來讀懂？世間有百媚千紅，可偏偏是她植入了他的心，溢位了一種執著的愛。為了與美麗相逢，他深情的詩賦裡吟唱出了無數的離愁，儘管文字堆積起來的情感憔悴了他，他卻絲毫不在意，就那樣任歲月在一旁看著他的苦苦煎熬於風中一寸寸老去，依然在她柔媚撩人、婉轉迴旋的目光裡，發誓要用自己畢生的精力去愛她、戀她。

湘靈。他再次低低呼喚著她的名字。妳聽，窗外撕裂的樹葉青綠脆響，片片飄落在風裡，那參差不齊的脈絡，便是我對妳一生一世的眷戀。可知，這些年，一路行走，一路遺忘，即使有再多的風景也只能是意外的襯托，因這世間的依戀執著只是為妳一人？那些曾經最美的也是最深的情感，同樣也是最易受到傷害的，而承受這一切的不僅僅是妳是我，還有那些與我志同道合的詩朋摯友，所以每當我呢喃著把對妳的相思寫進詩文的時候，惆悵的從來都絕不只有在紙端兩兩相望的妳和我。

不知道妳還記不記得，曾經，在寫給妳的無數封信裡，我跟妳提到過的元微之和劉夢得。他們和我一樣，空有一腔抱負，卻總是沒有施展的機會，因為才華橫溢，屢屢遭受實權派的排擠打擊。元和五年，我最好的朋友元稹，也就是微之，因為受我牽連被貶入蠻荒之地的江陵，還有劉夢得、柳宗元也早因為黨爭久貶異地，就在今年春天，好不容易才把他們從貶地盼回京師，指望著與他們再續前緣，在曲江畔流連把盞、指點江山、激昂文字，沒想到執政者卻以劉夢得的一首〈玄都觀看桃花〉詩語涉譏諷為由，將他和柳宗元等同僚同時貶出京師，而微之亦因與他們多有往來而在三月二十五日接到被貶通州的詔文，甚至來不及安頓家小，就再一次灰

第6卷　燕子樓：秋來只爲一人長

頭土臉地離開了長安。

　　留在長安？在朝爲官？難道這一切真的就是妳對我寄予的厚望？妳真的以爲我在長安爲官就可以得到永恆的幸福和快樂嗎？不，這些年我從來沒有真正快樂過，而這一切都是因爲妳已不在。如今，微之和夢得又相繼離我而去，前程難料、生死未卜，妳就當真忍心繼續藏身天涯海角，任我在這裡行屍走肉般地活著嗎？失去了妳，我黯然傷神的目光早已在原本唾手可得的幸福上劃上了句號，堆砌的文字也不再像從前那樣纏綿悱惻，幾乎透明得可以一眼便看到真心、淨化到毫不費力便可以深入靈魂，而言行舉止也不再像從前那樣輕浮，可以旁若無人地坐在青石板上，數著星星等妳到天明。我累了，真的累了，可我還是不知道，應該選擇放下或是遺忘。或許，當我不再念妳想妳的時候，便是決絕的開始，然，這終不是我想要的，永遠都不想要。

　　人生自古多情痴。妳可知，我爲妳留下了一方清雅的角落，要讓純真的愛意永遠駐留？亦可知，一紙素箋，我只想與妳在最深的紅塵裡拈墨聞香、對詩吟誦？還記得妳我在符離結識的張仲素張大人嗎？也就是那個曾在妳家門前桃樹下向妳討水喝的繢之兄，他已經當上司勳員外郎了，昨日他來看我，還帶來了三首婉麗清芬的〈燕子樓〉詩。嗯，燕子樓，就是徐州的那座燕子樓，那一年，我在寄給妳的信箋裡一再提到它，不知道妳還有沒有印象？貞元十九年，因爲我們的婚事再次遭到母親大人的阻撓，悲憤中，我在友人的陪同下，由洛陽踏上了東去徐州的路程，在那裡，我拜訪了尚書張愔大人，並結識了他的愛妾關盼盼，那個美豔嫋娜得無以復加的北方佳人。是的，她是名副其實的北方佳人，酒席間，我曾爲她寫下「醉嬌勝不得，風嫋牡丹花」的詩句，一歡而去，爾後絕不相聞，屈指數來，至今已有十二年了。

　　繢之兄的〈燕子樓〉三首，都是爲盼盼有感而作。繢之兄曾經任職武

第27章　燕子樓

寧軍中，所以對盼盼的始末瞭然於胸。那一年，我離開徐州不久，尚書張愔便即作古，歸葬洛陽，聽續之兄說，張尚書沒後，姬妾散亡，唯盼盼始終無法忘情，不肯離去，就一直居住在張氏徐州舊第的燕子樓中，居是樓十餘年，幽獨塊然，於今尚在，所以續之兄才作詩以哀其志：

樓上殘燈伴曉霜，

獨眠人起合歡床。

相思一夜情多少？

地角天涯未是長。

北邙松柏鎖愁煙，

燕子樓中思悄然。

自埋劍履歌塵散，

紅袖香銷已十年。

適看鴻雁洛陽回，

又睹玄禽逼社來。

瑤瑟玉簫無意緒，

任從蛛網任從灰。

—— 張仲素〈燕子樓三首〉

那是怎樣的一個女子啊！她對尚書大人的痴情，令我輩多有愧顏，可是湘靈，難道妳對我的感情，還不如一個曾經淪落風塵的女子對她鍾愛之人深摯真切嗎？妳走了，無數個日日夜夜裡，我都強逼著自己，不再想念妳的笑靨、不再想念妳的聲音、不再想念妳的陪伴、不再想念一個人的獨舞、不再想念仰望天空的蒼涼，甚至不再想念行走在同一片夜空下的溫婉浪漫。可是，說好不想念，為何還會感覺到窒息的痛楚？一段情，發生

第6卷　燕子樓：秋來只爲一人長

了,經歷了,便是一生的情緣;兩個人,相遇了,相愛了,便是一世的愛戀。而妳爲何偏偏選擇離我而去,只留我一人空守孤寂,彷彿那獨寢燕子樓中的盼盼,始終爲所愛之人悲咽、爲所愛之人傷懷、爲所愛之人哭泣、爲所愛之人心痛,還多了一份長長的忐忑與擔心?

　　窗外,小鳥在枝頭輕唱,那聲聲的鳴叫婉轉而纏綿,卻教聽的人柔腸寸斷。摯愛的人乘風遠逸,又有幾個人能像盼盼那樣始終徜徉於無望的期盼中坐等季節穿越愛情,任如潮的思緒,在春夏秋冬的輪迴中鋪就一條新的情戀之路?湘靈啊湘靈,可知否,妳不在的日子裡,卻有我幽幽心緒,留一抹清愁,在妳暇想的時光裡,始終守候著妳的歸期?

　　今夜,爲妳,我緊握湖筆,碾盡一池墨香,於一字字、一句句的詩行間,淺吟低唱起深深的情、濃濃的愛,任紅塵中浮動的情緣暗香,成爲妳我一生的眷戀;今夜,爲逝去的歲月,我飲盡一杯清酒,爲我們曾經的刻骨銘心塗抹上最後一道彩虹,替故事的結局續上殘缺的記號,儘管騰空一切的心,彷彿一座空曠的荒山野嶺,漫天飛舞的碎片勉強能拼湊出妳的輪廓,可是,過去的過去,又該如何回去?那流光溢彩的思念中,芳華依舊,情絲千萬縷,已在筆下纏繞成了千千心結,欲語還休,然,在何時,我才能駕著一葉輕舟,划向妳心海的港灣?

　　他不知道。他什麼都不知道。捧讀著謄抄下的張仲素的三首〈燕子樓〉絕句,眼前一再浮現出十二年前在徐州張尚書府裡結識的那位衣裝嫋娜、姿容絕世的女子。她的名字叫盼盼,她爲自己鍾愛的男子奉獻了一生的韶華與冶豔,最後卻甘願放棄燈紅酒綠的生活,獨守在寂寂的燕子樓中,只爲心中永存的那一份愛、一份牽掛、一片相思。「樓上殘燈伴曉霜,獨眠人起合歡床。相思一夜情多少?地角天涯未是長。」低聲吟誦著續之兄通篇沐著美麗憂愁的文字,他的心開始變得莫名疼痛起來。盼盼對張愔的痴情,正如他對湘靈的不捨,可是這莽莽紅塵中,他該去哪裡才能

第27章　燕子樓

尋回那份丟失了的依戀呢？

作詩。是的，這時候，還能有什麼比作詩更能將他心底的沉痛表露得一覽無遺？於是，輕點硯墨，和著張仲素的三首絕句，一口氣便在一箋素紙上寫下三首備極悽婉的絕句來。字字句句，都糾葛著他心底的哀怨，似是為燕子樓中的盼盼而作，卻又是為那遠在天涯的湘靈而寫：

滿床明月滿簾霜，
被冷燈殘拂臥床。
燕子樓中霜月夜，
秋來只為一人長。
鈿暈羅衫色似煙，
幾回欲著即潸然。
自從不舞霓裳曲，
疊在空箱十一年。
今春有客洛陽回，
曾到尚書墓上來。
見說白楊堪作柱，
爭教紅粉不成灰？

——白居易〈燕子樓三首〉

幾度風雨，幾度春秋，暗湧於心的激情於似水流年中悄然逝去，再回首，她依然笑靨如花，而他卻兩鬢添霜。棋子閒落燈花處，窗外那些美到蝕骨的白牡丹，總是隨風徜徉，任清新馥郁的幽香撲面而來。揮揮手，送走憂傷，撫平痛楚，抹去印跡，無論心中有多少難言的隱忍，在此時，只想與她琴瑟和鳴，共奏愛的永恆……

第6卷　燕子樓：秋來只爲一人長

溫婉柔暖的初夏之夜，朦朧的月光斜斜映入窗內，以為可以伸手握到一把歡喜，卻不料觸碰到的只是眼前的潮溼一片。只怕是回憶觸痛了心底的隱祕，那些曾經牽手一起走過的風雲歲月，此時此刻，落入他的眼底，竟有了種望穿秋水般的飄渺迷離，散發著濃濃的憂傷，正悠悠浮過錦瑟年華的天空，一任指尖打撈起的溫柔，徘徊於分岔路口，不斷走走停停。

夜未央，夢醒時分，抽泣的聲音一直迴繞在耳畔，沒有想她。可是眼淚的肆意流淌，讓他不得不強逼自己封鎖有關她的所有記憶，然，卻又無法抑制對她的思念。鋪開詩箋，淡淡的墨香切斷思緒，筆下模糊的字跡，深藏著清晰而又純真的青澀愛戀。此時此刻，唯願在她的傾聽裡化作一曲裊裊的琴音，高高低低地傾訴自己不變的衷情，切莫負了紅顏；唯願在她的凝望中化作一行深情的詩賦，平平仄仄地書寫自己永恆的心聲，切莫負了愛戀。琴韻悠長，聲聲繚繞在有她的夢裡水鄉；墨染素箋，頁頁浸滿對她的濃濃痴戀。沒有她相伴左右的夜晚，他只能傾盡心力，研一硯濃墨，用文字與她情牽一生，繼續徜徉在書香墨氣裡，沉醉在繾綣旖旎中⋯⋯。

「滿床明月滿簾霜，被冷燈殘拂臥床。」那場風輕雲淡的離別之初，他日夜流連於花街柳巷，沉醉於紙醉金迷的浮華中無法自拔。就著歌女阿軟含情脈脈遞到嘴邊的酒盅，他輕輕呡一口上好的女兒紅，望著她微紅的面頰，再也沒有想到湘靈的一顰一笑、一點一滴，只是醒來後才知道，原來不是不會想，而是不敢想，因為想起便會撕心裂肺地痛。

張尚書棄世後，愛妾關盼盼靜守香閨，如是者十年有餘，陪伴她的唯有滿床的明月光、滿簾的秋霜，還有那冷了的衾被，和那搖曳昏黃的燈火。她就那樣日復一日、年復一年地守在燕子樓中，卻不知道究竟是在等待情郎的歸來，還是在固執地守候自己當初許下的諾言？他不知道張尚書棄世時，生前得他寵愛的盼盼有沒有發下重誓，但盼盼卻用十年的堅守向世人證明了她的高風亮潔，以及對先夫濃得化不開的眷戀。是啊，若不是

第27章　燕子樓

對愛人愛得無以復加，又有哪個女子會像盼盼那樣為一個死去經年的男子默默守候十年、足不出戶？

儘管無法洞悉盼盼在燕子樓中是如何度過那寂寂年華，但他明白，百無聊賴的生活填充不了那片她專屬的心靈港灣，即使失去了所有記憶，也不會荒蕪成一片沒有綠意的沙漠。她仍在愛著她的亡夫，愛的天空，因那段不曾萎縮的眷戀而變得晶瑩潤澤；而情的世界，亦因她的守候而變得真實堅韌，即使從未開口、從未向世人索取過什麼，她的心思，他亦能揣度明白幾許。是的，她只想靜靜守在燕子樓中，直盼到香消玉殞的那天，便可與她心愛的男子雙宿雙飛，永遠不再分離。可是，她的心思，地下的張愔能否明白？

恍惚中，他彷彿看到那個一襲素裝的女子，正踏著緩慢的腳步，在淺淺的池水邊緣佇足、俯身、望著水中的自己，已然失去了原有的青春芳華。蒼白的容顏、憔悴的眼神、麻木的雙手，還有未乾的淚痕，想必都是夜裡在夢境中掙扎而遺留下來的印記。他瞪大雙睛緊張地望向她，卻又看到她將青絲撩起，遮住了半邊臉頰，倏忽立起，緩緩朝他身邊走了過來。那究竟是十二年前見過的北方佳人盼盼，還是他心中一直念念不忘的湘靈？

他搖著頭，已然分辨不清朝他走來的女子究是盼盼還是湘靈。還沒等他還過神來，那女子卻又輕輕轉過身，朝背離他的方向走了過去。遠處，是一片白霧茫茫的水域，女子走入迷濛的霧靄中，倚欄望著水上行走的舟，那舟似乎也是安靜的，輕悠地搖晃著一片溫馨的靜謐。總覺得佳人足跡所至之處，便應是那般舒緩而悠然的節奏，方能合了那一番雅致，怡然裡，自有一份讓人心安的妥貼。這樣的時光裡，應該也有一份不用言語闡釋便會明瞭的清雅，仿若深夜，獨自一個人倚著窗扉傾聽遠處依稀飄來的簫聲，那抹裊然於碧水長天裡的洞徹，便帶了一縷若隱若現的禪意。勿需

第 6 卷　燕子樓：秋來只爲一人長

多言，懂的人，自是懂了，不懂的人，終是永遠也不懂……。

凝眸，輕風乍起，吹來滿天飛舞的落花，也吹散了那幻境中出現的女子。抬頭，仰望萬里無雲的天際，墨藍色的深邃讓心瞬間遭遇無法避之的寒涼。原來他還在想念，因為還沒有忘得徹底，亦不敢忘得徹底，所以心底總是在最不經意的時候充盈著一股逼人的寒氣。我愛妳，湘靈，是的，我愛妳，只此一生，願續來世，就像盼盼對張尚書那份濃得化不開的情，只可惜，心的傾情告白，遙遠的遠方聽不到，湘靈更是無從聽取。

「燕子樓中霜月夜，秋來只為一人長。」佳人身影消散的方向，掩映在一片蔥郁的綠意裡，始終都籠著一份綽約多姿的嫵媚和西楚大地獨特的韻致，精緻中又帶著一絲慵懶的氣息，看上去仿若虛幻的景，似乎一不小心，就會跟隨她撲朔迷離的影淡去無蹤。然而，一切的一切卻又都是那般真實的存在著，一眼望過去，彭城張家大宅、燕子樓，全是高高低低的白粉牆，通通在他眼底流轉著歲月的痕跡。

那飄渺無依、嫋娜而過的女子是盼盼，還是湘靈？他對著一泓清流輕輕地嘆。或許，她是盼盼；或許，她是湘靈；或許，她誰都不是；或許，她誰都是。然，那燕子樓中的霜月夜，想必秋來也只為盼盼一人而長，那他的湘靈呢？湘靈是不是也跟隨盼盼藏身在燕子樓中，足不出戶？不，湘靈與盼盼從未謀面，更無從相識，她又怎會藏在盼盼的燕子樓中呢？若真是那樣，倒也了卻了他一塊心病，可是他明白，這只不過是他的痴人說夢罷了。

「鈿暈羅衫色似煙，幾回欲著即潸然。」碧荷漲斷清湖，搖曳的荷蕾，只為等待那驚世的展顏。深居簡出的盼盼手捧舊日的鈿暈羅衫，想起張愔在世時與她的種種燕好，唯願再穿上這些衣裙為他在廊上一舞，凌波盈然，回眸，嫣然一笑盡芳菲，只為博他一笑。可是，他去了，再也無法與

第27章　燕子樓

她把盞共歡，好幾回手捧煙色羅衫正待披身，卻又惹動哀思，只好和著一捧清淚忍痛將它放下。

念他、想他，為他痛斷肝腸。良辰美景，誰來陪她一醉方休，不問今夕何夕？愛過也好，醉過也好，只因相遇太美，訣別便成全了一場刻骨銘心的真情演繹，倘若可以試著遺忘，又有何不可？

「自從不舞霓裳曲，疊在空箱十一年。」她始終無法將尚書大人忘懷，正如他無法不去想念不知所終的湘靈。張愔棄世後，關盼盼再也沒為任何人跳過她引以為傲的〈霓裳羽衣曲〉，所以那些羅衫便被疊壓在空箱整整十一個年頭。十一個年頭裡，她無時無刻不在忍受著對張愔的刻骨相思，多少次打開箱籠，取出羅衫，日以繼夜地撫摩，想再為他輕歌曼舞一曲，想再為他斟上一杯清酒看他歡顏，卻換來自己一場又一場的傷心淚水。

張愔走後，她一直留在燕子樓中，只為守候一段來無影去無蹤的情緣，可無論是紅塵紛擾，還是歲月靜好，流水潺潺的背後，總有悠然的情思悄悄漫過心頭，讓她終日浸在楚天闊別的憂傷中沉痛復沉痛。無法跨越的距離，猶如彼岸的花兒，開得再豔，終還是凋落成季節的附屬品，伴隨著時光前行的軌道，漸漸在風塵中淡去，她亦終於明白，有些人，有些事，去了便是去了，心裡的綠意也漸漸被消磨殆盡。從此後，只是默默守在樓宇的一角，坐等一場花落的歸期，要與他在另一個世界裡永生相隨。

盼盼自是世間少有的癡情女子，他的湘靈又豈比她遜色？為了他，她耗盡人生最美好的年華，蹉跎了歲月、錯過了婚期，年過三旬仍然待字閨中，就這一份情意，他這一生又如何報答得了？含著淚花，想著盼盼的情事，喚著湘靈的芳名，他舉杯對流水，獨飲杯中酒，卻是寸寸愁斷腸。此時此刻，他多想她出現在眼前，置之一笑，而後給他一個美麗的轉身，可以讓他清楚地看見心的距離究竟有多遠，即便下一個轉身是她獨舞愛的旋

第6卷　燕子樓：秋來只爲一人長

律擁抱空氣，至少還能留存下一絲絲幻想供他慢慢咀嚼。

「今春有客洛陽回，曾到尚書墓上來。」那一年，因貪戀符離的婉約，才得以結識灼灼桃花下抿嘴笑個不停的她；那一月，因痴愛符離的細膩，才聞得她痴絕牽魂的琴音；那一日，更因為她的優雅，才開始重拾舊日的詩賦。而今，她已遠去，正如死去經年的張愔，一切都難以挽回，然，人死不能復生，只要湘靈還活在這個世上，就算耗盡畢生的心血，他也得將她找出來，親手將幸福遞到她的手中。

捧著繽之兄為盼盼賦就的三首〈燕子樓〉絕句，冷不防想起春天的時候，有客人從洛陽回至長安，提及曾去張愔的墓前祭拜，又想到那空守燕子樓中的關盼盼，心中的悽惶更是無以言述。尚書大人不在了，痴情的盼盼為他守節十有一年，怎能不教人欽佩仰慕？而湘靈不在了，他為什麼還能獨自於長安城中詩酒逍遙？湘靈啊湘靈，不是我愛妳愛得不夠深摯，而是實在不知道該為妳做些什麼！我尋不見妳，唯有選擇文字的臨摹，一筆一畫、一箋一頁，期盼它的點點滴滴能夠在宣紙上見證愛的奇蹟，可是，妳真的打算就此遠遁，不再出現在有我的世界裡嗎？

妳知不知道，此時此刻，我多麼希望妳能感受到我對妳的那份微妙的想念？淡淡的、暖暖的，時而瘋狂，時而寂靜，時而緩緩流淌在心間；又多想此時的妳能漫步在雲端水湄，淺笑嫣然地向我走來，說好不再讓我一個人承受思念的滋味，不再讓自己獨自漂泊、不再離開、不再消失、不再傷懷……。

我真的不想讓妳忍受孤獨的痛苦，不想讓妳像盼盼那樣一輩子枯守在死寂得令人窒息的小樓裡。那不是妳想要的，也不是我想給妳的。時至今日，我只想讓一切都變得靜止，只想讓雙手緊握住流年的溫暖，放任某一段時光，不經意地在心間緩緩穿梭而過，而春光爛漫的阡陌之上，唯有咱

第27章　燕子樓

倆的愛在蔓延，也唯有咱倆的情在流淌。

「見說白楊堪作柱，爭教紅粉不成灰？」聽說張尚書墳前栽種的白楊樹已經長大到可以用來做柱子的材料了，十一年的漫長歲月就這樣從指縫間悄然漏去，一切的一切都在不經意間起著莫名的變化。蜻蜓輕輕飛舞，滴翠籠煙，美麗，在月夜下無聲地蔓延，倏忽間，他又想起了湘靈，想起了盼盼。是啊，盼盼，那個叫做關盼盼的女子為張尚書守節十年、足不出戶，每日每夜都浸在無邊的思念與淚水中淒涼度日，仍是舊年的姣好模樣，與其如此，何不與那心愛之人生死相隨？即便化作灰塵，也總好過一人終日與悲慟作伴啊！

失去了今生最愛的那個人，活著又有什麼意義呢？白居易手捧著新寫好的〈燕子樓〉絕句三首，凝望著素箋上墨跡未乾的字句，反覆唸叨著「見說白楊堪作柱，爭教紅粉不成灰？」，淚水已然模糊了視線。死去的人已矣，可是活著的人還要與痛苦作伴，這樣生不如死的日子還不如自行了斷了的好！湘靈走了，他已心灰意冷，這樣行屍走肉地活著，亦非他心中所願，那麼，就讓他，還有那個同樣為愛痴狂的女子關盼盼，一起為他們所鍾愛的那個人奉獻出他們最寶貴的生命吧！

Tips

元和十年，即西元815年，詩人張仲素作〈燕子樓〉詩三首，白居易閱後，當即一一和之，作詩三首，並特地為此作序雲：

徐州故張尚書有愛妓曰盼盼，善歌舞，雅多風態。予為校書郎時，遊徐、泗間，張尚書宴予。酒酣，出盼盼以佐歡。歡甚，予因贈詩雲：「醉嬌勝不得，風裊牡丹花」。一歡而去，爾後絕不相聞。迨茲僅一紀矣。昨日，司勳員外郎張仲素繢之訪予，因吟新詩，有〈燕子樓〉三首，詞甚婉

第6卷　燕子樓：秋來只爲一人長

麗。詰其由，為盼盼而作也。續之從事武寧軍累年，頗知盼盼始末，云：「尚書既沒，歸葬東洛。而彭城有張氏舊第，第中有小樓，名燕子。盼盼念舊愛而不嫁，居是樓十餘年，幽獨塊然。於今尚在。」予愛續之新詠，感彭城舊遊，因同其題，作三絕句。

　　以上所謂張尚書者，是名臣張建封之子張愔，做過檢校工部尚書，後又徵為兵部尚書，未及到任就去世了。盼盼是張愔的小妾，明郎瑛《七修類稿》中稱其姓關，或說姓許，皆不足據，本文解析此詩時取小說之說，定其關姓。另，張仲素〈燕子樓〉三首是擬託盼盼口吻寫的，所以後人多誤題為盼盼所作。張詩擬寫盼盼寡居十年中對張尚書的懷念之情，以及自傷之意；白詩遵循了最嚴格的唱和方式，不僅全依張詩原韻，而且依其詩意，只是創造了新語新詞。其中「秋來只為一人長」、「幾回欲著即潸然」、「爭教紅粉不成灰」等句，頗見新巧，由此亦可知古人唱和情景，更體現了二人精湛的藝術技巧。

　　由於〈燕子樓〉詩一唱三嘆，哀婉動人，所以廣為流傳，並引起後代讀者很大興趣，生發出新的情節。盼盼的故事更被後人衍為小說，見於《麗情集》和《綠窗新話》，與白居易詩序所敘出入頗大。如稱張仲素所作〈燕子樓〉三首為盼盼所作，白居易在和作三首之外又另贈盼盼一絕：「黃金不惜買娥眉，揀得如花四五枚。歌舞教成心力盡，一朝身去不相隨。」盼盼亦和作一絕：「自守空樓斂恨眉，形同春後牡丹枝。舍人不會人深意，訝道泉臺不去隨。」之句，旬日不食而卒，以明其志。其實均出於改竄附會，與史實真相不符。

第 7 卷

愛難聚：月明月暗總愁人

第7卷 愛難聚：月明月暗總愁人

　　她走了，江面飄起他無限的愁思。孤離的眼神，望向千年之後的雲層，那滿江粉荷碧葉，綴著一個個「殘」字，卻被一座座愁城漸漸圍困。他在哭、他在笑，他在青萍悠揚的琴聲裡安然等待，等時光流逝，等歲月流轉，等一場繁華落盡後的相知。

第 28 章　逢舊

> 我梳白髮添新恨，
>
> 君掃青娥減舊容。
>
> 應被傍人怪惆悵，
>
> 少年離別老相逢！
>
> ——白居易〈逢舊〉

連綿的細雨，在花開的季節無聲地落下，冷冷的風吹搖著輕薄的衫子，毫無眷戀的身軀便這樣任由風雨敲打著、哆嗦著。沒有溫度的血液無法如常循環，終是惹來滿身冰涼，一回眸，滾滾而過的紅塵裡只餘下空白的天荒地老，依舊堅守著他一個人的寂寞世界。

歲月如歌，紅顏易老，青春歲月空付了蹉跎。深夜的思念悄悄爬上他布滿皺紋的額頭，住進他孤獨的心裡，那些流逝的記憶便再一次浮現於他的腦海，然，生活中早就攙雜了太多的黑與灰，一切的一切都離他遠去，曾經的幸福色彩已找不到任何蹤影，回憶只能讓他更加懷念那些遺失的美好……。

忘記了回去的路，那些美好的時光，都被回憶生生分割成無數密密麻麻而又細細碎碎的片段，彷若被遺棄在角落裡塵封了經年的信物，伸出手，卻抓不到任何想要的東西，那一陣心悸始終得不到釋懷。

往事如昨，她的身影，依然瘦小得惹人生憐。時光太長，遠遠望去，曾經一起走過的那些深深淺淺的足跡，一直通到不能抵達的地方，是她，亦是他，可望不可及的繁花海洋。那年，她從春風中走來，漫步在雨季

第 7 卷　愛難聚：月明月暗總愁人

中，享受著秋日的寧靜，沐浴著深冬的暖陽。俱在牆頭玩弄一枝青梅，惹得剛從青春打馬而過的他探頭張望，第一眼便望見她的嬌羞滿面，四目相對，莞爾一笑後，他繼續行走，只任執筆定格瞬間的相思，伴著遠處悠揚的琴音，在她嫣然的笑靨裡烙下深深的眷戀。然，杏花微雨，或是白雪盈尺的路上，與她再次相遇又該是何年何月？

　　燈紅酒綠的長安城，有著太多太多的誘惑。歌女阿軟婉轉的歌喉裡，伎人秋娘灑脫的舞步裡，他依然站在天秤的此端，翹首相望彼岸的心上人，竟不知何年何月何日才能與之相逢，只是一直盼望著能有一天，與她十指緊扣，漫步於黃昏的曲江畔、灞橋下，任耳邊清風，掠過溫暖的指尖，任幸福的感覺在周身蔓延……。

　　她走了，他的青春亦如流水般逝去，觸目所及的瑣碎日子，只是一個個被拉得長長的空洞的影子。再也找不到那樣愛戀著一個人的心情，那些逝去的年華，轉瞬便成了落滿灰塵、被深深壓在心最底層的記憶，偶爾翻起，更是心痛如絞。殘酷的現實讓他不得不拋開幼稚的想法去面對現實，雖然明知前方的道路會遇到無數挫折、無數坎坷，無數痛苦、無數糾結，會讓他遍體鱗傷，但他依然在堅持著朝前邁進，而這一切只因為心中還是放不下那個令他牽掛了無數個日日夜夜的她——湘靈。

　　他們失去聯繫已經太久太久。她離開的日子裡，他心裡累積了很多很多想要對她說的話，卻又不知該向誰人傾訴。每至夜深人靜時，她便會清晰如昨地出現在他眼前，占據他整顆心房，堵在他的胸口，讓他欲罷不能。想起她，就再也沒有睡意，曾經歷經的一幕幕往事，都在他眼前變換著更替上演。湘靈，妳知道嗎？其實我們並未彼此走遠。想妳，我就能看到妳的笑容；想妳，我就能聽到妳甜美的聲音；想妳，我就能感覺到妳純真的溫暖；想妳，生活中那些不開心的事便會自然隱退，只留下妳如夢如幻的容顏甜醉著我的心頭。在這夜闌人靜的時候，我好想把心底這一縷縷

第28章　逢舊

不滅的情絲挽成一朵朵純潔的荷花寄到妳的床前，讓它伴妳度過一個幸福而又愉快的夜晚，然後歡喜著看妳在窗下簡單而真實地描繪我們昨日與今天的感動。只是，若果真如此，妳還會不顧一切地撲進我的懷裡來嗎？

　　坐在書房的窗下，他知道自己又在發傻，可還是無法控制自己的情緒。悄悄披衣走出戶外，仰望群星，彷彿嗅到她身上的清香，滿天都是她燦爛宜人的微笑。此等良辰美景，也許天一亮就會退隱，就會被瑣碎的現實所覆蓋，可是現在，幻境裡她的每一個舉手投足都讓他覺得很幸福、很快樂，彷彿她的存在、她的微笑，只是為他一人而存在。

　　他在想她，她也在想他。是的。無時無刻不。縱使遠隔千山萬水，這種思念也能穿透重重阻力，讓雙方都感知到一種牽掛的力量存在。可是湘靈，妳為什麼還不回來？為什麼還要逃避？難道妳真想跟盼盼一樣，一輩子都活在淚水與悲痛之中嗎？回來吧，回來！我想用陽光般的溫暖融化妳那顆冰冷的內心，用一份永久的牽掛軟化妳堅硬的軀殼，用不變的思念輕輕撫慰妳受傷的靈魂，從此，任妳在這深深淺淺的紅塵裡來去自由，永遠都歡喜安然。

　　依然記得，她曾要求他走進她的心裡，可是她卻不曾知道，那時的他早已將她視為生命中不可缺少的一部分，深深地刻在骨子裡，與生命同在，並肩而行。抬頭遠望，許下過的諾言仍在耳邊迴旋：「執手相伴，相隨一生。」然，遙遠的記憶終是遮住了轉身的起點，思念太久的心亦被風花雪月的曾經迷失了方向，突然就找不到她的歸處，向來如影隨行的蹤跡也變得無從追尋，而他唯一能做的，便是守著黎明前的地平線，期待她的身影再現。

　　她不在了，歲月徹底荒了他的夢，也徹底鎖了他的情。相思念及天涯的距離，坐起雲間，以漠然的目光緩緩飄過一切，最終鎖定在她的身上，

第 7 卷　愛難聚：月明月暗總愁人

只因一直都知道，即使夏花絢爛，也抵不過她的如花笑靨。茫然的眺望，依舊在風中恪守著相約的幸福，心底的牽念，始終都牽連著海角兩端的他和她，儘管筆端還是寫滿無奈寂寞，儘管憂傷還是固執地把記憶串聯，並將往事折成一紙風箏，放飛天空，追風起落著或長或短、或悲或喜的歌，但相愛的心卻從不曾遠離或是消失。回眸，昏暗的院落裡，歌聲裡縈繞的是他熟悉的聲音，空氣裡流淌著的是她溫潤的氣息，不經意間，那一聲聲不由自主的呼喚，卻是亂了他分寸的心動，綻放了他夢裡的一樹相思。

往事如風，逝者如歌，曾經的愛還溫暖著，繾綣的似水柔情，依舊繞指成痴。風依然冷，拉長他一影的孤單，冷漠無情地拂落一朵剛剛綻開的嬌豔，不見落紅滿地，只見一葉孤獨，伸手拾起，輕捻那點點的離殤，不為悵惘曾經的那一抹嫣紅，只為憐憫那瞬間的凋零。淚水在眸子裡打轉，一縷如絲的愁心在風中顫慄，落寞滌蕩著他揮之不去的惆悵，忍不住執心而問，終是誰的一聲嘆息生生換來這弦斷曲殘的傷？

掬一把相思淚，傾一壺濁酒，今宵只想別夢寒。此時此刻，好想回到符離城外那個青山碧水環繞的小山村，與她一起點燃一燈相思燭火，放在古舊的窗臺上，然後，就著他的一份思念、半壺老酒，執她之手，歡喜著共聽一曲〈長相思〉、共舞一曲〈霓裳羽衣〉。

或許，這一切都只能成其為奢望。因身性耿直，遭奸人所構，剛剛回朝出任左贊善大夫之職還不到一年的他便已接到被貶江州司馬的詔書，不久後就要收拾行囊、攜妻扶女，成為遠謫他鄉的遊子，又怎會回到那令他魂牽夢縈的符離城呢？

湘靈的失其所在，和自身被貶即將遠赴他鄉的現實，都讓他身心兩疲。風中，他輕輕地嘆息，往事在模糊的淚水中一一飄落，執筆畫牢的頁卷陡地在眼前燃起了青煙，迅速焚燒了昔日所有的點點滴滴，終忍不住悵

第28章　逢舊

問清風，這漂泊的人生，到底會情歸何處？

　　頭頂，雲影匆匆，片刻之後便瀰漫遮蓋住整個天空，季節的變化讓人措手不及，而堅守一生的信念於此時亦轉瞬轟塌成平地，令他再也無所適從。不用說，天空的淚水注定意味著憂傷，所以，當他以近乎窒息的呼吸告訴自己，一切的一切都會過去時，連他自己也不能相信生命裡是否還會出現晴天。

　　同一片天空下，連珠般的雨滴噼啪作響，他踮起腳尖，伸手觸及冰冷的空氣，雨水滴落眼裡，卻不知，是不是要等到淚水流乾後才會懂得珍惜、懂得隱忍、懂得呵護。他真的沒有答案。如果期待可以讓人興奮，那麼絕望亦可以讓人墜入深淵，永遠無法翻身。

　　就要去江州了，可是什麼時候才能再見上他朝思暮想的湘靈一面？他始終在等，帶著如花的記憶，等她讓他住進她心裡。他是如此期待著永恆的真情，總想為她留守一片豔陽天；他是如此嚮往她的心境，總想與她一起追尋幸福的開端，攜帶兩顆痴心飛往花開茂盛的地方。然而，一切的設想彷彿透明的琉璃，生生被現實拍案落地，瞬間便碎成無數細小細小的亮片，流散於各個方向，無論他如何努力地拼湊、如何撕心裂肺地呼喚、如何苦苦地哀求，最終只是換來無盡的悲傷與悵痛。原來，當思念背道而馳，意猶未盡的只是那些回不去的過去，他又如何能夠改變天的注定，讓夢煥發新的色調？

　　斜倚雲窗，靜聽老歌猶在她的指尖流淌，舉杯淺酌，品滿嘴辛辣與苦澀，任執念在糾結中開啟心鎖，不意，痴心卻深鎖了寂寞。雲開，夢醒，他終於看見這世界殘酷的真實，終於在轉身的瞬間，明白此生他們終將站成彼此的對岸，亦明白，他不是她的劫，她也不是他的執念，卻無悔他們曾經一起走過的那些日子。

第7卷　愛難聚：月明月暗總愁人

　　兜兜轉轉之後，夢碎了、天黑了、人散了、情也倦了。他知道，過多的不捨只會任思念更痛苦地沉浸在回憶裡，而真情的路上，如果不想讓自己痛到無可救藥，那麼唯一可做的便是不再讓真心流連在任何的花開季節。浮生若夢，那些看多的人，還有那些見多的事，所有的所有，終不過都恰似一抹雲煙，來去無影，即便落於眼前，也不會產生任何牽掛、任何臆想，既如此，又何必只為了她一人而讓自己陷入萬劫不復的傷淵？

　　天知道，他有多麼希望那個與他白首到老的人是她，能讓他牽著她的手一直走到人生的盡頭，相濡以沫，相伴左右，一生都不離不棄。只可惜，她過早地退出了他的世界，默無一言，以後的以後，還不知道有誰會來為他的真情守候安置一個溫暖的角落，讓他可以每時每刻地感覺到她的存在、她的柔情、她的真心相融，又怎能奢望與她的相守一步到位？

　　他終是離開了長安，離開了那個長袖擅舞的歌伎阿軟，離開了他無法施展抱負的朝堂，走向了另一個未知的世界，卻不知這漫漫人生的坎坷路上，站在拐角的方向遠遠遙望舊日流年裡已逝的足跡，在湘靈眼裡，是否還會有他那曾經蹣跚在風雨中等她的身影。如果有，是不是說明她還在默默地深深地愛著他？

　　緣起，緣滅。時光如水，世事如塵，無論擁有或失去，都不過是過眼煙雲，轉瞬成空；緣滅，緣起。指尖輕觸寫給她的〈長相思〉，思緒隨著文字的牽引，不由自主地就落下淚來。那麼多孤苦無依、相思無路的日子，知不知道他都是如何苦熬過來的？輕舟一葉，孤獨地飄零於開闊的江面上，在這如煙的日子，擁有的卻只是一份悽迷和斷腸的思念。憂傷在風中傳遞著他的落寞，不捨伴他走進暮雨深處，那一刻，多想抓住她夢中的手，讓冰冷不再，傳入心底的唯有她的淡然與溫柔；那一刻，多想與她再次相擁，不再談別離，紅塵萬丈裡，只為她獨守空城，只為她一去不復返，任歲月變遷，任時光前行，縱是淪落在天涯海角，也要傾其所有地愛

第28章　逢舊

她一生一世。

　　想著湘靈的容顏，靜佇船頭的他望向江岸一株扶風的柳，不經意間就將那滿目的翠意鋪張得蓬蓬勃勃，且由它越過季節的更替，將塵埃一一洗去，在他眼底漸漸蔥蘢，寫盡人間旖旎繁華。叢叢綠意在他心裡輕輕蕩漾，那夢裡的江南，終還是出現在了他的記憶裡，然而卻少了她六月雨後的嫵媚，無論怎樣去鋪排，都會有一些憂傷裹在回憶裡，揮之不去的，總是那一抹似曾相似的熟悉，在這攘攘紅塵裡不由分說地混跡著。於是，只能取了紙箋筆墨，讓那一番清澈的涼，在筆端凝了些幽，於風中安然地等待浮華落盡後的徹悟，唯願一生都在這恍然裡來去，不曾有來，不曾有往，有的只是彼此心間的相向。

　　遠處，忽地傳來一陣悠揚悅耳的琵琶聲，時斷時續。是〈長相思〉。他側耳聆聽，心底倏忽湧起一股莫名的感動，彷彿看到符離城外的風車旁，她正裹著一身的瀲灩，一襲暗香入懷，在風移花影中舞亂一牆月色，一如那滿樹桂枝，潛藏暗湧的芬芳，有種說不出的恍惚與迷離。是湘靈？他瞪大眼睛朝那葉漸行漸近的小舟望去，卻是只聞琵琶不見人，依稀中，卻能看到湘靈懷抱琵琶幽怨的眼神，如同當年在符離分別時的模樣。

　　真的會是湘靈嗎？心劇烈地跳動著，抹去記憶最深處的畫面，望著那孤舟一帆正朝他們的行船緩緩駛來，他忍不住仰天長嘆，默默祈禱，祈禱這等待不會太過漫長，祈禱他魂牽夢繞的湘靈會走進這片靚麗顯眼的景區，任他將她的美麗一一採集，再共她上演一幕柔情萬種的依戀。

　　近了，近了。小舟終於近了。那劃著槳的老伯不正是他曾經熟識的湘靈的父親嗎？一曲琵琶音斷，在老伯喜極而泣的呼喚聲中，身著一襲藕荷色長裙的湘靈掀開艙簾，朝他緊緊蹙起的眉頭瞅了過去。是她！真的是她！縱然分別經年，縱然天涯海角，縱然她已是四十歲的半老徐娘，只一

第 7 卷　愛難聚：月明月暗總愁人

眼，他還是認出了她來。一轉身，她觸手可及，那樣真切，又那樣熟悉，彷彿盈手一握，她便在他的掌心；而她，眉眼乾淨，神情清澈如水，正隱在蒼蒼暮色裡，斜倚著窗櫺，隔著一泓江水，溫柔地送來一縷相思的呼吸，在他最意想不到的時候，給予他最莫名的欣喜。

似乎從來都不用提起，重逢的喜悅，和心中想要傾訴的千言萬語，到此刻，只一道彼此交會的眼神，就將兩顆疲憊的心緊緊扣到了一起。原來，她從不曾遠離，他亦從不曾真正失去過她，眼前曳動的馨綠，全部朝著她的方向，凝成如玉的豐盈，幻成一隻彩蝶，在那一灣清水之間的距離裡翩躚、起舞。初秋的風，高舉著思念，她的名字在他嘴邊呼之欲出，如月色，填滿空谷幽蘭，順著那朵淺香，在她的眉間、他的眸間，來來回回。是的，她從未遠去，他亦從未脫離她的視線，酒後微醺的總是似醒還醉的情愫，一番思量，終是潤澤了一曲新詞，從她唇邊脫口而出，悄然，棲落他的額上。

「湘靈！」

「樂天……」

他抑制不住激動，不顧艙中青萍的側目，潸然淚下地跳上她的小舟，她亦放下艙簾，丟開琵琶，迫不及待地跑上船頭，和他緊緊相擁在一起，彷彿除了心中的情意，這世間所有的一切都已與他們無關。

「是妳嗎，湘靈？」四十四歲的白居易伸手拭去她臉上晶瑩的淚花，猶不敢相信眼前所發生的一切會是真的。

「樂天！樂天！」她緊緊伏在他肩頭，忍不住悲傷地嗚咽了起來。

「這些年，妳和老伯都去了哪？」他緊緊擁著她，不無感傷地問，「為什麼？為什麼要不辭而別？我寫信給符離的從兄弟們，他們說妳和老伯悄悄離開了那裡，從此不知音訊，可是妳這麼做到底是為了什麼？」

第28章　逢舊

　　她沒有說話，只是以淚水代替了一切的言語。這還用問嗎？她這是不想給予他更多牽絆，不想讓他繼續活在痛苦的回憶裡，可是她又哪裡知道，失去了她所有的音訊，他活得更加壓抑、更加了無生氣，沒有了她，他無論如何也活不出幸福、活不出快樂、活不出一個人的精采。

　　風起、雲動，空氣裡瀰漫著她新漿洗過的舊衣裳的清新氣息，而他，卻在她親手遞來的一杯香茗裡安然等待，等待她一個允諾，等待她答應和自己一起去江州赴任。她沒有給出回答，只是輕輕抱起琵琶，和著淚水，再為她深情唱起一曲〈長相思〉。在她婉轉的弦音裡，他緩緩閉上雙眼，卻又怕被誰驚擾了夢中的溫存。所以，片刻之後，他又瞪大一雙眼睛，目不轉睛地凝視著她，彷彿只一個淺淡回眸，她便又要失其所在。眼角溢位的淚水，漸漸溫暖了他迷離的雙眸，也慢慢冷卻了他青春的夢想，更荒蕪了她如花的容顏。於是，開始情不自禁地在午夜裡親吻著曾經的山盟海誓，然後又點燃一支愛的馨香，和她站在星光滿天的心野，許下一個又一個華麗的願望。

　　一輩子會有多遠？今生又會有多長？那個在月下為他輕吟淺唱，用痴情目光替他撫慰受傷心靈，為他拭去相思淚痕的女子，過了今夜又會去向何方？是否會如他希冀的那樣跟隨他們一起去江州赴任，還是會繼續跟隨白髮蒼蒼的老伯輾轉江湖，以賣藝為生？

　　「我不會跟你走的。」一曲唱畢，她收起淚水，冷冷地盯著他，斬釘截鐵地說。

　　「為什麼？妳說過，妳這一輩子都不會離我而去，為什麼妳要一次又一次食言？」

　　「我沒有食言。我說過，生為你人，死為你鬼，所以這輩子我都堅守著這個誓言，從未適人。」

第7卷　愛難聚：月明月暗總愁人

「可是……」望著年已四旬，卻為他蹉跎盡大好青春的湘靈，他內心湧起一股巨大的自責，「不管怎樣，妳都得給我一個贖罪的機會，不是嗎？」

「你沒有錯，為什麼要贖罪呢？」

「是我把妳變成這樣的，我有責任讓妳過上好日子，我……」

「這條路是我自己選擇的。」湘靈輕輕嘆息著，「我不怪你，也不怨天尤人，這就是湘靈的命。既然命該如此，湘靈也只好跟隨老父繼續漂泊江湖，以賣唱為生。」

「可是我會讓妳過上好日子的！母親大人已經過世，她再也無法阻撓我們的結合了！湘靈，求求妳，聽我一句，就算不為妳自己著想，也該為體弱多病的老伯想一想，他一把年紀了，妳怎麼忍心讓他跟著妳一起過這種淪落江湖的日子？」

「淪落？」她輕輕瞟著他，「我覺得現在的日子過得很安詳，也很幸福。父親大人和我一樣，我們都很知足。」

「可是……」

「你不要再說了。」她緊緊咬了咬嘴唇，「你那首〈井底引銀瓶〉的新樂府詩我早已經讀過了，你不是也說聘則為妻奔則為妾嗎？難道，你非得讓湘靈跟著你做一個苟合的女子嗎？」

「這……」

「你已經有了妻室，就不該再做非分之想。」她抬頭看了看天色，「好了，天色不早了，你也該起身回自己的船上去了。」

「妳這是在下逐客令？」

「我只是不想讓尊夫人誤會湘靈也是水性楊花的女子。」

「青萍雖然識字不多，可是也出身名門，是個通情達理的好女子，妳

第28章　逢舊

的事她早就聽我說過，所以無論我要帶妳去向何方，她都不會阻撓，甚至還會將妳當做親姐妹一樣看待。」

「既然知道她是個好女子，為什麼還要傷她的心？」她忽地抬起頭，目光如炬地盯著他，「我們緣分已盡，今日能夠江上一見，也算是了卻了我多年的心病，看到你健健康康地活著，我已經了無牽掛，這一生，哪怕再無緣相逢，湘靈都已經知足了。」

「可是我……」

「什麼都別說了。如果你不想讓她受到傷害，就趁著夜色未深趕緊回去，要不這以後我都不會再跟你相見的。」

「以後？」他緩緩站起身，滿面憔悴地望向她，「妳是說，以後我們還有機會再相見？可是，妳若不跟我去江州，以後我又該到哪裡去找妳呢？」

「有緣千里來相會，無緣對面不相逢。你是飽讀詩書之人，又何必執著於朝朝暮暮的相聚？」

「可是我們已經分別了太久太久，難道妳都不想聽我多跟妳說些話嗎？」

「有什麼話，等天亮了再說吧。男女授受不親，大人又是官命在身之人，豈能為我一個江湖賣唱的女子失了名節？」她亦站起身，輕輕推著他朝艙外走，忽地瞪著滾滾東逝的長江水起誓說：「你若不走，我就跳了這江水，死了也落個乾淨。」

「湘……靈……」

她做出意欲跳江的動作，他連忙一把攬住她的腰肢：「好好好，我走！我走，還不行嗎？」他緩緩走到船頭，正要跳上自己的舟上，又回過頭睖著她緊張地問，「妳當真沒有哄我？」

「什麼？」

335

第7卷　愛難聚：月明月暗總愁人

「妳說有什麼話都留到天亮後再說，可是，妳不會趁夜深人靜之際再次不辭而別吧？」

「我什麼時候哄過你？」她望向他嫣然一笑，「明天把尊夫人帶來，湘靈還要在她面前露上一手，請她吃正宗的符離菜呢。」

是啊，湘靈什麼時候哄過自己？回到自己船上，和青萍簡單寒暄了幾句，他就把自己一個人反鎖進書房，埋首於書案中梳理著紊亂的思緒。時光如那艙外的一泓流水，在他眼前緩緩地流去，而這流水，帶走的終將會是誰的芳夢，洗濯的又會是誰的羅衣綵帶？都說滴水可以穿石，但愛情卻放任這淙淙的流水不停地東逝去，怎不是一種遺憾與浪費？

窗外，水波微瀾處，她的影子亦遠亦近，時而清晰，時而模糊，唯有深坐案下的他依舊怡然不動，一抹微笑似是天邊的彩虹，絢爛到極致。幻夢裡，歡喜著與她十指相扣，奈何努力了許久卻扣不住天長地久的擁有，手指間唯有從微笑裡滑落的淚滴，一點點地，映出他濃烈如酒、瘋狂似醉的心結。她總是來去如風、夢過無痕，任他睜開一雙期盼的眼睛，尋來覓去，唯見山高水長的空闊，卻握不住她溫暖的手掌，所以總想找出一個一勞永逸的辦法，把她永遠留在他的身邊。

輕輕，探出身，雙手合攏，掬一捧清波，她的影子若隱若現，然而想使勁將她握在手心，卻是無奈一次次水落影空。到最後，只剩下他稚笨的手掌，依然故我地做著最初的動作，那姿勢就像水面突兀伸出的枝幹，在灼灼的月光下，無奈地揮臂嘆惋。

他知道，冥冥之中，那個最讓他牽掛的人是誰，只可惜今生，還沒有開始耳鬢廝磨的相守，卻已經歷盡天涯海角的漂游，遺失了前世的契約。不知道，除了她，以後的以後，還會有誰的微笑可以借他，引他渡過這紅塵凡世，共賞陶淵明採菊東籬下的那份悠然，也不知道，會有誰陪他在秦

第28章　逢舊

淮河畔的雨中徘徊，去尋覓王獻之與桃葉的那葉愛的小舟，更不知道，會是誰駕著那輛相思成災的油壁車，引他走過蘇小小的西湖離殤，他所知道的，只是他情深不悔的愛，僅此而已。

抽出一張張泛黃的紙箋，那都是這些年他寫給她卻無法寄出的信。幾行行雲流水的文字，都隨著時光的推移，漸漸變換成藏在心底的濃情依戀，或許也唯有這些文字才能表達他對她真摯不變的愛戀吧？鋪開筆墨紙硯，不去問距離有多遠、不去想永遠有多遠，更不用知道童話的結局是什麼，一撇一捺、一橫一豎，平平仄仄裡，他又為她寫下一首柔腸寸結、千迴百轉的情詩來：

我梳白髮添新恨，

君掃青娥減舊容。

應被傍人怪惆悵，

少年離別老相逢！

—— 白居易〈逢舊〉

「我梳白髮添新恨，君掃青娥減舊容。」偶然的相遇，於她，於他，都是一個美麗的意外，染指而過的青春依舊如芙渠般絢麗盛開，開得滿江浮華，而那碧綠的葉片飄飛了千里，亦在這個季節，以明媚的姿勢，細心雕刻出每一個他和她一起走過的腳印。

再次相逢，站在一叢荷花下的她，素手拈花，淺笑嫣然，傾瀉而出的日光正好映在她粉紅的臉頰上，那暈染的素妝恰到好處地透著一種與世隔絕的秀麗，讓他怎麼看也看不夠。然而，卻恨見面的時間竟是那麼那麼的短，還沒讓他把心裡想要說的話一股腦兒說完，就被她硬生生推了出去，怎不惹他心緒難平？

想著她如花的容顏，他對鏡梳理半鬢霜白的頭髮，心裡的惆悵卻是越

第 7 卷　愛難聚：月明月暗總愁人

　　積越深。這一年，他已經四十四歲，而四十歲的湘靈亦已韶華早逝，不復往日的舊顏，怎能不讓人感傷無奈？猶記得，與她初次遇見，笑逐顏開，而今，再次遇見，心牽情動，他帶著本性的多愁善感靠近她，茫然的眼神分明能感覺到溫暖的傳遞，她若不說，他亦深有體會。再回首，莫名的悸動迅速湧上心頭，他堅信這次重逢是一場天注定的緣分，可是相逢之後又會是無盡的別離，他又該如何將這次邂逅輕輕折疊過去，只任花開的歲月，在她眉間雕刻下長相廝守的期盼，不讓時光繼續在眼底輪迴？

　　「應被傍人怪惆悵，少年離別老相逢！」其實，他和她離得並不遙遠。他始終都在她的身邊，想她時，他會穿越人海，會隨風而來，會踏波而上，會想方設法地抵近她，哪怕只多靠近了一寸，也會令他欣喜若狂。還記得嗎，當弦月空寂的時候，曲折幽深的小巷裡，他們便會滿面迎笑著從輕濤中走向對方，深情相擁，唯餘身後的寂寞在蒼白的世界裡風起雲湧？

　　天知道，與她種種的相依，不過都是他的幻想罷了，也唯有在幻想中他才能走進她的溫暖，抵近她如花的盈然，然而誰又能說那不是真相呢？所有在記憶中留下的印痕，都需要等待繁華褪盡後冰雪消融的那一刻，才能清楚地看見最初的本相，只是於他而言，看清了又能如何，難道那樣，她就會毫不猶豫地回歸他的世界來嗎？

　　人生苦短、聚散無常，少年別離、老來相逢，許多的夢想都在和現實的比照中灰飛煙滅，蕩然無存的不僅僅是希冀，還有一份曾經積存於心的燦爛情懷。此刻，此生，他真的感覺很累很疲憊，於是，他只想對她說一句：「原諒我，不管妳需不需要，我都將永遠站在妳的身後，為妳撐起一把避風擋雨的油紙傘，成為妳永恆的相依。」

　　可是，她還是要走，還是要繼續漂泊江湖，不肯隨他而去。推窗望月，蔓延在他身邊的是無邊的悲傷和惶懼。愁隨風起，綠波間那一片動盪

第28章　逢舊

淒涼的景象，對於大自然，只是即時變更的一種景象而已，可是他分明在那裡看見了她在嗚咽，看到了她的憔悴，和那片被零落了的傷。驀然回首，只有一個「愁」字，在他心間泛起，微風顫動之際，心莫名地疼痛，卻終是無法在時光裡留住她一抹青春的嫣紅。

遠處，蓮花疏影清淺，回眸之際，卻已是萬紫千紅開遍，那一簾落絮，正從他微蹙的眉尖緩緩滑落，跌進如黛的遠山，而所有嫋娜淡遠的清夢，也都夾雜在這一江人生長恨的秋水中，波瀾不驚地流走。轉身，風聲陣陣，震耳欲聾，他陡地拈起一支湖筆，在早已鋪開的素紙白箋上，寫下一縷冰心香魂，任雕梁畫棟的廊簷在漫天游絲織就的霧靄朦朧的暗夜裡鎖住煙雲幾重，卻是怎麼也鎖不住他深深的惆悵，還有她落淚的雙眸。

那一夜，他和衣偎在案邊，整整坐了一宿。等到天色微明之際，推開小窗，卻只看到依舊的綠意蔥蘢和不期而遇的落紅成陣，那一葉載著湘靈父女的輕舟已是失其所在，唯有一隻孤單的雨燕在頭頂寂寞地翻飛，銜著清風去了又來、來了又去。歲月無聲去無痕，她終是違背了諾言，徹底走出了有他的世界，那水中殘破的荷葉亦在他深深的凝望中凝成了凋零的缺口，淺淺飄落在瀲灩的水波間，彷彿是不經意掉在綠漪中的一支哀哀的笙曲，正和著流逝的春光，隨落花悲傷嗚咽，再也不知道該何去何從。

湘靈啊湘靈，妳說過不會再不辭而別的，可是妳為什麼還是忍心拋下了我獨自遠去？渾濁的淚水模糊了他的視線，他卻只能臨風立在曾經有她的韶華深處，握筆而歌，淺唱這一季花謝花飛，掬一捧感時清淚，無語凝噎，且收拾起這滿江殘芳，自作香墳葬落英，而那一縷淡淡的輕痕，亦都在他眼底化作了寒潭鶴影，星星點點如染就的墨痕，在疾風中絲絲縷縷無力地搖擺，挽留不了一抹花香，更留不住她一襟紅裳的飄拂。

她走了，江面飄起他無限的愁思。孤離的眼神，望向千年之後的雲

第7卷 愛難聚：月明月暗總愁人

層，那滿江粉荷碧葉，綴著一個個「殘」字，卻被一座座愁城漸漸圍困。他在哭，他在笑，他在青萍悠揚的琴聲裡安然等待，等時光流逝，等歲月流轉，等一場繁華落盡後的相知。再回首，他默然，他無語，他在婢僕們無可奈何的目光中輕聲嘆息，依然堅定地等待著她的足音從不知名的方向徐徐而來，卻又在悲痛欲絕中落盡心底最後一抹殘紅，任寂寞依然、惆悵依然，任那凋零的相思終化成一縷清幽的情意，無從再覓。

Tips

元和九年，唐憲宗在宰相李吉甫、武元衡的支持下，下定決心削平不受朝命的藩鎮，並把矛頭對準了重鎮淮西。這一年，淮西節度使吳少陽病逝，其子吳元濟圖謀繼立，匿不發喪，偽造少陽表，稱病，請以元濟為留後，朝廷不許。吳元濟未償所願，索性發兵侵擾鄰境，焚舞陽、葉縣，攻掠魯山、襄城、陽翟數座城池，戰火很快便延燒到與蔡州相鄰的唐州，直接威脅到朝廷的安危。憲宗接報後震怒，立即下令發兵討伐。時河北藩鎮中，成德節度使王承宗、淄青節度使李師道都暗中與吳元濟勾結，不僅出面為之請赦，還暗中遣人偽裝盜賊，焚燒河陰糧倉，企圖破壞唐軍的軍需供應。

元和十年，六月三日凌晨，淄青節度使李師道助吳元濟為虐，派遣刺客刺死力主以武力討伐叛軍的宰相武元衡，並砍傷御史中丞裴度，企圖打擊主戰派。時權相李吉甫已逝，憲宗即命裴度代武元衡為相，主持討伐事宜。白居易只是因為替武元衡說了幾句話，要求朝廷嚴緝凶手，就被一向視其為眼中釘的權宦吐突承璀和守舊官僚們找到了他先言官而言事的所謂「越職」藉口，又稱其母陳氏因看花墮井而死，誣其任盩厔縣尉時所作〈賞花〉及〈新井〉詩為母喪期間所寫，甚傷名教，故將其貶為江州刺史，繼

而又遭到中書舍人王涯落井下石,認為他所犯狀跡,不宜治郡,又詔除其為江州司馬。

在蒙冤貶謫江州途中,大約是天意憐人,白居易和夫人楊氏意外邂逅了淪落江湖、漂泊無依的湘靈父女。乍然相逢,當年的翩翩少年、如花紅顏都已不再,唯有真愛歷久彌新,白居易與湘靈當即抱頭痛哭了一場,並寫下題為〈逢舊〉的詩章以為紀念。那一年,白居易已經四十四歲,而湘靈也四十歲了,但是尚未婚配。這首詩裡白居易再次用到了「恨」字,此「恨」與〈長恨歌〉的「恨」有著千絲萬縷的關聯,所以說白居易親身經歷的這段悲劇式的愛情為〈長恨歌〉的創作打下了堅實基礎並非不經之說。

第 7 卷　愛難聚：月明月暗總愁人

第 29 章　舟夜贈內

三聲猿後垂鄉淚，

一葉舟中載病身。

莫憑水窗南北望，

月明月暗總愁人。

──白居易〈舟夜贈內〉

蒹葭蒼蒼，白露為霜。

凝眸，一葉蒹葭，綴了些許蒼青色，若一縷碧煙從明淨的白瓷中生發，而他的眼裡便又多了一份憂傷，也多了一份希望。

《詩經》裡的秦風正裏挾著遠古的思念溯流而下，緩緩撥開兩岸煙染的重樓，停駐在畫裡杏花微雨的江南，固執地找尋著那抹掉落在油紙傘後的幽幽丁香。放眼望去，氤氳的水色開始潑墨，無邊的江堤被落花掩埋，那黛青色的一灣迷濛裡，一葉孤舟正泛波江上，不知在歲月的輪轉中徘徊了幾許千年，沉沉浮浮，端的都只是寂寞的影子。

一滴白露，在他眼中凝結成霜，從子夜吳歌的吟詠中定格，漸漸入住筆下的詩魂。晶瑩的珠子閃著幽幽的光澤，疑是鮫人流了千年萬年的淚，卻不知淚水之後深藏的那顆痴心又是為了哪一家的翩翩少年。瘦了的指尖輕輕劃過憂傷的眉眼，心，不由自主地痛到欲裂，而滿含著深情的目光卻泛出些許溫柔，趁著流年浣洗塵埃的間隙，緩緩遺落於浩渺的江流，從此，沐清輝，吸精魄，是不是，假以時日，天長日久，它便會脫胎換骨為文人墨客筆下的相思子，名喚紅豆？

第7卷　愛難聚：月明月暗總愁人

　　所謂伊人，在水一方。水墨留白，江南始終是最婉約的書寫。剪影紅塵，某年某月某日的青磚黛瓦下，他曾親眼看見一個月白色的身影，執一葉繡花絹傘，輕輕繞過蒼苔叢生的石階，慢慢朝他的方向走來，近了，又遠了，卻始終沒有抵近他棲身的地方，甚至連看都沒看他一眼，便消逝於丁香飄緲的幽怨中，念了經年，也思了經年。

　　仿若隔世的記憶，那些斑駁瑣碎的片段，始終都在他腦海深處輪番著上演，看似清晰明瞭，卻又模糊虛幻得厲害。時過境遷，他只記得她在丁香花掩映的拐角處轉身而去時，那一聲低低的嘆息迅即把她纖瘦的背影染得愁緒叢生。她在愁煩些什麼？那般的年輕、那般的嬌俏、那般的矜持、那般的清雅，本不該有什麼可以讓她發出那一聲低低的嘆息的啊！總是在不經意時想起她，想起她轉身而去的背影，卻不意，流年早把眼底的時光換了又換，前朝與今朝，彷彿隔了一簾青煙在對望，然，望來望去，望見的總是雲霧繚繞的天空、變幻莫測的變遷，還有那虛無縹緲的掛念，任他目光如炬、力透蒼穹，也看不破這塵世喧囂裡藏著的那一份深遠。

　　走過的路越多，經歷的事越多，便越來越覺得生命就是那飄渺的雲煙，風一吹就散，而情亦然，無論有多捨不得，終歸要被清零、洗白，可是這世間為什麼還有那麼多人，只為了一個情字，便要死要活，且前赴後繼，從來都不曾斷絕過？是不是，留戀雲煙的飄渺，就是割捨不下心底的惦念？是不是，越在乎越放不下心頭糾葛的那份情，生命便會變得越虛無越不真實？他不知道，也難以給出正確的答案。或許，這本就是一道無解的題，永遠也不會有答案，但從他的經驗出發，他還是認定愛情是這世間最美好的情感，哪怕總是讓他痛著、疼著、煎熬著，也是他生命中絕無僅有的一曲華章，所以即便上天拿永生的快樂來跟他交換愛情，他亦絕不會允諾。

　　傳說佛祖掌中的那顆念珠，因痴戀忘憂河中的青蓮，甘願魂滅，只為

第29章　舟夜贈內

圓一愛夢；又說飄渺於三界的桃妖，因助念珠重返佛的掌中，流下了第一顆紅淚，終至魄散；還說人世間的痴男怨女，因愛凋零者皆葬於絕情谷，從哪裡來就到哪裡去，情是最後的歸宿。或許，為自己深愛的人遭受非人的折磨，是一種榮幸，也是一種幸福，可是為什麼上天從不曾給過這份煎熬一個明確的限期？莫非，愛從始至終都是一種考驗，而這考驗從來也都不會設下期限，如若是，是不是今生今世他都要活在痛苦中苦苦掙扎，卻永遠都沒有出頭之日？

溯游從之，道阻且長。也許，尋覓就是惘然的迷途，不識前方的霧靄煙嵐，不知前路的迂迴曲折，只執著於自己的意念，尋尋覓覓，徘徊流連不去，又怎能找見正確的路徑，行至終點？其實心裡一直深知，在尋覓的路上，走走停停，來來回回，他在乎的並不是結果，而是那份尋找的過程，以及這一路上心與心的感應。道路再長，長不過他的思念，道路再曲折，曲折不過他的心路歷程，尋她的路上，他經歷了太多的坎坷與等待，還有什麼是不可以踰越過去的鴻溝呢？

然而，半折人間走來，卻又驚覺，經歷的一切終不過是自欺欺人的假相，所謂真相只是蒙了層紗的鏡中花、水中月，遙遙望去，仿若七彩雲霞守護的神光，其實不過是他一時的眼花罷了。可還是心有不甘，不肯就此罷手，凡事不都有個例外嗎，萬一那些被他視作假相的經歷和情感都是真得不能再真的真實呢？

不會的，即便天下的萬事萬物都是假的，包括他白居易都是不存在的虛幻，但她，他深愛的湘靈也不會是假的！怎麼會呢？愛情是世間最美的存在，而她則是宇宙中最美的化身，無論如何，她也不會是假的，所以再苦再難，他也要努力著靠近她，把她的溫暖緊緊握在手中，更要用他滿腔的深情撫平她眉間的蹙起。

第 7 卷　愛難聚：月明月暗總愁人

　　執念於此，便總是不顧風雨交加，不計較生死地，默默穿梭在紫陌紅塵間苦苦追尋，而這一切，不僅只為揭開那一層輕薄的白紗，一睹她的真容，也是為了向自己證明，愛情它從來都不是虛幻的。

　　曾經的曾經，他為她傾其所有、為她笑看紅塵、為她淋溼相思、為她千杯一醉、為她踏遍千山萬水。哪怕隔著天涯海角的距離，也都在遠遠眺望並關心著她，與她分享著所有的祕密與快樂，給她永恆的祝福與歡欣，並在無人的時候偷偷在心裡刻下和她心底直徑相同的同心圓，只求心與心之間能夠牽一線情緣。讓夢的翅膀找到情的方向，帶著執著的愛，永遠守護她的幸福安然，哪怕歷經刀山火海，亦是矢志不渝。然，人生的遷徙，終其結果，還是覓多果少，回首檢視，腳印深一個、淺一個，連綿不絕，而她依然不在，才明白，原來這世間所有不捨的追溯，都只是上天擬定的一場輪迴，無論甘與不甘，一切，本都與他無關。

　　溯游從之，宛在水中央。總是恨惘，明明夢裡還有她不即不離的身影相伴左右，為什麼醒來時卻又要一成不變地去面對這番的蕭瑟落寞，每一次舉目遠眺，尋尋覓覓，望來望去，望到的都只是她消逝之後的留白，而他倒被孤寒寂寞於瞬間一箭中的，在那細雨悽迷中？輕輕地嘆息，恍惚中，眼前閃過的究竟是她依然不變的清麗容顏，還是往夕窗下低語時的纏綿？都是，抑或都不是，已是無從知曉，只知道此時的細雨已化成斷線的淚珠，劃破了他極力掩飾的低垂的臉。

　　迷濛中，她若佛前的青蓮，宛在水中央，卻留他在翹首以待的岸邊，把一份難嚥的苦澀當作甘醴一口飲盡，而那一溪忘憂的河，未曾讓他忘掉心底積澱的憂傷與悲痛，卻生生隔斷了他和她的三生因緣。輪迴百世，溯游從之，無論多麼迤邐纏綿的劇目，最後都有曲終人散的時刻。只是不知道在面對作別西風的劇情時，那蝕骨的痛楚又該如何在亦真亦幻的時光裡去慢慢救贖。終又與她擦肩而過，不知不覺間，咫尺仍是探手可及的此

第29章　舟夜贈內

岸，而天涯已成千里之外的彼岸，他和她，彷彿被兩塊巨大的磐石橫亙在彼此的生命裡，只能遙遙相望於蒼渺浩瀚的天際，任彼此，在婆娑的歲月中，漸漸褪去曾經的容顏，卻無法抵近，也無法相偎著取暖。

雨聲如漏，倍添淒冷，寂寂裡，無語成傷然，卻不知該如何遣散心中的哀情。人生是如此短暫，痛苦卻為何偏偏如此綿長，總是讓人痛到無藥可救？或許，所謂伊人，便應穿過落寞，長眠於畫，以緘默的方式成全詩魂、流傳人間，才是對愛的拯救，也才能體現情愛的真諦，如若是，又將置他於何地？想著她的容顏，他淚眼模糊，此時此刻，真希望黑暗就是那鋪天蓋地的流沙，能夠將他完完全全地淹沒在這蒼渺的塵寰裡，從此不問歸程，也不再傾心相思。

抬頭，雨越下越大，徹徹底底地擾亂了心底的平靜，寂靜的世界裡，只剩下他呼吸的疼痛，卻溢著生命裡最真的溫軟。多想與她攜手共遊於青山綠水間，欣賞山中的美景，聆聽鳥兒歡快的歌唱；多想與她浪跡於天涯海角，佇立於山之巔，擁抱一整片藍天，看她裙裾飄飛之，行雲流水般的婉約。可是，她再次遠遁，消失得無影無蹤，亦如青春已離他遠去，自此後，只能一個人在寂寞流年裡，孤獨地吹響一曲離別的洞簫，輕嘆那些逝去的韶華歲月。

雨珠劃過冰冷的肌膚，硬生生地將那些苦苦尋覓的蹤跡徹底淹沒，每回憶一次，便揪心一次，寒江徹骨的溫度正如此刻沒有知覺的內心。芳菲花雨中，風也含情，雲也輕笑，許是她螺細的指紋，許是她泛黃的詩箋，那一抹驚豔卻在他心裡擱淺，久久無法釋然。在他眼裡，她有如水的詩意、皎潔的心懷、不沾半點纖塵，淺笑輕吟間，纖指舞動，便是如歌的情懷，傾情地在光陰裡流轉。那年那月，符離城外的小村裡，他時常倚在她身畔，看她輕舞霓裳，聽她閒抱琵琶，享受她的溫情脈脈，但覺那沁人心脾的幽香，只在頃刻之間，便能拂去他一身的疲憊，讓他變得安然恬靜，

第7卷　愛難聚：月明月暗總愁人

而那縷縷浪漫的情思便開始婉轉綻放，化成他筆下濃濃的情愫，寫就水墨千行，每一字、每一句，都是至美的心境。

湘靈，妳為什麼不肯回來與我攜手紅塵共敘愛意？妳可知，想妳時，我的眉間盡是悠悠縈繞的暖意？妳可知，我只想與妳執手流年，在花前月下微微笑著細數芳華？妳可知，妳不在的日子裡，每個夜深人靜的時候，我都懷著美好的期待，唯願入夢的瞬間，妳那份溫暖的情懷能陪過走過喧囂、走過繁華，直至天之盡頭，始終不離不棄？

為什麼又要不辭而別？為什麼又要丟下我任我一人獨自苦痛？為什麼不肯給我一次機會，也成全妳自己一回？我等妳、盼妳，可等來盼來的終究還是鏡花水月，是否，妳我的擦肩終將會為這場無期的永遠落下伏筆？

他悲痛莫名，淚如雨下。湘靈再次離他遠去，他的心是徹底死了。可是他還在想著她、念著她，想她如水的溫柔、綿綿的叮嚀，帶著深切的關愛，帶著塵世的素樸，帶著落落的溫暖，在他思念的眉眼之間輕輕地撫過；想她燦爛的笑容，想她嫋娜的風姿，想她給他的輕憐淺愛，想她的絮絮私語，想她的喜怒哀樂……。

舉目望去，碧波間竟然早已輾轉換作了殘荷千里，他亦終於開始明白，她是他心裡永遠的傷，亦是他永恆的思念。猶記得，那年在符離城外的風車旁，她緊緊偎在他懷裡，望著他悠悠說道：「時光深處，緣來有你。」他聽著，不語，卻有滿眼的感動在蔓延。然，以後的以後，他又要到何時何地才能聽到她的諄諄叮嚀，才能將她再次擁入懷中親憐蜜愛？蹲下身，輕輕摘下一支殘荷，放在掌心，感受著和她一樣的美麗清純，心裡卻多了一份溫暖妥貼，但又是那麼那麼的痛、那麼那麼的刺骨。

她總是這樣，能在寂靜的時光裡，用自己的芳菲溫暖別人，而他卻始終像個孩子，撒嬌在她呵護體貼的懷抱裡，像顆純淨的蓮子，被她包容

第29章　舟夜贈內

著、寵愛著。她的愛裡容納著太多的關愛與叮嚀，而那嬌小的軀體裡，承載的卻是多愁的魂魄和那些沒有緣由的感傷與落寞。到底，該怎樣才能撫平她受傷破碎的心？他不知道，他已經失了所有的主張。

他只知道，她是一顆從遙遠的天際，墜落在他心空的恆星，用最遠的距離成就了他最近的愛；他只知道，無論她在不在自己身邊，他都會一如既往地愛著她、戀著她。或許，喜歡她，只是因她有著天成的弱弱風情，於素色年華裡，用水墨點染流光，在一曲慢歌裡，輕輕舞、低低吟，便可把尋常的日子梳理成動人的風景；或許，愛上她，只是因她有著恬淡的情懷，不著塵煙、淡泊名利，只在靜靜的光陰裡，小心翼翼地珍藏起最簡單的幸福，珍惜著每一段遇見的緣分。然，深深久久的懷念，其實並不需要太多的理由，愛就是愛了，即便愛到相恨，愛到不能愛，他這輩子也是無法把她從靈魂深處剔除出去了。

「相公！」青萍撐著油紙傘從艙中緩緩走出，替他擋住瓢潑的大雨，「湘靈姐姐她……」

「她走了。」他難以抑制地再次淚眼模糊，絲毫不打算在妻子面前掩飾自己對另一個女人的感情。

「都是妾身不好。」青萍囁嚅著嘴唇，「如果昨晚妾身能親自去湘靈姐姐的船上請她過來一敘，或許她就不會像從前那樣不辭而別了。」

「這不是妳的錯。」他輕輕搖著頭，「妳不了解湘靈。她決定了的事，是從來不會更改的。」

「妾身揣度，湘靈姐姐的船並沒有走遠，如果現在追上去，一定能打聽到她的蹤跡的。」

「她是鐵了心不想跟我們一起去江州的。」他不無感傷地說，「不，從她和老伯離開符離，漂泊江湖之際，她心裡就有了最後的主張。」

第 7 卷　愛難聚：月明月暗總愁人

「或許還有轉機也不一定啊。」青萍輕輕咳嗽著,「現在追上去還不晚,遲了恐怕就真的再也沒有相會之期了。」

他搖搖頭:「往事已矣。既然湘靈心裡已經有了主張,我們就不必再強求她了。或許,她覺得現在這樣的日子才是她想要的幸福吧?」

「可是……」青萍繼續咳嗽著,「可是湘靈姐姐孤苦無依,相公就真放心眼睜睜看著她繼續淪落天涯嗎?」

「妳怎麼了?」他關切地盯著青萍,「怎麼咳得越發厲害了?是不是……」

「妾身不要緊。」青萍微微蹙了蹙眉頭,「只是偶感風寒,睡上一覺便沒事了的。」

「真不要緊?」

青萍點著頭:「眼下最要緊的就是把湘靈姐姐追回來。相公要是追她不回,妾身這輩子心裡也不會安生的。」

「青萍……」

「我知道,湘靈姐姐不是不想跟你去江州,而是心裡有所顧忌。」她瞪大眼睛望著他,「是因為妾身,對嗎?其實湘靈姐姐大可不必擔憂,這一路山高水長,有她作伴,倒是能替妾身解了許多乏悶,如她不棄,從今後,我便與她姐妹相稱,不分彼此,只是……」

「青萍!」他感激地將她緊緊攬入懷中,「得妻如君,夫復何求?可是……」

她伸手替他拭去眼角的淚花與雨水,忽地偏過頭去對著艙中大喊了一聲:「船家,趕緊掉頭,跟上昨天我們遇上的那艘小船!」

船伕忙不迭地從艙中探出頭來:「夫人,這雨勢……」

「你沒看見雨勢已經小了許多嗎?追人要緊,我們給你加倍的傭金就

第29章　舟夜贈內

是了！」

「青萍！」他不無歉疚地盯著她，「我……」

「什麼都別說了，找到湘靈姐姐要緊。相公也不想看她總這樣風餐露宿，不是嗎？」

「我……」他扶著青萍進了船艙，四目相對，心野茫茫。痛到極致的時候，連淚水都失去了落下的資格，彷彿是在嘲笑多情的人、多餘的心。記得曾有人說起，因為緣分而來的東西，終有緣盡而別的時候，原來這就是所謂的永遠。於是，他總算相信緣聚緣散，即便是愛到心破碎，別離照樣會讓人措手不及，甚至是肝腸寸斷。

在青萍溫婉的目光中，他明白，生活，永遠不會像潑墨的山水畫那樣，一處簡潔的留白，便能躲過那麼些瑣碎、尷尬、煎熬。湘靈走了，他仍不由自主地守在她的眉眼裡等待她的承諾，等待她終身相伴的許諾，無法自拔。

一葉蘭舟在煙雨濛濛的江面上穿梭，準備了一肚子的情話不斷在心間跌宕，遠處彷彿又飄來了她身上的女兒香。恍惚間，青翠欲滴的春，宛若一幅靜止的圖畫在他腦海中駐留，於堇色初秋的時節肆無忌憚地闖進他的眼底，那綠意盈然的季節裡，有著紅衫的她在畫裡慵懶斜倚，並不是他想像的羅衫羽衣，只是簡單的一抹紅色，卻在那滿目綠意裡點綴了一番別有韻味的春。想著她、念著她，莫名的柔情溫暖了他潸然的淚眼，只是不明白，為何四季的記憶，卻要畫外的他用一輩子去記憶？忘記，或許只在於時間，可是為何她不見，他還會淚雨千行？

蕭瑟秋風過處，遍江落荷無數。看似不經意的相遇，卻是一番歲月中刻意的雕琢。掉頭，望向窗外，雨仍沒有停下的跡象，他又記起曾經青澀的日子裡，雨中，一把傘，兩雙腳印，山水之間，跌宕著他的愜意，放縱著她的

第 7 卷　愛難聚：月明月暗總愁人

嫵媚，周遭安靜得只能讓他嗅到她淡淡的體香。那一場雨裡，他們相識，那一場雨裡，他們相知；那一場雨，淋溼了他們的背影，那一場雨，滴落的雨聲呢喃著迷失的風情。而今，風依舊，雨仍然，幾經春歸，真的已經無力回眸，曲巷深處，寂寥的人家，那一窗清簾之後再也找不見她的身影，叵耐這還未說出口的一往情深，在心底久久痛楚著的卻是那份難捨難分。

　　他終是沒能覓到她的蹤跡。她再次遠出了他的有情世界。或許，這一次失之交臂便是永遠的擦肩而過，那夢裡的娉婷女子，兜兜轉轉之後終還是成了他生命中最深的記憶，任它千迴百轉、百轉千迴，亦不能撫慰他的破碎。心中，湧起太多太多傷感的詞彙，悲痛於不知不覺中選擇了往返、迴避，只是不知，在他和她逆向而行的路途裡，彼此是否已經想好了最後的歸期？

　　獨立舟頭的他，不曾有那夢裡的旖旎，卻讓惆悵，於無意間破碎了心底最唯美的景象。回到原本平靜的生活裡，卻留下了記憶裡的美好，與心上不能抹去的印痕，無論有多少不捨、無論有多少不甘，他知道，轉身過後，他還是會將她安置在心底的某個角落。

　　俱往矣，一切的一切都過去了。淚水若斷了線的風箏劃傷他的面頰，此時此刻，能呈現給她的也只是晶瑩剔透的念而已，只是這一顆心，在塵世的流離裡，已經於漠然裡習慣了關閉，太多的敏感已在時光的暗結裡緩緩歸去。看著行走在時光激流裡的容顏，他開始驚覺光陰的迅捷，亦開始懂得，逝者如斯其實不然，那許多的時光，原來都在心底、在身體髮膚之間烙下了永遠無法磨滅的印跡。

　　雨停了，風止了；雲低了，天暗了。轉眼間，又是一個朦朧且撲朔迷離的月夜。江邊楊柳，垂拂青條；江中流水，平如鏡面。秋夜闌珊何所思？今夜裡不再徘徊，卻依然有不渝的情感，在飛絮間輕輕地搖來蕩去，

第29章　舟夜贈內

而琴弦裡張揚的旋律卻是心的私語，剪不斷，理還亂，問蒼茫大地，問碧波秋水，還是一筆算不清的糊塗帳。

　　因為她的極致與完美，他開始遠離糾纏的世界；因為她的溫暖與清芬，心海裡總是風起雲湧；因為她的決絕與冰涼，他知道，最恰當的思慕在隱約之間⋯⋯終於開始明白，人生，有了情，便有了期待，有了期待，便有了精采，有了精采，便有了遺憾，有了遺憾，便有了怎麼寫也寫不完的傷悲。淚水傾城的時候，她遠行的足跡在他的牽掛裡徐徐展開，心終被囚禁，一片荒蕪，仿若沒有翅膀的青鳥，再也觸碰不到藍天白雲的清澈和高遠，從此，只能與叢生的雜草一同感受路人的悲哀。

　　流雲過處，他看到落花正孤單地玩弄著自己寂寞的影，於是，一種撕心裂肺的疼開始在周身蔓延。他知道，疼，只是一種感覺，疼到盡頭，就會變得麻木，那叫愛已盡，痛已散，人去，夢空，所以即便痛到痛不可當，他也不要片刻的止疼。天明後，遊子還要繼續前行，那抹深不見底的傷感，再次開始於痛徹心腑的哭泣，無法收尾，也無法抑制。過了今夜，他又要去哪裡尋覓湘靈的芳蹤，又該如何擷取一縷花香，與她啜飲一盞玉露，為她輕唱祝福的歌謠？

　　艙內，青萍的咳嗽聲一陣緊似一陣，他的心也跟著咚咚跳個不停。緊步走進艙內，但見青萍斜臥榻上，正在燈下為他縫製新衣，不覺兩眼一熱，再次掩面抽泣起來。

　　「相公⋯⋯」青萍輕輕放下針線活，抬眼瞥著他，「妾身⋯⋯」

　　「不是跟妳說了嘛，身子不好就不要熬夜，妳怎麼還⋯⋯」他伸手輕輕拍著她的背，「怎麼樣，好點沒有？」

　　「我沒事的。」青萍望向他淡淡一笑，「睡一覺，發發汗，早上起來就好了的。」

第 7 卷　愛難聚：月明月暗總愁人

說著，便伸手重新拿起針線，繼續替他縫製著新衣。

「都咳成這樣了，還不放自己閒下來嗎？」他關切地盯著她，一把搶過她手裡的衣裳，胡亂丟到床邊的椅子上，「聽話，好生歇息著，等天亮了，我就到前面的市鎮為妳請個大夫過來瞧瞧。」

「妾身真的沒大礙的。」青萍一邊咳嗽著一邊哽咽著說，「只是湘靈姐姐她……都怪妾身不好，如果昨晚能提醒相公，或許她就不會……」

「這不怪妳。」他緊緊攥住妻子的手，「這就是我跟她的命，不管是誰，這世間從來都沒有人鬥得過命的。」

「可是……」青萍黯然神傷地望向他，「如果，如果……」

他將她緊緊摟入懷中，輕輕吻著她烏黑油亮的秀髮：「為什麼要對我這麼好？為什麼妳對我一點埋怨也沒有？為什麼？」

「因為我是你的妻子啊！」青萍潸然淚下地盯著他，「愛一個人，就要愛他的全部。既然相公對湘靈姐姐始終無法忘懷，妾身又怎能無視相公的喜怒哀樂？相公快樂，妾身便會快樂；相公悲痛，妾身便會悲痛，只要相公快活，就算讓妾身上刀山下火海，也是萬死不辭。」

「青萍，我……」

她望著他搖搖頭：「到江州後，我們再慢慢派人打聽湘靈姐姐的下落。妾身堅信，精誠所至，金石為開，相公對湘靈姐姐的一片痴情，老天爺一定會看得到的。只要我們心誠，就一定會找到湘靈姐姐，到那時，我們一家就能過上幸福安康的日子了！」

「青萍！」擁著溫柔大度的青萍，白居易心裡彷若打翻了五味油瓶，什麼滋味都有。窗外，風以輕快的速度，撫去昨日的憂傷，睜開眼、閉上眼，看到的都是這八年來青萍陪他度過的無數個日日夜夜裡被拉長的影子。原來，這些年來，他始終忽略著這個女人，儘管她一直都守在自己身

第29章　舟夜贈內

邊，可是他記得的僅僅是她模糊的背影，還有那雙失神的眸光；而今，望向她，如蓮心事，擱淺未央，才明白始終與他如影隨行的青萍才是生命裡不可或缺的部分。八年了，是啊，他們已經成親八個年頭了，他帶著自己和她的影子，度過每一個春秋時節、每一個日出日落、每一場風花雪月，早已分不清哪個是她，哪個又是他自己。

江邊，萬家燈火，忽明忽暗，他站在她的世界裡看到自己的滄桑，墜入她眼底的都是自己的微渺。推開船窗，窗櫺上似乎沾染著些許水意淋漓，但那不是雨，卻是她柔潤的氣息，於是，眉間終於多了一份舒心的笑，是那麼閒暇，那麼坦然，而她，卻在左顧右盼中欣賞著、思索著，放飛著每一刻的思緒，以及每一個有他有她的情節。

望著她、擁著她，心裡陡然升起一股感激之情。月夜下、碧波上，他們穿越在夢想和現實之間，透過塵世的紛擾，十指緊扣。與她面對，不知道從什麼時候起，他開始發現自己所有固有的悲痛不見了，那些溫軟的詩句便情不自禁地脫口而出：

三聲猿後垂鄉淚，

一葉舟中載病身。

莫憑水窗南北望，

月明月暗總愁人。

—— 白居易〈舟夜贈內〉

這是白居易被貶江州途中，為伴他左右，始終不離不棄的青萍寫的第一首詩。摟著她、抱著她，他笑了，幸福地笑了，因為他知道，他們將在文字裡相依相偎，彼此溫暖，永不分離。

回憶流年往事，那片一起笑過、哭過的天空，那方一起努力過、辛苦過的心靈土地；回憶她會心的一笑，那雙明亮清澈的眸子、那張乾淨如花

第7卷　愛難聚：月明月暗總愁人

的容顏；回憶與她的心靈相守，那份默默久久的祝福、那顆真摯感恩的心⋯⋯卻是沒有多少痛徹心腑的感覺，沒有什麼抱憾終生的感言，有的只是平平淡淡的真。

「三聲猿後垂鄉淚，一葉舟中載病身。」失去的已經一去不復返，只留下美好的回憶久久索繞在心頭。傷心過後，他終於明白，把握當下，珍惜自己所擁有的，才是生命中最重要的事。遠處，深山裡的老猿發出尖銳的嘶鳴，三聲過後，又惹起他思鄉的感情，卻是無語淚潸然。青萍一如既往地病著，雖然她總是說不妨事，可是他知道，她咬緊牙關不說，只是不想讓他為她擔憂。她是那般的溫柔善良，卻讓他更加內疚萬分。

「莫憑水窗南北望，月明月暗總愁人。」靜靜的期待，讓他將自己的信念拉長。他將自己沉寂在萬籟俱寂的深夜，在夜的冷寂裡，躑躅，徘徊一任晚風將自己的傷感擱淺在漣漣的波光裡。捧給青萍的茶，涼了又熱、熱了又涼，水氣升起的裊裊煙嵐，將面色倦怠卻強打精神的她環繞在驚鴻一瞥的夢裡，夢裡滿是紫色的氤氳，帶著或沉默或燦爛的微笑，便鎖住他一生的喧囂。

莫愁煩，莫苦悶，莫在愁人的月夜下斜靠著水窗眺望南來北往的風景，更不要為他的事傷心憂鬱。輕輕勸慰著青萍，他低吟一曲，用如花的歌謠唱給她聽，從此後，縱是天涯之上、海角之外，他也會與她攜手一起，奔赴一場流年的盛宴，哪怕無關風月、無關情感、無關思念，只要與心的溫度有染，他都願意用一顆簡單素樸的心，在每個寂寂的角落裡靜靜地守候著她，直到永遠。

湘靈去了，青萍卻在他如泣如訴的歌聲裡，從他濤起的文字中穿梭而過，伸出溫暖的雙手，牽他繞過層層疊疊的山巒，伴他一路行雲流水，於漢賦唐詩裡追逐他最初的夢想。她把自己置於了比塵埃還低的位置，不管

第29章　舟夜贈內

他做什麼，從來不問緣由、不問來去、不問方向。而這一切的犧牲與付出，只是為著一場永恆的遇見、只是為了一句輕聲的問候、只是為了一份心與心的交流、只是為了她心中深藏的那份無悔的愛。

往事已矣，只要身邊還有個她，便可絢爛他一生的美夢。捧起她那一張素顏朝天的臉，他細語呢喃，深情款款。於是，骨子裡的那些悲傷又漫漫散開，如牡丹般妖嬈般紅，染遍他指尖撫過她的每一寸肌膚，悄無聲息，沒有波瀾，不著痕跡，斑斑點點的淫印，隨即蒸發在她半邊明媚、半邊憂傷的面頰上。

青萍。他低低喚著親吻著她的額頭，窗外流光溢彩的光芒是他看不透的隔膜，即使是劃破手指，也不曾有過任何變遷。當所有稜角都被磨平時，他撫著她憔悴的面龐，戀了那份唯一的暖，將他知道的一切情結，都糾葛於文字裡，於詩賦裡演繹成一出纏綿悱惻的劇目，生生將喧囂裡的繁華塵世、滾滾紅塵，都期望成自己想要的靜謐，並在微笑中為她採擷來一朵最最芳豔的粉荷，放在紅塵最清靜的深處，只等著她借來風輕雲淡，將一切快樂與不快都堆砌成回憶的碎片。

Tips

唐憲宗元和十年，身為東宮左贊善大夫的白居易因率先上書請求朝廷急捕刺殺宰相武元衡的凶手，被執政所忌，貶為江州刺史，未行，再貶江州司馬，即日離開長安，夫人楊氏隨行。途中，一向體弱多病的楊氏因丈夫無辜遭受貶謫以及湘靈之事心生憂煩，終導致病體纏綿，白居易有感於此，特作詩〈舟夜贈內〉，溫情脈脈地勸慰妻子不要因自己遭貶而傷心，更要她多加注意身體。然，此詩更是詩人因直言遭受打擊、貶官外任而萬分悲痛的間接流露，字裡行間，委婉含蓄，耐人尋味。

第 7 卷　愛難聚：月明月暗總愁人

第 30 章　江樓聞砧

江人授衣晚，

十月始聞砧。

一夕高樓月，

萬里故園心。

—— 白居易〈江樓聞砧〉

　　深沉的幕色在漸漸遠去的鳥啼聲中緩緩灑落在寂寞的窗臺，傍晚時分的景色美到恰到好處，抬眼之間，微弱的日光遮住遠眺的視線，由不得不感嘆一聲，夕陽無限好，只是近黃昏。

　　往事，已然沉溺在過去的歲月裡，而今日的時光再美，也不能找尋到任何似曾相見的畫面，美好的、溫婉的、悲傷的、憂鬱的。放眼望去，滾滾長江東逝水，依舊在他門前重複著日復一日、年復一年的奔流，那聲聲的嗚咽、咆哮，透著一股來自遠古的莊嚴與肅穆，彷彿從盤古開天劈地時起就沒有過絲毫的變化。

　　他多希望心裡的那個她也和眼前這茫茫的江水一樣，即便歷盡滄桑風雨，也未曾有過任何的變化。再回首，依然是當年的桃花嬌顏，依然還是那個整天跟在他身後逗弄鸚鵡的懵懂少女，一張嘴便樂天哥哥地叫個不停，更不會連句告別的話都不肯說就從他身邊匆匆逃開。她的淺眉含笑他還記得，正浮泛在漣漣的江水之上，於瀲灩的波光裡開成他嚮往的小花，可他不解的是，心裡始終不曾把他丟開的她，為什麼不能像奔騰不息的江水那樣，永遠都流向他為她敞開的懷抱呢？

第7卷　愛難聚：月明月暗總愁人

　　一樣的心意雋永，一樣的情深意重，江水永遠執著地奔向大海，縱百轉千迴，也要靠近想要抵達的終點。而她，竟然一次又一次地與他背道而馳，讓他始終無法靠近她的溫暖，這到底是因為天的注定，還是因為他給過她的傷太多太重，以至於讓她總是對他望而卻步？湘靈，妳知道的，我是一個懦弱的男人，也許我不配愛妳，但請妳相信，我對妳的愛從來都沒有改變過，如果妳肯回來，我一定會努力著讓自己活成一個可以替妳遮風擋雨的巨人，再也不會讓妳受傷難過，更不會讓妳心生恐懼。回來吧，湘靈，讓我們一起攜手，堅強著走向那片未知卻又唾手可得的未來與幸福，好嗎？

　　回眸，一聲聲意味深長的嘆息在輕柔的晚風中將往事一頁頁翻開，任他在窗前藉著一縷斜陽看了一遍又一遍，而那些重複了幾次的柳暗花明，那些歷經幾許折折疊疊的失而復得，倏忽間便又惹起他無盡的相思，讓他越來越想抵近她的明媚，緊握她的溫暖在手。然，儘管依然按捺不住地想她，但此時的心與情，卻是再也平靜不過，一抬手，便輕輕抹去了那些印在歲月裡的關於悲傷與難過的痕跡，只留下一抹安然與妥貼，隨她倩麗的身姿，深深地扣入他的眼底。

　　就那樣靜靜地坐著、靜靜地想著，整座城池在不知不覺中陷入亙古的寂靜。抬頭，萬物在靜謐中緩緩沉睡過去，黑的夜以黯然的憂傷觸及他心底最柔軟最隱祕的地方，在他模糊了的目光中把她那年的溫柔與青澀挖掘得沒了任何的隱私，而他依然一動不動地坐著、悄無聲息地想著，彷彿一轉身、一開言，老去的故事便無法再沉浸在新的思緒裡繼續。歲月悠長，情路漫漫，卻是彈指一揮間，大半生的糾結便被深深地埋葬到昨日的清風明月裡，是不是，如果自己依然堅守曾經的那份情那份愛，前方正牢牢守候著他的必定會是另一番無可迴避的悽風冷雨？

　　他不管前方等著他的會是什麼，也不管未來還有怎樣的煎熬要繼續把

第30章　江樓聞砧

他折騰下去，只想擁抱著她的溫暖一路走下去，一直走到生命的盡頭，無怨無悔，無欲無求。只要有她作伴在側，途經的道路上是禍是福、是喜是悲，又有什麼要緊？誰也無法預知前程後事，難道只因為害怕恐懼便要放棄近在咫尺的幸福嗎？想著她，他的眉頭鎖著一抹深秋初冬的晚風，那滴滴的清涼是她多情的淚水，正隱匿在歸去來兮的路上，不忍讓他直視，然而一個不經意，最終還是隨風悄悄爬上了他的額頭，在他眺望的眼中心疼著一份莫名的相知。

這個深秋，他坐在她給予的蕭瑟裡，和著最後一滴淚水，以一葉飄萍的姿勢，風乾了歲月的眸。他知道，季節正與詩歌密謀一場盛大的落寂，古老的江州城也不甘落後，在半城闌珊的燈火後荒蕪著深刻，而在異鄉為她寫詩的人，卻被思緒生生阻斷了愛的出口，再也看不清風吹來的方。

素月盈空，一夢就是千年。月光，依然明媚著憂傷，楓葉開始勃然變色，那枚哭成深紅的眼睛，一次次向著凋零墜落。風聲裡，落葉開始了最後的嘆息和溫柔，把呼嘯著遠去的歲月，藏進最深的深處，一併收攏的，還有那些風霜雪雨的日子。他緩緩閉上雙眼，在黑暗的靜默中望斷水雲間她如畫的身影，試圖拼接起時光的碎片，在月色中打撈她如水的蔥蘢，卻發現那些往日的溫存早早地就被風吹落，再也堆疊不下任何的故事。

踩著淺淡的月色，聽一曲羌笛吹破的〈白雪〉，用那纏綿婉轉的旋律，遙扣山長水闊的千萬里浮雲，思念便又在他低低的嘆息聲中剪下一段段美麗的時光，於歲月裡浮泛著種種的清歡。想她、念她，所有老去的故事都在他眼裡活色生香地上演，卻不意，思念越多，終成他今日的累贅，只是一句不得已，便讓他忽地在掌心裡觸控到錯位的終結。於是，慌亂終於成就了永久的錯開，而他只能靠著回憶支撐著自己所有的信念，將湘靈遠去的笑靨放在潮起的腦海中思了又思，卻不敢再放任自己站在風尖浪口一聲聲地喚她。

第7卷　愛難聚：月明月暗總愁人

　　恍惚裡，暮色漸濃，眼前唯有她盈盈似水的目光，正溫柔地撫遍他的全身，而那些等待後遺留下的傷口，亦在她溫婉如花的笑裡悄悄地彌合。驀然回首，月色仿似一盞琉璃白，攜著一縷翩躚雙飛的蝶夢，輕輕落在了他守候的窗前，轉瞬間便把他的戀慕揉成了一曲素玉含香的音韻，而她的微笑，恰是一朵冰清玉潔的蓮花，頷首低眉間，便迅速洇開了時光的清影，與他的心思緊緊扣在一起。因為愛她，這個深秋，才會有純白的雪花始終在心底飄盈著，最終緩緩落入他溫柔的掌心，只是，如果她一直不來，這一曲盈然的〈白雪〉他又將唱給誰聽？

　　她不在，夜色裡的故事，講過了，便又都在他沉香的回眸裡倏忽遠去。夢，忽然變得很柔很輕，她遠去的曼聲吟哦，彷彿一片泊窗的雲朵，一曲，便唱醉了他枝頭的梅語紛飛；而那縈繞在窗前沉澱了千年的水墨，只一個瞬間，便在他眼底洇開了一紙泛黃的江南，一個有他也有她的江南，只是，那裡始終都瀰散著潮溼的煙雨，不知道是他悲傷的淚還是她早已傷殘了的夢。

　　放眼望去，他看到，天青色的煙雨，正隨著一曲〈長相思〉的熟悉旋律，慢慢落入水鄉古老的相思，又從夢的深處，借一縷遙遠年代裡的風，輕輕搖來一船旖旎的荷塘月色。流光碎影中，她錯開愛的時光，跟著粉牆黛瓦、小橋流水，緩步走過二十四個明月夜，任遠處那些綿延起伏的青山，都在歲月蒼白的巨手之上，飽蘸雨水和潮溼，沉默著鋪染，而他則在她的背影後踩著色重如墨的文字，把繞指的琴弦化作一句句膾炙人口的詩篇，輾轉流落至今。

　　月色漲滿了一整個天空，多年之前的那個渡口，早就被斑斑鏽跡封鎖，無論他以怎樣的方式，都穿不透她糾結的迷霧。她走後，從此，這浮生滾滾的萬丈紅塵中，他只能以盛世傾城的冷漠與落寞，在孤寂中始終執著地等她搖落一船煙雨，來渡他打馬而過的煙雨夕陽，可是他等了經年，

第30章　江樓聞砧

依然是不變的失意與失落，到底，要他怎麼做，她才能相信他不再會令她傷心失望？

淚雨紛飛的日子裡，那些吱吱呀呀的搖櫓聲，總會迅即驚起白鳥翩飛的水色時光，而她深入季節的舞步，卻在踏碎青春的璞玉後，驚起光陰的瘦筆，終在他永恆的守望中成就了一段冰魄葬魂的雪蓮傳奇。於是，開始慢慢地懂得，前生的緣深緣淺，只不過是一場盛世浮華的煙火，即便剎那之間錯過，那凝香落月的一瞥，亦會漫過千山，終歸於暮雪，任誰也無法改變。

久久的思念之後，沉醉夢中的他在晨鐘暮鼓中醒來，而她，卻在孤獨的寧靜中悠然遠去。她遠去的微笑，不經意間，便弄疼了他模糊的淚水。於是，文字裡的滄桑與酸楚，通通被一場不期而至的冷風驅趕而來，只一瞬，寂寞便叢生在他的眉梢眼角，任她如花的身影流水般從他瘦長的指尖傾瀉，宛若一隻妖嬈而決絕的蝶。輕輕，在心底唸著她的芳名，卻看不到她回望的眼，終於明白，原來，握緊雙手的那一刻，一切，都已經來不及，即便她的名字是穿破他靈魂的那一粒硃砂，他也握不住她蝶翅般的劃過。

江人授衣晚，

十月始聞砧。

一夕高樓月，

萬里故園心。

──白居易〈江樓聞砧〉

輕風吹散所有的回憶，滿城風雪搖曳，眼前的風景一幕幕掠過，腦海中的對白，全被她的影子一一覆蓋。曾經，只是在茫茫人海中多看了她一眼，便無法忘記她的容顏，總夢想著有那麼一天，能夠與她攜手到老；而

第 7 卷　愛難聚：月明月暗總愁人

　　今，在這黯然惆悵的季節裡，真心與真情相遇後，她卻再次遠去，不辭而別，讓他再也來不及在芸芸眾生之中回眸，更來不及追尋轉角處的幸福春天。

　　天長地久的諾言似乎太過漫長，半杯酒醉的回憶，彷若流淌在掌心的水，不經意間便悄然逝去，而此時的天幕，更是憂鬱得有點深沉，深沉得有點瘋狂，瘋狂得有點殘酷。此時此刻，好想痛哭一場，卻又怕她不能理解，所以只能忍住滿眼的淚水，不停地告訴自己一定要堅強，因為只有他堅強了，她才能相信他能夠給她想要的明天。

　　總是倔強地以為天無絕人之路，可這陌生的城池卻讓他出乎意料地惶恐，那種恐懼甚至遠比絕望更痛苦。她已經走得太遠太遠，而他亦已漸漸忘卻她曾經溫暖的氣息，以後的以後，他又該如何像從前那樣，輕而易舉地便抵近她如花的笑靨？恨只恨，歲月太短，而他們離別的時間太久，如果可以，他寧願放棄一切也要走進她的世界，因為他怕，怕再經歷日久天長的等待，而那等待之後，則是他對於人間的冷暖早早地失去了知覺。

　　「江人授衣晚，十月始聞砧。」遠處，砧聲四起，是思夫的閨婦們在月夜下為心中牽掛的夫君漿洗衣裳，而這眼前的十月涼城，卻是他承擔不起的愛的無怨無悔。一切盡在不言中，他揮霍著青春，消磨著記憶，卻不知道，來年的這個季節能否再次等到她，等到她那燦燦會心的一笑。

　　這世間，總有一些注定不屬於他，冥冥中，亦總有一些無奈紛紛又擾擾，總是沒個停歇。或許今生，他注定只是她的路人而不是她的良人，所以只能在水波微瀾裡將她擁抱，只能懷抱一泓清波揉碎一世情愁，而他傷感的文字，早已在她的心窗剪下洞房花燭的夢，簡陋的詩篇，亦早在她的夢裡留下淡淡的卻又揮之不去的墨痕，總讓他們無法找到一個皆大歡喜的出路，倒把遺憾與悲慟深深地融鑄在彼此的心底。

第30章　江樓聞砧

　　湘靈啊湘靈，倘若風能聽見心的呼喚、倘若海能聆聽愛的箴言、倘若淚水能承受珍愛的分量、倘若距離能融化噬骨的思念，遠在彼岸的妳，會不會總有一天，終能看得見我的真心？想著她、念著她，冷風吹亂了長髮，一團亂如麻絮的思緒，瞬間被時光凝結在視窗，那些苦苦纏綿的依戀最終仍是沒有收穫任何的結果，他亦只能浸在無奈的情緒中繼續惆悵著徬徨著困惑著。

　　「一夕高樓月，萬里故園心。」循著她玲瓏優雅的餘韻，他一個人默默穿過孤寂，緩緩步上高樓，卻看見自天而降的她，隨同那潔白的雪花，在眼前飄旋著、飛舞著，悄無聲息地，於剎那之間還了人間一份蠟染的純粹和晶瑩，也驚起他一片思慕故園的心緒。

　　在這純白的素錦年華裡，沿著記憶在風中灑下梅花盛開的芳菲，一顆心寫下從容，而另一顆心卻畫下滿滿的溫情和感動。她微微翕動的眼簾撲閃如蝶，優柔的氣息裡漾起一圈又一圈的溫柔甜蜜，在他歡喜的目光裡輕觸著塵世間所有的美好光潔，而那如玉的指尖，亦採擷來流淌的愛意，一點一點地沁入他的心底，任他急不可待地與她相擁著一起醉倒在歲月深處，從此，不言寂寞，不問憂傷，只聽一朵花開的聲音，在耳邊輕輕地縈繞。

　　是妳嗎，湘靈？輕輕唸著她的名字，揮一揮袖，傾盡今生的晚風，任它流年似水、花謝花飛，他只想與她擁抱著一同諦聽彼此的心音，然後攜手穿透曼珠沙華的輪迴，讓所有老去的時光都在旖旎的景緻中緩緩落幕。知不知道，即便年華轉瞬老去、萬丈紅塵在一夕之間陷落，他仍願意鎖住時間，從心底捧出最深最真的祝福，拓下她傾城一顧的凝眉淺笑，在思念的季節裡，讓所有動情的時刻，都刻成光陰故事裡不會走舊的場景？

　　他愛她，無論歲月如何流轉，無論雨雪霏霏會掩蓋多少的情深不悔，她，依然還是那朵他心中的冰山之巔的雪蓮，總是為他綻放著最真最美的

第 7 卷　愛難聚：月明月暗總愁人

嫵媚；而他，不管經歷多少風霜，不管路經多少坎坷，也會把那些琉璃般晶瑩剔透的朝朝暮暮，在眉心裡鐫刻成一抹相思的煙縷，然後，手執素琴，只為她低吟淺唱，只為她低語纏綿，縱是天涯海角走遍，亦心甘情願，為她站成一棵花樹，灑落一地花雨……。

Tips

　　唐憲宗元和十年，白居易扶妻攜女，從繁華綺麗的京師長安遠赴當時地處蠻荒的江州城，出任江州司馬，〈江樓聞砧〉即作於其時。

　　白居易的一生，以四十四歲被貶江州司馬為界，可分為前後兩期，前期是「兼濟天下」時期，後期是「獨善其身」時期。唐德宗貞元十六年（西元 800 年），二十九歲的白居易高中進士，先後任祕書省校書郎、盩厔縣尉、翰林學士，唐憲宗元和年間任左拾遺，寫下大量諷喻詩，代表作有《秦中吟》十首、《新樂府》五十首，這些詩使權貴切齒、扼腕、變色。

　　四十四歲被貶謫江州給其以沉重打擊，早年的佛道思想開始滋長。三年後由於好友崔群的幫助，白居易得以升任忠州刺史。元和十五年，唐憲宗暴死長安，其子唐穆宗繼位，穆宗愛惜白居易的才華，特地將他召回長安，先後出任過司門員外郎、主客郎中知制誥、中書舍人等職。但當時朝局動盪，大臣間的爭權奪利、明爭暗鬥從來就沒有停止過，穆宗更是政治荒怠、不聽勸諫，於是他竭力請求外放，於穆宗長慶二年出任杭州刺史，杭州任滿後又改任蘇州刺史。晚年以太子賓客分司東都，七十歲致仕。比起前期來，這段時期的白居易消極多了，但他畢竟還是一個曾經有所作為的、積極為民請命的詩人，此時所作的一些詩，仍然流露了他憂國憂民之心。

完

第30章　江樓聞砧

饒是詩魔，聚散皆愁，白居易以筆墨繾綣的大唐舊夢：

在天願作比翼鳥，在地願為連理枝；天長地久有時盡，此恨綿綿無絕期

作　　　者	吳俁陽
發 行 人	黃振庭
出 版 者	崧燁文化事業有限公司
發 行 者	崧燁文化事業有限公司
E - m a i l	sonbookservice@gmail.com
粉 絲 頁	https://www.facebook.com/sonbookss/
網　　　址	https://sonbook.net/
地　　　址	台北市中正區重慶南路一段61號8樓 8F., No.61, Sec. 1, Chongqing S. Rd., Zhongzheng Dist., Taipei City 100, Taiwan
電　　　話	(02)2370-3310
傳　　　真	(02)2388-1990
印　　　刷	京峯數位服務有限公司
律師顧問	廣華律師事務所 張珮琦律師

-版權聲明

本書版權為淞博數字科技所有授權複刻文化事業有限公司獨家發行電子書及紙本書。若有其他相關權利及授權需求請與本公司聯繫。

未經書面許可，不得複製、發行。

定　　　價：499元
發行日期：2025年02月第一版
◎本書以POD印製

國家圖書館出版品預行編目資料

饒是詩魔，聚散皆愁，白居易以筆墨繾綣的大唐舊夢：在天願作比翼鳥，在地願為連理枝；天長地久有時盡，此恨綿綿無絕期 / 吳俁陽 著. -- 第一版. -- 臺北市：崧燁文化事業有限公司, 2025.02
面；　公分
POD版
ISBN 978-626-416-289-0(平裝)
1.CST: (唐) 白居易 2.CST: 傳記 3.CST: 詩評
782.8418　　　114000508

電子書購買

爽讀APP　　　臉書